Die Entdeckung Afrikas

Jean de la Guérivière

Die Entdeckung Afrikas

Erforschung und
Eroberung des
schwarzen Kontinents

Aus dem Französischen
von Egbert Baqué

KNESEBECK

Inhalt

I

Aus dem Meer tauchen weiße Menschen auf

Unsere Vorfahren, die sich die Erde als flache
Scheibe vorstellten, wussten weder etwas von der
Existenz Amerikas noch von der Australiens.
Doch sie erahnten die riesige Weite Schwarzafrikas,
dieses unbekannten Kontinents, der sich jenseits
des Limes, jener Verteidigungslinie der Römer, zu
erstrecken begann. Die Wüste stellte ein erstes
natürliches Hindernis dar, sich allzu weit vorzu-
wagen. Eine zweite Erschwernis waren die Passat-
winde des Atlantiks. So unerbittlich wuchteten
sie gegen die Segel, trieben die Schiffe ab in Richtung Süden, dass keine Besatzung, auch nicht
die Männer einer Rudergaleere, in der Lage war,
auf dem Rückweg zum Heimathafen gegen sie
anzukommen. Und hatte ein Kapitän erst einmal Kap Juby im Süden Marokkos passiert, den
äußersten Punkt, den die Seefahrer der Antike
ansteuerten, kehrte er nie wieder zurück. Niemand
konnte also berichten, was er gesehen hatte.

Das schwarze,
verborgene Afrika wahrte
noch seine Geheimnisse.

Von den Bewohnern dieses geheimnisvollen Kontinents waren den Griechen und Römern vor allem
die Nubier bekannt, die aus dem Norden des
heutigen Sudan stammten, einer Region, zu der das
Ägypten der Pharaonen schon sehr früh Verbindungen pflegte.

Dank der Windverhältnisse, die sich von den Pas-
satwinden unterschieden, konnten die Nubier schon
einige Jahrhunderte vor unserer Zeitrechnung entlang der Küsten des »Erythreischen Meeres« kreuzen – so hießen die Seegebiete, die das heutige Rote
Meer und das Meer von Oman umfassen. Jene Bezeichnung führte häufig zu Missverständnissen bei
der Lektüre von antiken Texten. Mit den »Negern«,
von denen der Historiker Sallust, 46 vor Christus
Statthalter von Africa Nova, Nubien also, berichtet, sind Äthiopier gemeint. Das schwarze, verbor-
gene Afrika wahrte noch seine Geheimnisse. Kauf-
leute, Soldaten und Seefahrer fragten sich, was wohl
jenseits der Sanddünen der Sahara lag. Sie stellten
sich vor, dass sich dort Fabeltiere tummelten.
Solche Bilder der Fantasie füllten noch lange Zeit
die weißen Flecken der Landkarten. Erst das *hic
leones* der Seefahrerkarten des 15. Jahrhunderts
offenbarte Vorstellungen, die der Wirklichkeit schon
sehr viel eher entsprachen. Auch der *Geographische
Führer* des Alexandriers Ptolemäus, um die Mitte
des zweiten nachchristlichen Jahrhunderts in grie-
chischer Sprache verfasst und ins Arabische übertragen, veranschaulichte, welche Rätsel damals
jenes Gebiet aufgab, dessen Weiten sich jenseits
eines Radius von etwa 1500 Kilometern südlich
von Gibraltar zu erstrecken begannen. Dieser
Text, den ein Händler zu Beginn des 15. Jahrhunderts aus Konstantinopel nach Florenz
mitgebracht hatte, wurde 1409 ins Lateinische
übertragen und Papst Alexander V. kurz vor dessen
Tod als Geschenk übergeben. Seither war dieses
Werk in einer Sprache zugänglich, die alle europäischen Eliten beherrschten, und die während des
Spätmittelalters wichtigste Informationsquelle zu
Afrika wurde, nach Gutenbergs Erfindung als eines
der ersten Bücher gedruckt. Der Verlauf der Westküste des Schwarzen Kontinents ist darin allerdings
höchst wunderlich dargestellt, und die Regionen
jenseits der Grenzen eines *Libia interior* sowie eines
Ethiopia sub Egipto, bevölkert von »weißen Elefanten, Nashörnern und Tigern«, und ohne jede Ähnlichkeit mit irgendeinem bekannten Land, nennt
der Autor auch freimütig »Terra incognita«.

Ibn Battuta, Gesandter des Islam

Als Europa weiterhin Ptolemäus studierte, kannte
dort noch niemand jenen Mann, der aus eigener
Anschauung vom schwarzen Afrika hätte berichten
können: Ibn Battuta. Während einer Pilgerfahrt
nach Mekka hatte dieser 1304 in Tanger geborene
Muslim die Lust am Reisen entdeckt. 1327 war er
von Marokko aus aufgebrochen, erst 15 Jahre später,
nachdem er einen großen Teil Nordafrikas und
Asiens besucht hatte, kam er zurück. 1352 beauftragte ihn der Sultan von Marokko mit einer Erkun-
dungsmission in das schwarze Königreich Mali,
Hauptziel der Berberkarawanen, die die Sahara
durchquerten. Gold, das die Schwarzen in Klumpen
in den Becken der Oberläufe von Niger und Senegal
fanden, wurde gegen Stoffe, Metalle, Waffen und
Pferde eingetauscht. Die Berber transportierten
nicht nur ihre Waren. Sie verbreiteten auch ihren
Glauben, und der Herrscher von Marokko wünschte
vor allem Informationen darüber, wie die Schwarzen
den Islam praktizierten. Die Popularität des Reiseberichts von Ibn Battuta in der muslimischen Welt
ist sowohl auf die dargebotenen frommen Anek-
doten als auch auf seine geografischen Informationen zurückzuführen. Doch der Text der *Reisen ans*

Rechts

Nach Erzählungen von
Ägyptern, die über den Nil
nach Zentralafrika vor-
gedrungen waren, nahmen
Griechen und Römer die
Pygmäen in ihre Mytholo-
gie auf. Darin war von
Kämpfen die Rede, die jene
Stämme mit Kranichen
austrugen, die von Norden
heranzogen. Es hieß, ihre
Königin Pygas sei irrtüm-
lich getötet worden, nachdem Artemis sie zur Strafe
in einen dieser Vögel verwandelt hatte, weil sie sich
mit einer Göttin verglichen
haben soll. Eine andere
Legende berichtet, die Pygmäen hätten es gewagt, den
schlafenden Herakles zu
überfallen. Der aber habe
sich verteidigt und sie
unter seinem Löwenleib
zerquetscht.

Auf dem Indischen Ozean begegneten die Portugiesen
arabischen Schiffen, den vom Atlantik verschiedenen Windverhältnissen
angepasst, deren Besitzer den Handel mit Gewürzen
und Sklaven seit langer Zeit kontrollierten.

Rechte Seite
Die Eleganz der Kara-
vellen hat lange Zeit die
Fantasie europäischer
Künstler und Schriftstel-
ler beflügelt. Die Fahrten
dieser Schiffe über Afrika
nach Indien lieferten
Luis de Camões das
Thema seiner Lusiaden,
einem der wegweisenden
Werke der portugiesi-
schen Literatur.

Ende der Welt, den Ibn Battuta nach einer Exkursion von vielen Monaten, die ihn bis nach Gao führte, einem Sekretär diktierte, geht über die übliche Form der *rihla* hinaus, wie die seit dem 9. Jahrhundert von arabischen Kaufleuten abgefassten Reiseberichte genannt wurden. Trotz einiger Irrtümer wird er als erste Schilderung eines Augenzeugen geschätzt.

Mehr noch als den Bericht des Ibn Battuta lasen die Europäer die Texte des Al-Hassan Ibn Muhammad Al-Fasi (Granada, um 1483 – Tunis, 1555). »Leon, der Afrikaner«, wie er genannt wurde, drückte sich in einer den Europäern vertrauten Sprache aus, und er teilte ihre Denkweisen. Dieser große Reisende war während eines Aufenthalts in Rom, wo er Arabisch unterrichtete, zum Katholizismus konvertiert. In seiner *Beschreibung Afrikas*, 1550 in italienischer Sprache veröffentlicht, erzählt er vor allem von den Gebieten des heutigen Ägypten und Sudan, die er durchwandert hatte. Das »Land der Berber«, Numidien und Libyen, hebt er deutlich ab vom »Land der Schwarzen«, das ihm vor allem als Land der Giraffen »mit Köpfen wie Kamele und Ohren wie Rinder« und der Krokodile, »die Fische, Landtiere und Menschen fressen«, in Erinnerung geblieben ist.

»Kinder des Wassers«

Christen welcher Nation erreichten als erste Schwarzafrika? Mehrere Länder beanspruchen diese Ehre für sich. Manche Franzosen bestanden lange Zeit darauf, »Seeleute aus Dieppe« seien ganz zu Anfang des 15. Jahrhunderts an der Küste des heutigen Ghana gelandet, nachdem der Normanne Jean de Béthencourt 1402 die Kanarischen Inseln erobert hatte. Erwiesen ist das allerdings nicht. Und kein Afrikaner kann diesen Streit beilegen, denn in einer Zivilisation ohne Archive liegen keinerlei Beweise vor. Es muss ein Kulturschock für die Schwarzen gewesen sein, als die ersten Weißen auf dem Meer an Küsten auftauchten, deren Bewohner nie hinaus auf hohe See fuhren. Wie groß dieser Schock war, lässt sich nur auf der Grundlage der mündlichen Erzähltradition ermessen. Aus heutiger Sicht hat wohl Amadou Hampâté Bâ aus Mali, einer der großen frankophonen Schriftsteller Afrikas, den richtigen Ton getroffen, als er den »stummen Tauschhandel« vor der Zeit der großen Expeditionen beschrieb und vom Aberglauben der Küstenbewohner erzählte, die die Europäer für »Kinder des Wassers« hielten.

Die portugiesischen Pioniere

Das Verb *explorar* hat im Portugiesischen eine dreifache Bedeutung: »erforschen«, »ausbeuten«, »Handel treiben«. Weiß man erst einmal um den Tatendrang Heinrichs des Seefahrers (1394–1460), der für die Erkundungsfahrten entlang der afrikanischen Küsten eine treibende Kraft war, wird dies verständlich. Dieser Prinz hat das kleine Portugal zu einer Weltmacht erhoben, denn nachdem 1417 das marokkanische Ceuta eingenommen war, hatte er sich nicht nur in den Kopf gesetzt, die südlich der Sahara lebenden Schwarzen zu evangelisieren. Auch zum »Land des Goldes« wollte er sich Zugang ver-

Vor den großen Forschungsreisen gab es zunächst die Zeiten des »stummen Tausch-
handels«. Mit ihren Schiffen kamen die Europäer an die Küsten Afrikas, legten
ihre Gegenstände und Waren an einen Strand, machten ein großes Feuer und kehrten
auf ihre Schiffe zurück. Von fern bemerkten die Afrikaner den Rauch, kamen aus
den benachbarten Wäldern hervor, nahmen die europäischen Gaben und legten
im Tausch ihre eigenen Besitztümer an den Strand. Wir kennen diese Epoche aus der
Legende, die auf jenen Ereignissen beruht: Die Küstenvölker hielten die Europäer
für »Kinder des Wassers«, denen die Geister des Ozeans dienstbar waren …

Amadou Hampâté Bâ, *Ja, mein Kommandant!*

*Dank der Stützpunkte in Afrika stand
den Europäern nun auch der
Indische Ozean offen.*

schaffen, über dessen Existenz in Westafrika Araber, die den Transsahara-Handel betrieben, Sagenhaftes berichteten. Für diese Zwecke verfügte er über eine neuartige Wunderwaffe: Die berühmte Karavelle, ein schlank gebautes, leicht mit dem Steuer zu manövrierendes, wendiges Schiff, dessen Takelage das im Mittelmeerraum übliche Dreieckssegel mit dem von nordischen Seeleuten bevorzugten viereckigen Segel kombinierte. So war man den schwierigen Windverhältnissen künftig nicht mehr völlig ausgeliefert. Meile für Meile versetzten die Seeleute des Infanten Heinrich die als unüberschreitbar geltenden Grenzen immer weiter: Im Jahr 1434 umschiffte Gil Eanes das Kap Bojador, das von der Westsahara aus ins Meer ragt. 1444 sichtete Dinis Dias das Kap Vert auf Höhe des heutigen Senegal. Als Heinrich starb, waren die Portugiesen schon in Sierra Leone angelangt. Sehr schnell wurde der »stumme Tauschhandel« überwunden; in ihren Pirogen holten die Afrikaner die »Kinder des Wassers« an Land, die wegen des Tiefgangs ihres Ruders in einiger Entfernung vom Küstensaum ankern mussten. »Karavellen statt Karawanen«, wird ein portugiesischer Historiker feststellen: Letztendlich ruinierten diese Entdeckungsfahrten den Transsahara-Handel. Schon lieferten die an den Ufern des Tejo gezimmerten Schiffe den Afrikanern Schnaps, Spiegel, in Massen produzierte falsche Perlen – preiswertere und attraktivere Produkte als die auf den Rücken von Dromedaren transportierten Leder- und Kupferwaren maghrebinischer Handwerker.

Auch Joao II., »der Vollkommene«, 1481 bis 1495 König von Portugal, der seinen Großonkel Heinrich bewunderte, interessierte sich für Afrika und dessen Reichtümer. Mit Einverständnis des Papstes nannte er sich »Herr von Guinea« und ließ an der Küste eines künftigen, für seinen Reichtum an Gold berühmten Ghana das Fort El Mina (St. Georg zu den Minen) errichten, dessen Name allein schon Programm war. Dann beauftragte er Bartolomeu Dias,

auf dem Seeweg nach Indien zu gelangen und dabei Afrika zu umfahren. Auf zwei Karavellen führte Dias sechs europäisch gekleidete Afrikaner mit. Sie sollten an verschiedenen Stellen an der Küste mit einer Auswahl an Gold, Gewürzen, Elfenbein und anderen Produkten von Bord gehen, um den Eingeborenen begreiflich zu machen, an welchen Waren die Portugiesen interessiert waren. Doch kaum war der letzte Afrikaner abgesetzt, gerieten die Karavellen in einen Sturm. 13 Tage lang sichtete ihre Besatzung kein Land mehr. Unterdessen passierten sie – ohne es zu bemerken – die Südspitze Afrikas. Am 3. Februar 1488 warf Dias an einem Punkt rund 400 Kilometer vom künftigen Kapstadt entfernt Anker und richtete einen *padrão* auf, einen jener hohen, mit einem Kreuz versehenen Marksteine, mit denen die Portugiesen symbolisch Orte in Besitz nahmen. Nachdem sie einige Tage lang vor der Ostküste Afrikas über völlig unbekannte Gewässer dahingesegelt waren, überkam Dias' Männer die Angst, und so beschloss ihr Kommandant umzukehren. Im Dezember 1488 kehrte Dias nach Portugal zurück, nachdem er das schicksalhafte Kap noch einmal aus der Gegenrichtung umschifft hatte. Er nannte es »Kap der Stürme«. Joao II. jedoch taufte es »Kap der Guten Hoffnung«.

Gewürze und Christen

Zehn Jahre später macht sich Vasco da Gama nach Indien auf. Im Gegensatz zu Christoph Kolumbus, der 1492 Amerika entdeckt hatte, als er einen neuen Weg nach Indien suchte, wusste der Portugiese ganz genau, wie er sein Ziel erreichen konnte: Er musste zunächst nur an den Küsten Afrikas entlangsegeln. Auf den drei speziell für dieses Projekt konstruierten Schiffen fuhren Priester mit, ein Arabisch sprechender Seemann und ein Schwarzer aus dem Kongo, die als Dolmetscher dienen sollten, und ein Dutzend zum Tode verurteilter Krimineller, die als Überbringer von Botschaften, Geiseln oder

Oben
Porträt von Vasco da Gama. 1524 wurde er zum Vizekönig von Indien ernannt. Er gründete auch die ersten portugiesischen Niederlassungen in Mosambik. Die Epoche der Lissabonner Seefahrer in Cochin, Calicut, Goa und an anderen wohlklingenden Orten Asiens ist untrennbar mit der Erkundung der Küsten Afrikas verbunden.

als Tauschobjekte herhalten sollen, ganz wie die Situation es erforderte. Der Kurs: Golf von Guinea, Kap der Guten Hoffnung, Sansibar. Auf dem Indischen Ozean begegneten die Portugiesen arabischen Schiffen, angepasst an die vom Atlantik verschiedenen Windverhältnisse, deren Besitzer den Handel mit Gewürzen und Sklaven seit langer Zeit beherrschten. Mit wie viel Misstrauen werden sich die Repräsentanten jener zwei Welten wohl begegnet sein? Als Folge einer zu lange andauernden Seereise durchlebten die portugiesischen Matrosen auf schmerzhafte Weise die Qualen einer Krankheit, die europäischen Ärzten bis dahin unbekannt war: Skorbut. Doch endlich erreichten sie am 20. Mai 1498 Calicut. Diese Reise Vasco da Gamas war von historischer Bedeutung. Zwei der drei Schiffe kehrten nie zurück, und rund hundert Mann verloren ihr Leben. Doch dank der Stützpunkte in Afrika stand den Europäern nun auch der Indische Ozean offen.

Nelken, Ingwer, Pfeffer und andere seltene Gewürze hatten zu jener Zeit die gleiche Anziehungskraft wie Gold. »Wir suchen Gewürze und Christen«, sagte Vasco da Gama. Und weil sie keine Gläubigen finden konnten, betätigten sich die Portugiesen missionarisch. Als sie 1482 die Mündung des Flusses Kongo erreichten, entdeckten sie im Norden des heutigen Angola ein relativ weit entwickeltes Königreich, dessen Herrscher sich, nachdem sie ihm allen Respekt bezeugt hatten, zum Christentum bekehrte. Die Hauptstadt Mbanza Kongo wurde in San Salvador umgetauft. Der afrikanische König,

seither Don Affonso, ließ die Fetische ins Feuer werfen und schickte einen Teil seines Clans nach Rom. Sein Sohn, Don Enrique, lernte in Lissabon Latein; 1521 wurde er zum »apostolischen Stellvertreter des Kongo« geweiht. In San Salvador entstanden Schulen, und es wurden verschiedene öffentliche Gebäude errichtet, und so wandelte sich der Ort in gewisser Weise zur ersten »europäischen Stadt« Schwarzafrikas. 1568 endete diese Geschichte abrupt, als Pedro I., der Nachfolger Affonsos, von einem Machthaber namens Diego gestürzt wurde, der sämtliche freundschaftlichen Beziehungen zu Lissabon und Rom aufkündigte. Doch der Katholizismus hatte bereits in einigen anderen benachbarten Königreichen, so in Loango, Fuß gefasst.

Die »Amazonen« von Monomotapa

Ein zweites »Königreich« unter portugiesischer Vorherrschaft, dem ebenso nur eine kurze Existenz beschieden war, lag im fernen Grenzbereich des heutigen Simbabwe und Mosambik: Monomotapa, schon der exotische Name verleitete zum Träumen. Portugiesen, die sich an den Ufern des Sambesi niedergelassen hatten, griffen zugunsten des »Kaisers« von Monomotapa, in eine Fehde mehrerer Stammeshäuptlinge ein. Im Gegenzug erhielten sie 1607 das »Monopol«, die Goldminen der Region auszubeuten, was sie allerdings nie ernsthaft in Angriff nahmen. Doch dies führte immerhin dazu, dass sie am »Hofe« des Souveräns bis 1759 eine kleine Garnison unterhielten. Das Abenteuer der Seefahrer aus Lissabon in Monomotapa beflügelte jedenfalls

Guerrier du Congo.

Roi de Loango.

Dansseuse de Loango.

Femme de Loango.

die Geister so sehr, dass der damals in Europa berühmte italienische Reisende und Historiker Filippo Pigafetta (nicht zu verwechseln mit seinem Verwandten Francesco-Antonio Pigafetta, einem anderen Reiseschriftsteller) sich von der Erzählung eines Portugiesen inspirieren ließ, 1591 ein Buch zu publizieren, in dem zum ersten Mal von afrikanischen »Amazonen« die Rede war. Sehr viel später, während der Eroberung Dahomeys durch die Franzosen, wurde diese Fantasiegeschichte wiederbelebt.

Olfert Dapper und das »Land der Neger«

Obwohl das Königreich Kongo in der *Beschreibung Afrikas* nur einen bescheidenen Platz einnimmt, inspirierte es den Herausgeber jenes 1668 in Amsterdam veröffentlichten Buchs, den Kupferstecher Jacob Van Meurs, zu einigen seiner berühmtesten Illustrationen. Der Holländer Olfert Dapper, Autor des Textes, hatte die Niederlande erstaunlicherweise nie verlassen. Dieser Lutheraner, Gelehrte und Humanist hatte sich damit zufrieden gegeben, bereits zum Thema existierende Werke zusammenzufassen. Vor allem befragte er Reisende, die er in seinem Heimatland häufig antreffen konnte, seit die Holländer begonnen hatten, die Portugiesen mit der Zahl ihrer Stützpunkte in Afrika zu überflügeln, denn solche Stützpunkte waren für die Entwicklung der Geschäfte der beiden holländischen Indien-Kompagnien unentbehrlich.

Die *Beschreibung Afrikas*, zu einem »Kultbuch« der Afrikanisten avanciert – 1983 wurden eine in Amsterdam ansässige Stiftung und ein Museum für afrikanische Kunst in Paris auf den Namen Dapper getauft –, enthält natürlich Allerlei, das sich im Lichte heutiger Kenntnisse als fantastisch entpuppt. In den Ausführungen zum »Land der Neger« wird von einem Fabeltier berichtet, von dem »viele

Linke Seite
Drucke aus dem 18. Jahrhundert.

Links
Mit bemerkenswert sorgfältigem Bemühen um Objektivität präsentiert hier ein afrikanischer Künstler sein Bild eines portugiesischen Soldaten. Es handelt sich dabei um eine jener Bronzeplatten, die Anfang des 17. Jahrhunderts in der Blütezeit künstlerischen Schaffens im Königreich Benin entstanden.

Nebenstehend
Kopf einer schwarzen Frau, der in der gleichen Epoche in Benin entstand. Während den Masken entsprechend dem animistischen Glauben der Völker stets religiöse Bedeutung zukam, ist diese Skulptur als reines Kunstwerk zu sehen.

Als das Königreich Benin auf dem Höhepunkt seiner
kulturellen Entwicklung war, entstanden Kunstwerke,
um die sich heute die großen Museen der Welt streiten.

Leute glaubten, es sei aus einer Kreuzung von Mensch und Affe hervorgegangen«, sodann wird versichert, man habe es hier »allem Anschein nach mit jenem bei den Vorfahren so berühmten Satyr zu tun, einem Wesen, das schon Plinius und die Dichter vom Hörensagen und nach nicht gesicherten Berichten« häufig erwähnt hatten. Offensichtlich ist vom Löwen die Rede, und im Brustton der Überzeugung heißt es, dieses Tier erschrecke »derart vor den Geschlechtsteilen der Frau, dass es allein auf ihren Anblick hin die Flucht ergreife«.

Doch zweifellos ist Dapper der Erste, der sich nicht nur für die Geografie, sondern auch für die Afrikaner interessierte. Er enthielt sich nicht nur eines Werturteils über die beschriebenen Gesellschaften, sondern vermied meist auch den für europäische Schriften über die nichtchristliche Welt charakteristischen Ethnozentrismus. So gelang ihm ein synthetisches Werk, das man heute als »interdisziplinär« beurteilen würde. Behandelt er die afrikanischen Religionen, dann spricht er nicht etwa von »Aberglauben«, sondern von »Kulten«. Auch eine

gewisse ästhetische Aufgeschlossenheit gegenüber verschiedenen afrikanischen Objekten ist zu spüren. Gleichwohl wusste er nichts davon, dass zu jener Zeit, als die Europäer die »Wilden« der Küsten entdeckten, das Königreich Benin (im heutigen Nigeria) auf einem Höhepunkt seiner kulturellen Entwicklung war und dort Kunstwerke entstanden, um die heute die großen Museen der Welt wetteifern.

Kuriositätenkabinette

Seit dem Ende des 15. Jahrhunderts war eine »afroportugiesische Kunst« aufgeblüht. Zahlreiche Objekte, die man bei afrikanischen Kunsthandwerkern in Auftrag gab, entstanden nach europäischen Vorlagen. So zierten geschnitzte Olifanten, Kruzifixe und fein gearbeitete Bestecke königliche Tafeln und »Kuriositätenkabinette«. Zuerst in Holland, dann überall in Europa sammelte man von den »Wilden« benutzte Gegenstände sowie Muscheln, Schmetterlinge, getrocknete Blätter – die von Reisenden mitgebrachten Andenken an die afrikanische Flora und Fauna. Gemälde flämischer Meister zeigen, dass aufgeklärte wohlhabende Bürger es nicht verschmähten, ihre Wohnstuben mit afrikanischen Waffen auszuschmücken. Andererseits nutzten europäische Künstler Elfenbein und Rhinozeroshorn für Kreationen nach ihrem Geschmack.

Im kulturellen Zusammenhang dieser durch den Schwarzen Kontinent entfachten Neugierde, dauerte es nicht lange, bis die *Beschreibung Afrikas* in die wichtigsten europäischen Sprachen übersetzt war. Die französische Ausgabe wurde 1686 in Amsterdam von einer Gruppe von Buchhändlern veröffentlicht, die der Witwe Van Meurs einen Teil der Kupferdruckplatten abgekauft hatten. In der zweiten

Oben
Einst zierte afrikanisches Elfenbein auch große europäische Festtafeln. Die Abbildung zeigt Gabel und Messer aus dem England des 17. Jahrhunderts, die Griffe sind aus Elfenbein. Manche dieser Bestecke wurden auch aus Rhinozeros-Horn geschnitzt. Diese Tiere nannte man damals noch »Elefanten des Wassers«.

Oben
Die aus Elfenbein geschnitzten Armbänder stammen aus Benin.

Linke Seite
Die in Amsterdam hergestellten Afrika-Karten enthielten häufig Informationen in verschiedenen Sprachen und ersetzten nach und nach das Kartenmaterial aus Lissabon. Obwohl die Portugiesen während des 15. Jahrhunderts in ihrer Kenntnis der afrikanischen Küsten Fortschritte gemacht hatten, wollten sie ihren englischen und französischen Konkurrenten doch nicht allzu genaue Hinweise liefern. 1504 war es portugiesischen Kartografen sogar noch verboten, die afrikanische Küste jenseits von Sao Tomé und Principe überhaupt darzustellen.

Oben
Die Guinee, 1662
geprägt, war
21 Schilling wert.

Unten
Ein Gewehr, eine Perücke
und abgetragene Klei-
dung erhielt der »Neger-
könig« für das wertvolle
Metall, aus dem die
Guinee, jene englische
Münze mit der aufschluss-
reichen Bezeichnung,
geformt wurde.

Hälfte des 17. Jahrhunderts hatten mehrere große Staaten die Nachfolge Portugals angetreten. Dabei ging es weniger um die Erforschung Afrikas im eigentlichen Sinne, als um den Aufbau von Handelsniederlassungen an den Küsten des Kontinents. Die Engländer hatten sich an allen möglichen Orten am Golf von Guinea festgesetzt. Im Senegal gründeten die Franzosen 1658 Saint-Louis, bevor sie sich 1671 im heutigen Dahomey und einige Jahre später auch an der Elfenbeinküste niederließen.

Gold gegen Perücken

Dapper versicherte, mit seinem Buch wolle er vor allem Kaufleuten Ratschläge geben, die sich für Afrika interessierten. In Ermangelung einer lokalen Währung – die Eingeborenen benutzten »seltene« Muscheln –, wurden die ersten Geschäfte ausschließlich im Tauschhandel abgewickelt. So entstand in Europa eine Kleinproduktion, deren Erzeugnisse für die Afrikaner bestimmt waren. Sie galten als Abnehmer für Baumwollstoffe

und Seiden, vor allem aber für gebrauchte Kleidung, für Dreispitze und sogar für Perücken. Schund und Flitterkram bildeten eine andere für den afrikanischen »Import« vorgesehene Kategorie. Dazu gehörten Pfeifen, Spiegel, Vorhängeschlösser, Glöckchen, falsche Perlen, »Steine« aus Glas, also sämtliche Dinge, die auch die europäische Kundschaft der Hausierer interessierten. Die wertvollsten Güter, bestimmt für lokale Herrscher, die man mehr oder weniger ironisch als »Könige«, »Prinzen« oder »Herzöge« bezeichnete, waren (sehr lange und verzierte) Gewehre, aus Schießpulver, Tabak und Schnaps. Im Gegenzug lieferten die Afrikaner Proviant für die Schiffsbesatzungen (Hirse, Fisch, Geflügel), Gummi arabicum, das den tropischen Akazien abgezapft wurde, Guineapfeffer, Straußenfedern, vor allem aber Elfenbein und Gold.

Fast zwei Tonnen Goldbarren, so schätzt man, wurden in Europa zu Beginn des 18. Jahrhunderts jährlich aus Goldstaub gegossen, der aus den Ländern um den Golf von Guinea stammte. Zum Abwiegen des Goldstaubs, das stets mit Argwohn geschah, wurden Gewichte aus verschiedenen Metallen benutzt, die bei Sammlern heute sehr begehrt sind. Da die Afrikaner als geschickt im Manipulieren der Waagen galten, hatten sich weiße Makler auf diese Transaktionen spezialisiert. Ein guter Makler war auch in der Lage, die zahlreichen Fälschungen von Goldbrocken, die manchmal im Rohzustand gekauft wurden, zu erkennen.

Küstenfestungen

Dies alles jedoch war im Wesentlichen auf den Küstenbereich beschränkt. Der verschlossen geformte Kontinent Afrika bot nur an wenigen Stellen Einbuchtungen, durch die man vordringen konnte. Die Flüsse, breit und mit schneller Strömung, waren nicht gerade schiffbare Wege, die die Europäer zu befahren wagten. Ihre Mündungsgebiete waren teilweise unbekannt, was die Zeichner der Portulane zur Verzweiflung trieb. Jene oft mit größter Sorgfalt ausgemalten Seekarten beschränkten sich zunächst auf den Mittelmeerraum und wurden im 15. Jahrhundert nach und nach auf Afrika erweitert. Ab der Mitte des folgenden Jahrhunderts erlaubten die Fortschritte der Drucktechnik, Karten preisgünstiger herzustellen, und so nahm ihre Produktion in Amsterdam fast industrielle Ausmaße an. Die Darstellung des kontinentalen Afrika war deshalb aber kaum genauer als zuvor.

Die Seefahrer interessierte, ob die Küstenfestungen verzeichnet waren, die die Portugiesen entlang des Atlantiks bis zum Indischen Ozean erbaut hatten. Wie sie zuvor ihren Weg mit Grenzsteinen markiert hatten, errichteten die Landsleute ihre Handelsposten, Festungsanlagen mit vielsagenden Namen wie Fort Jesus in Mombasa, nachdem sie die Umgebung eingehend untersucht hatten. Einige der Bauwerke, die im Laufe der Geschichte gelegentlich immer wieder von Briten oder Franzosen eingenommen worden waren, stehen noch heute und machen aus einer Reise entlang der Küsten Afrikas eine lusitanische Pilgerfahrt.

Wie die Forts wechselten auch bestimmte Inseln, die als Stützpunkte für das Vordringen in den Kontinent dienten, mehrfach den Besitzer – und den Namen. So geriet die Insel Mauritius, 1505 von Portugiesen entdeckt, danach zuerst von den Holländern, dann von den Franzosen besetzt, im Jahr 1810 schließlich als Île de France unter britische Kontrolle. Am 21. Mai 1502, dem St.-Helena-Tag, zum ersten Mal von Portugiesen gesichtet, fiel auch die Angola vorgelagerte Insel St. Helena, künftiger Verbannungsort für Napoleon, nach einem holländischen Intermezzo an die Engländer. Herren auf Sao Tomé und dem Archipel der Kapverden blieben indes die Portugiesen vom 15. Jahrhundert bis zur Unabhängigkeit dieser Territorien 1975. Allerdings

ging die Entdeckung dieser zeitweise unbewohnten Inseln, Erzählstoff für die ersten Berichte der Seefahrer, der Erforschung der Küsten Schwarzafrikas voraus.

Ein schwarzer »Prinz« beim Sonnenkönig

An den Höfen Europas wurde mit Afrika gelegentlich auf sonderbare Weise Kasse gemacht. Unter Louis XIV. brachten zwei Franzosen 1698 aus dem Küstenkönigreich Assinien (Elfenbeinküste) einen gewissen Aniaba mit, den sie – böse Zungen behaupteten, er sei als Diener gekauft worden – dem Sonnenkönig als »Prinzen« und Zeichen der Hochachtung seines Vaters für den französischen Monarchen präsentierten. Nachdem Aniaba, wie einer der Perser Montesquieus, die erste Neugier befriedigt hatte, fand man an ihm so sehr Gefallen, dass Bossuet ihn in katholischer Religion unterwies.

Oben
Wilde Tiere und Vögel auf den gelegentlich unbewohnten Inseln kannten kaum Scheu vor Menschen, und so konnte man auf ihnen herumklettern oder sie mit der Hand einfangen. Doch bald schon dominierte der Jagdinstinkt. Hier reiten Holländer auf der Insel Mauritius auf Riesenschildkröten.

Man fand an Aniaba so sehr Gefallen,

dass Bossuet ihn in katholischer Religion unterwies und ihn

schließlich, mit Louis XIV. persönlich

als Pate, in der Pariser Kirche Saint-Sulpice taufen ließ.

Oben und unten

Während man sich in Versailles an Schwarzen in höfischer Kleidung ergötzte, widmeten sich Botaniker und Naturkundler einer ersten Bestandsaufnahme afrikanischer Flora und Fauna. Legt man die schwanzfederartigen Blätter des 1,50 Meter hohen Indigostrauchs zum Fermentieren in Wasser, sondern sie Indigotin ab, einen zum Färben von Tuchen sehr begehrten Farbstoff. Ende des 19. Jahrhunderts ersetzte künstliches Indigotin die natürliche Farbe.

Später ließ er ihn mit Louis XIV. persönlich als Pate in der Pariser Kirche Saint-Sulpice taufen. Als Hauptmann in einem Kavallerieregiment verschuldete er sich trotz der ansehnlichen Pension, die ihm sein königlicher Pate gewährte. 1701 musste er Frankreich verlassen und in sein Heimatland zurückkehren. Unter dem neuen Namen Hannibal, den er sich ganz unbescheiden verlieh, beschloss er seine Tage als lokaler Häuptling an der Grenze zu Togo. Doch jene, die einst so vernarrt in ihn waren, interessierten sich schon lange nicht mehr für ihn.

Botanische Sammlungen

Abgesehen von Modeerscheinungen solcher Art begannen damals manche der Gebildeten Europas, eine wissenschaftliche Neugier für exotische Flora und Fauna zu entwickeln, die sich keinesfalls auf »Gewürze« beschränkte. In Frankreich verpflichtete ein Gesetz von 1726 Kapitäne aus Nantes, »bei ihrer Rückkehr einige Samen und Gewächse jener Pflanzen mitzubringen, die an den verschiedenen Orten, an denen sie an Land gehen, zu finden sind«, und sie den Apothekern ihrer Stadt zu übergeben, »welche gehalten sind, jene Pflanzen an den Jardin des

Plantes Seiner Majestät in Paris zu schicken, von denen dort kein Exemplar vorhanden sein könnte«. Den 1640 eingerichteten Jardin des Plantes, Vorläufer des heutigen Nationalmuseums für Naturkunde, leitete ab 1739 Buffon. Dieser berühmte Naturkundler genoss seinerzeit internationales Ansehen und war Mitglied mehrerer europäischer Akademien. Der Autor der *Naturgeschichte* korrespondierte vor allem mit James Bruce, einem der Aufklärung verbundenen schottischen Aristokraten. In den Jahren nach 1770 drang er in entlegene Gebiete Abbessiniens – heute Äthiopien – vor, ein Land, das vor ihm schon einige europäische Reisende besucht hatten. Als der Schotte seine Expedition abbrechen wollte, weil er auf See eine Kiste mit Instrumenten verloren hatte, die für seine Forschungen unentbehrlich waren, ließ der Franzose Louis XV. ihm eine neue Ausstattung überbringen. Nicht immer bot der Alte Kontinent ein solches Beispiel an Kooperation bei der Erforschung unbekannter Welten. Michel Adanson, in Aix-en-Provence geboren, aber schottischer Abstammung, war mit Robert David bekannt, einem der Direktoren der West-Indischen-Handelskompanie, die der Bankier John Law 1719 gegründet hatte. Die Direktoren der Kompanie waren zu allen Zeiten aufgeschlossene, neugierige Männer. Ihr Interesse galt stets neuen, geeignet erscheinenden Produkten, die sie jenen hinzufügen konnten, mit denen sie bereits Handel trieben – Kautschuk, Kaffee, Tee, Pfeffer, Indigo,

Rechte Seite
Afrikanische Ölpalme.

Elaeis guineensis L.

Ich gebe zu, ginge es nur nach der äußeren Gestalt, könnte man die Affen für eine besondere Art der menschlichen Gattung halten: Der Schöpfer wollte dem Körper des Menschen keine Form geben, die sich völlig von der des Tieres unterschiede; er hat die Körperform des Menschen, wie jene aller Tiere, seinem großen Gesamtplan unterworfen; doch zugleich, da er ihm diese, dem Affen ähnliche Gestalt verlieh, hat er unseren tierischen Körper mit seinem göttlichen Atem erfüllt; hätte er diese Gunst, nicht unbedingt dem Affen, aber dem minderwertigsten Tier, jenem vielleicht, das uns als das unvollkommenste erscheint, erwiesen, dann wäre eben diese Art bald zum Rivalen des Menschen gereift; vom Geiste beseelt, wäre sie den anderen Arten überlegen gewesen; sie wäre fähig, zu denken und zu sprechen: Wie groß also auch immer die Ähnlichkeit des Hottentotten mit dem Affen sein mag, der Unterschied, der sie voneinander scheidet, ist gewaltig, denn der Hottentotte ist erfüllt von Denkvermögen, und er kann sich sprechend äußern.

Buffon, *Naturgeschichte*, Ende des 18. Jahrhunderts

Rechts
Während der holländischen Besetzung von Gorée im 18. Jahrhundert flatterte auf der Insel eine längs gestreifte blau-weiß-rote Fahne; im französisch kontrollierten Saint-Louis war sie nach 1789 blau-weiß-rot mit senkrechten Streifen. An jedem der europäischen Stützpunkte und Handelskontore waren die entsprechenden National-flaggen gehisst. Revolutionäre Zauberei: In den französischen Territorien sahen die Afrikaner, wie sich das königliche Lilien-banner mit einem Mal in die republikanische Trikolore verwandelte. In keinem Reisebericht ist überliefert, ob man ihnen dazu Erklärungen abgab …

Rechte Seite, unten
Dieses Bronzekruzifix wurde im 16. Jahrhundert von einem kongole-sischen Künstler geschaf-fen. 1537 gewährte eine päpstliche Bulle be-kehrten Afrikanern den Status von »wirk-lichen Menschen« (veri homines).

Chinin. 1849 wollte die Kompanie, deren Geschäfte nicht mehr ganz so zufrieden stellend liefen wie einst mit Louisiana und Asien, ihre Aktivitäten vor allem auf Afrika ausweiten. Man engagierte Adanson und beauftragte ihn, Möglichkeiten für Monokulturen im Senegal zu erkunden. Stattdessen pflanzte Adan-son in den Gärten von Fort Saint-Louis Baumwolle und Indigo an. Er stellte aber auch eine Sammlung von Pflanzen und Steinen zusammen, die er bei seinen Reisen selbst gefunden oder Händlern der aus dem Landesinnern ankommenden Karawanen abge-kauft hatte. Als er sechs Jahre später nach Frank-reich zurückkehrte, übergab er seine Sammlung Buffon für den Jardin des Plantes. 1757 veröffent-lichte er eine *Naturgeschichte des Senegal*, die als das erste Buch über afrikanische Flora auf den Markt kam. In jener Epoche wurden zahlreiche afrikani-sche Arten verzeichnet, nachdem der Schwede Carl von Linné (1707–1778) ein mit jeweils zwei Na-menselementen arbeitendes Klassifikationssystem erfunden hatte, für das die damals allen europäi-schen Wissenschaftlern geläufige lateinische Sprache benutzt wurde: Das erste Wort, ein Substantiv mit groß geschriebenem Anfangsbuchstaben bezeichnet die Gattung, das zweite, ein Adjektiv, die spezifische Besonderheit dieser untergeordneten Pflanzenart.

Ein Tiergehege im Jardin des Plantes

1793 richtete man im Jardin des Plantes auch ein Tiergehege ein. Als Erstes beherbergte es ein Kuagga, ein südafrikanisches Säugetier. Zuvor hatte man das Tier, eine heute ausgestorbene Mischung aus Zebra und Pferd, in einem Stall am Schloss von Versailles untergebracht.

Als 1795 der Tod eines Löwen in Gefangenschaft die Gemüter erregte, schickte der Naturkundler Étienne de Lacépède ein »Schreiben an als Tier-gehege geführte öffentliche Einrichtungen« mit dem Ratschlag, auf Käfige zu verzichten und die Tiere stattdessen in Freiluftanlagen zu halten. Und ganz im Geiste jener revolutionären Epoche Frankreichs ergänzte der Autor: »auf dass Bilder von Zwang und jegliche Andeutung von Sklaverei den Augen eines freien Volkes erspart bleiben mögen.«

Von den siegreichen Armeen der Republik beim Statthalter Hollands beschlagnahmt, wurden 1798 mehrere wilde Tiere im Triumphzug nach Paris geführt. Das Volk schloss sogleich den Elefan-tenbullen »Hanz« und das weibliche Tier »Parkie« ins Herz, die von der Presse als »Liebespärchen« präsentiert wurden. Die größte Neugier jedoch erweckten natürlich die den Menschen so ähnlichen Affen.

Enzyklopädisten und erste Missionare

Als Diderot und d'Alembert 1751 ihre *Enzyklopädie* veröffentlichten, verheimlichten sie trotz aller Informationen von befreundeten Naturkundlern nicht, dass die europäischen Kenntnisse über das schwarze Afrika nur sehr dürftig sind. Sogar sehr knapp gefasst – kaum mehr als fünfzig Zeilen – macht der Artikel »Afrika« schon im zweiten Absatz deutlich: »Die Küsten sind kaum erst erforscht; das Hinterland dieser Weltgegend ist noch unbekannt.«

Darüber hinaus geben die Philosophen im Artikel »Neger« (Band XI) ein eloquentes Beispiel ihrer Unwissenheit. Über dem langen »weißen Negern«, den so genannten Albinos also, gewidmeten Absatz, gerät man sehr ins Grübeln: »Einige glaubten, die weißen Neger seien Frucht der abscheulichen Verbindung der großen Affen des Landes mit den Negerinnen. Wie auch immer, offenbar kennen wir noch nicht alle Spielarten und Merkwürdigkeiten der Natur; vielleicht leben ja im Innern Afrikas, über das die Europäer so wenig wissen, noch viele Völker, auch Gattungen, die uns bislang völlig unbekannt sind.«

Paradoxerweise stützten sich einige der freigeistigen Gelehrten, die über Afrika schrieben, auf Zeugnisse von Gottesmännern. So zitierte zum Beispiel Buffon auf den Seiten seiner *Naturgeschichte*, die dem Thema »Neger« gewidmet sind, Pater Pierre de Charlevoix, einen jesuitischen Missionar und Schriftsteller.

Die kurzlebige Evangelisierung des Königreichs Kongo hatte Nacheiferer gefunden. Jesuiten und Dominikaner waren den portugiesischen Entdeckern von Monomotapa und anderer kleiner Königreiche gefolgt. Auf der Insel Gorée und in Saint-Louis hatten sich jeweils französische Missionen niedergelassen und 1763 wurde im Senegal ein apostolischer Amtssitz geschaffen.

Im Gegensatz zu den meisten Seeleuten, die sich aus wirtschaftlichen Gründen nach Afrika wagten, interessierten sich die Mönche für die Sitten der Bevölkerung. 1776 veröffentlichte ein Abbé Proyart mit Erfolg ein Werk, das sich mit den afrikanischen Aktivitäten der Auslandsmissionen beschäftigte, die 1664 in Paris begründet und vor allem in China tätig wurden. Der Abbé besaß nicht nur die Kühnheit, die menschlichen Qualitäten der Schwarzen zu rühmen, er verglich auch »die sehr konkrete Mildtätigkeit der Missionare mit der rein verbalen Selbstlosigkeit der Philosophen«.

Doch diese stolzen Hirten waren nicht bereit, ihr Vieh gegen

Glasperlen zu tauschen,

mit denen sich andere Afrikaner verführen ließen.

Oben
Nach den Karavellen
kamen die Ochsenwagen!
Für ihre Erkundung des
Hinterlands der Region um
das Kap, auf der Suche
nach Siedelgebieten nutz-
ten die Niederländer
schwere Gespanne, die
ihren landwirtschaftlichen
Plänen gerecht wurden.
Die zahlenmäßige Unter-
legenheit der Ureinwohner
ist der Grund, warum die
Aneignung von Land
durch die Weißen während
der ersten Zeit kaum auf
Widerstand traf. Das er-
klärt auch, warum das hol-
ländische Zelt in direkter
Nachbarschaft zu afrikanischen Hütten steht.

Das Kap – »Zwischenstation zum Kraft schöpfen«

Ab dem 17. Jahrhundert kannten die Europäer, abgesehen von den Küstenregionen, einen bestimmten
Teil des Kontinents: Südafrika, das später das »weiße
Afrika« genannt werden sollte. Die Handelsstation
am Kap, 1652 von hier gestrandeten Holländern
gegründet, war eigentlich nicht als Ausgangsort für
ein Vordringen in unbekannte Gebiete gedacht.
Ursprünglich sollte es nur eine »Zwischenstation
zum Kraft schöpfen« für die Besatzungen sein, die
auf dem Weg nach Indien waren. Doch unter der
Ägide ihres ersten Verantwortlichen, Jan Van
Riebeeck, entwickelte sich die Station auch dank
des gemäßigten Klimas relativ schnell zu einem
Zentrum landwirtschaftlicher Produktion. Warum
sollte Proviant aus Europa herangeschafft werden,

wenn es vor Ort fruchtbaren Boden gab? Ein kleiner
Weinberg wurde angelegt und im Februar 1659
konnten die ersten Trauben gepresst werden. Es war
der Beginn einer großen Weinbaugeschichte in
diesen südlichen Gefilden.

In der Folge begannen die Holländer, das Hinterland
zu erkunden, denn die steigende Nachfrage (jährlich
gingen 5000 Seeleute am Kap an Land) ließ sich
nicht mehr mit dem wenigen konzessionierten Land
in der unmittelbaren Umgebung befriedigen. Van
Riebeeck organisierte Expeditionen, die sich von der
Station aus mehr als 300 Kilometer weit vorwagten.
Um ihren Bedarf an Fleisch zu decken, nahmen die
Pioniere Kontakt mit den Khoi auf, auch Hottentotten genannt. Doch diese stolzen Hirten waren
nicht bereit, ihr Vieh gegen Glasperlen zu tauschen,
mit denen sich andere Afrikaner verführen ließen.
Angesichts dieser »mangelnden Kooperationsbereit-
schaft« ließ Van Riebeeck Bantusklaven aus Angola
kommen, die kaum bewohnte Gebiete urbar machen
sollten.

Hugenotten in Afrika

Die Aufhebung des Edikts von Nantes, ein politischer Akt, der 1685 die französischen Protestanten
traf, veranlasste die meisten Betroffenen, ins Exil
nach Holland zu gehen. Jene Entscheidung sollte
auch die ohnehin schon bunt gemischten Völkerschaften des künftigen Südafrika bereichern. Simon
Van der Steel, der Nachfolger Van Riebeecks, war
der Ansicht, die Kolonie habe nur mit einer
größeren weißen Bevölkerung eine Zukunft, und so
drängte er sein Land schon seit langer Zeit, Auswan-
derer zu ermuntern. Man entschied, die französischen Hugenotten dazu zu bewegen, die Siedlungen
der Holländer am Kap zu verstärken. Von April 1688
bis Mai 1689 ließen sich 175 Hugenotten auf ihnen
besonders zugewiesenen Ländereien rund hundert

Kilometer vom Kap entfernt nieder: Der »Franschhoek«, der »französische Winkel«, hieß bis dahin »Olifantschhoeck«, »Elefantenwinkel«, denn die Gegend war von wilden Tieren bewohnt. Die Kinder der Einwanderer mussten Holländisch lernen, und so hatte ihre Muttersprache in dieser Region Afrikas keine große Zukunft. Doch Tausende von Südafrikanern tragen heute französische Namen, wie Durand oder De Villiers, und lange Zeit gab es in der Region am Kap Ortsbezeichnungen wie »Languedoc«, »La Provence«, »La Fortune« oder »Terre de Luc«. Zu Beginn des 18. Jahrhunderts bildeten *boers* (Bauern) und *trekboers* (Bauern, die mit einem Treck über Land zogen, bevor sie sich als Züchter niederließen) die Speerspitze einer Pionierbewegung. Bei ihrem Zug Richtung Norden drängte sie die eingeborene Bevölkerung mit gelegentlich brutalem Vorgehen sehr zurück. Bald erreichten sie einen Fluss, den sie zu Ehren des niederländischen Königshauses Oranje tauften. Doch jener Dynas-

tie wurde 1794 von den revolutionären französischen Armeen eine Niederlage zugefügt, und so traten die Briten auf den Plan. Sie nutzten die Situation in Europa aus, um in Südafrika die Bataver zu verdrängen.

Die »Ursünde« der Sklaverei

Der Umstand, dass die Entdeckung und die Inbesitznahme des südlichen Afrika ursprünglich nur relativ dünn besiedeltes Land betraf, diente dem Apartheidsregime später als Scheinargument, mit dem man ein Recht der »ersten Siedler«, unter sich zu bleiben, begründete. Aus Sicht der Afrikaner hinterlässt eine andere »Ursünde«, die der Sklaverei, dunkle Flecken in der Geschichte der Entdeckung ihres Kontinents durch die Weißen. Der Handel mit schwarzen Sklaven – genauer müsste man eigentlich von Gefangenen sprechen – war keine Erfindung der Europäer. Dem vom 16. bis zum 19. Jahrhundert andauernden Sklavenhandel über

den Atlantik, ging der Menschenhandel durch die
Sahara voraus. Als dieser im Westen abgeschafft
wurde, blühte das traditionelle arabische Geschäft
mit Sklaven an der Ostküste Afrikas weiter. Im
Osten des Kontinents wurden schon zu Zeiten der
ägyptischen Pharaonen die Nubier unterjocht. Erst
viel später wurde der in Westafrika erbeutete
schwarze Sklave zur wichtigsten »Ware« des Trans-
sahara-Handels. Salz gegen Menschen, so lautete
das Marktgesetz der ibaditischen Händler. Der Reisende Ibn Battuta notierte auf dem Weg zwischen
dem damals prosperierenden Königreich Mali und
Marokko, wo die Sklaverei noch bis zu Beginn des
20. Jahrhunderts gang und gäbe war, häufig Be-
gegnungen mit Karawanen von Gefangenen. Auch
die Bedeutung des Wortes Sklave sollte erläutert
werden. Ein Sklave war nicht unbedingt jenes in
Ketten gezwungene und geschlagene Wesen, das
man sich vorstellen mag. So gab es in den Harems
viele schwarze Frauen, vor allem vom Volk der
Peule. Sie waren für ihre Schönheit berühmt. Alle
muslimischen Staaten verstärkten ihre Truppen mit
gekauften »Sklaven«, denen der militärische Status
eine relative Freiheit verschaffte. Je nach Geschlecht und Alter war der Sklave für den Araber
Arbeitstier für die Feldbestellung, Kanonenfutter,
Objekt sexueller Begierde oder Hausdiener. Für die
Weißen waren Sklaven später vor allem eine Art
Produktionsmittel. Von den alten Landesbezeich-
nungen aus der Zeit der ersten Forschungsreisen
blieb die Elfenbeinküste. Noch lange Zeit gab es
auch eine Goldküste (vor seiner Unabhängigkeit
hieß Ghana »Gold Coast«). Die Sklavenküste gibt
es nur noch auf alten Landkarten. Doch als Zentrum
des Sklavenhandels am Golf von Benin hatte sie
traurige Berühmtheit erlangt. Tatsächlich mussten
die Portugiesen sehr bald feststellen, dass ihnen die
afrikanischen »Könige«, mit denen sie Verbindung

aufnahmen, einer Tradition entsprechend, die die
Verhältnisse jener »Könige« untereinander regelte,
auch Menschenware anboten. Denn die Sklaverei
war in den afrikanischen Gesellschaften selbst ver-
ankert, Gefangene wurden für Schwerarbeiten heran-
gezogen. Die Portugiesen machten keine Anstalten,
in entfernten Gebieten, in die sie nicht selbst vor-
drangen, auf Menschenjagd zu gehen. Eine Ausnahme stellten später die *pombeiros* dar, afrikanische
Handelsagenten, oft Mulatten, die für ihre weißen
Auftraggeber tief ins Landesinnere von Angola vor-
stießen. Andere Afrikaner überließen den Portugiesen die Gefangenen und schafften sie heran, brachten sie auf die draußen ankernden Schiffe, später in
die Küstenforts, in denen man schließlich schaurige
»Reserven« verwahrte, bis das nächste auf Sklaven-
transporte spezialisierte Schiff eintraf.

Europas Häfen für den Sklavenhandel

Was zuerst nur ein relativ unbedeutendes Gewerbe
war, entwickelte sich zu einer Hauptaktivität, als die
beginnende Ausbeutung der gerade erschlossenen
Territorien der Neuen Welt eine regelrechte »Nachfrage« bewirkte. Dieser so genannte »Dreieckshandel« vollzog sich in vier Etappen: In Europa produzierte Handelsware wurde nach Afrika exportiert,
an den Küsten des Schwarzen Kontinents gegen
Gefangene eingetauscht, die an Plantagenbesitzer
auf den Antillen oder in Louisiana verschachert
wurden. Vom Erlös kaufte man tropische Produkte,
die nach Europa verschifft wurden. Nantes, Bordeaux, Bristol, Liverpool und andere, heute sehr
respektable europäische Städte verdanken ihren
Wohlstand zum Teil ihrer Vergangenheit als Häfen
für den Sklavenhandel.
Über die Zahl der afrikanischen Opfer des Sklavenhandels kursierten schon die unterschiedlichsten
Angaben. Jüngste, nicht von falschem Eifer getrübte

Schätzungen gehen für die Zeit zwischen 1450 und 1870 (denn der Sklavenhandel konnte trotz offi-ziellen Verbots im 19. Jahrhundert noch nicht ganz unterbunden werden) von zwölf Millionen aus. Da-bei setzt man allein für das 18. Jahrhundert, Höhe-punkt dieses Geschäfts, sieben Millionen an. Diese über hundert Jahre summierten sieben Millionen ver-teilen sich auf die wichtigsten Seemächte in einem Verhältnis von ungefähr 2 500 000 für Großbritan-nien, 1 800 000 für Portugal, 1 200 000 für Frankreich und 400 000 für Holland. Sogar Dänemark, Schwe-den und auch deutsche Städte des Baltikums nah-men, wenngleich in entsprechend geringerem Um-fang, am Sklavenhandel teil. Sehr oft wurde das Gewerbe von großen Handelsgesellschaften, die so-wohl mit Staatsgeldern als auch mit privatem Kapi-tal arbeiteten (Mischunternehmen, würde man heute sagen), kontrolliert. Die französischen Gesellschaf-ten waren ziemlich schlecht geführt. Einzig die Com-pagnie des Indes machte, zu Beginn des 18. Jahr-hunderts, gute Geschäfte. Wie wir am Beispiel von Michel Adanson gesehen haben, war jenes Unternehmen stets aufgeschlossen, ging es um die Nutzung der natürlichen Ressourcen Afrikas, und so widmete man sich auch aktiv dem Sklavenhandel. In mehr oder weniger guten Jahren wurden, guten Gewissens, 2000 bis 3000 Schwarze auf die Antillen verschifft.

Tragische Überfahrten

Für unser heutiges Verständnis ist der Sklaven-handel einerseits skandalös, andererseits ein erstaun-liches Phänomen. Vielleicht sind diese Dinge besser begreiflich, ohne sie deshalb zu entschuldigen, wenn man berücksichtigt, wie hart die Zeiten damals waren. Zusammengepfercht in den kleinen Laderäu-men der Schiffe jener Epoche starben viele der Schwarzen während der Überfahrt, und dies war ganz und gar nicht im Interesse ihrer Eigner. Auf 25 Pro-zent wird die Zahl der Verluste geschätzt. Irgendeine ausgleichende Gerechtigkeit hat dafür gesorgt, dass die Zahl der Opfer unter den Europäern in etwa gleichkam. Seeleute und Geschäftemacher widme-ten sich dem Sklavenhandel praktisch ohne medizi-nische Versorgung und unter klimatischen Bedin-gungen, an die sie nicht gewöhnt waren. 75 Prozent der Franzosen, die sich im senegalesischen Saint-Louis niedergelassen hatten, wurden bereits im ersten Jahr ihres Aufenthalts durch Krankheiten da-hingerafft, und niemand hat sich darüber aufgeregt. Die Reeder, die mit dem Handel von Menschen in

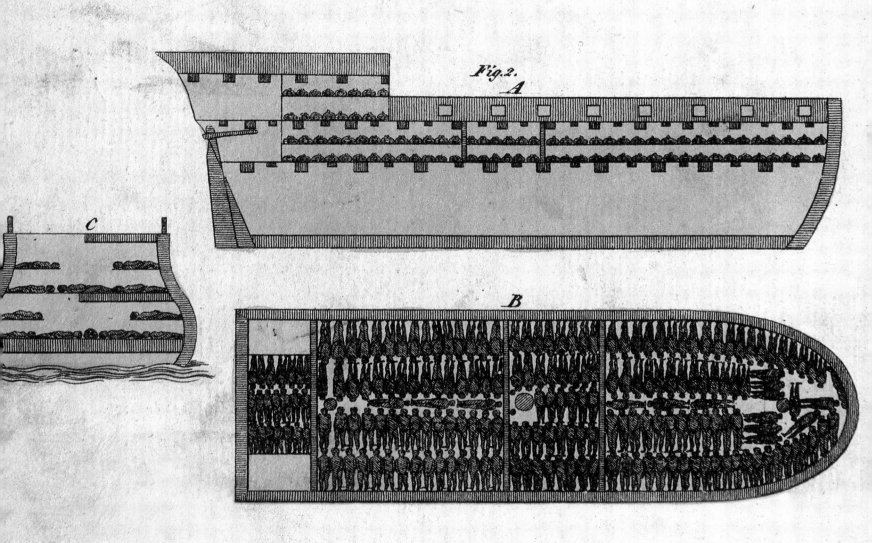

Fig.2.

A

B

C

In der Nähe des Cancalli-Viertels, einem Stadtteil von Kairo, gibt es zwei, drei Straßen, in denen die armen christlichen Sklaven verkauft werden, mehr als 400 habe ich dort versammelt gesehen, und die meisten von ihnen sind Schwarze: Man raubt sie an den Grenzen zu Prete-Jan. Sie müssen sich der Reihe nach an einer Mauer aufstellen, völlig nackt, die Hände auf den Rücken gebunden, damit man sie sich genauer anschauen kann, auch um eventuelle Gebrechen besser zu erkennen. Bevor man sie zum Markt führt, werden sie in ein Bad geschickt, gekämmt, und die Haare werden recht hübsch geflochten. Damit sie besser verkäuflich sind, schmückt man sie auch noch an Armen und Beinen mit Bändern und Ringen, an den Ohren mit Gehängen, und auch an Fingern und an den Enden der Zöpfe tragen sie Zier: So verschönert werden sie zu Markte gebracht, aber dann wird geschachert wie um Pferde. Im Unterschied zu den Knaben, deckt man die Scham der Mädchen mit einem kleinen Tuch ab. So dargeboten, kann sie nun jeder betrachten und vorn oder hinten betasten, gehen oder laufen, sprechen oder singen lassen, die Zähne begutachten, überprüfen, ob sie auch keinen übel riechenden Atem verströmen: Ist man dann bereit zu verhandeln, und geht es dabei um ein Mädchen, wird sie nur ein wenig abseits gebracht, mit einem großen Tuch abgedeckt und sodann in Gegenwart des Käufers von Matronen gründlich untersucht, um festzustellen, ob sie noch Jungfrau ist. In diesem Fall ist sie mehr Geld wert.

Jean-Palerne Forésien, *Reise durch Ägypten*, 1581, zitiert in Francois Renault und Serge Daget, *Der Sklavenhandel in Afrika*, Karthala, 1985

Fleisch und Blut zu tun hatten, galten in den Augen ihrer Zeitgenossen als anständige Leute: Die »Passagiere« der Sklavenschiffe waren ja in jedem Fall Gefangene grausamer örtlicher Potentaten, und ihre Verbringung in andere Welten rettete ihnen, so meinte man, in gewisser Weise das Leben. Und weil grundsätzlich vorgesehen war, die angekauften Gefangenen zu taufen, verurteilte der Heilige Stuhl »den unmenschlichen Handel mit Schwarzen« offiziell erst 1839. Einzig das Schicksal der wie die Frauen der Peule für ihre Schönheit berühmten Äthiopierinnen und der Äthiopier, die als Sklaven auf den Märkten von Kairo verkauft wurden, rührte die Christenheit während des 15. und 16. Jahrhunderts tatsächlich. Zweifellos weil diese Menschen aus einem Land stammten, das nicht nur zugänglicher als das »finstere« Afrika schien, sondern im 4. Jahrhundert auch teilweise von St. Frumentius evangelisiert worden war...

Die *signares* von Gorée

Der unmenschliche, mit einer »naturgegebenen« Ungleichheit gerechtfertigte transatlantische Sklavenhandel war kein Hinderungsgrund für das, was die Portugiesen, in dieser Hinsicht Pioniere, »die sinnenfrohe Vereinigung der Rassen« nannten. Manch eine der wegen ihrer Schönheit aufgefallenen Afrikanerinnen, ob Sklavin oder nicht, teilte mit einem der Weißen, die in jenen Zeiten gefähr-

VOL LIBRE

Links, linkes Bild
Zu Beginn der Regent-
schaft von Louis XVI.
brachten Zeichenkünstler
immer häufiger ihr Mitge-
fühl für die von Händlern
ihren Familien entrisse-
nen Sklaven zum Aus-
druck. Mit der Revolu-
tion verbreitete sich ein
rousseauistisches Bild des
freien Afrikaners. Sogar
schwarze »Sansculotten«
mit der phrygischen
Mütze auf dem Kopf gab
es zu sehen!

licher Seefahrt oft jahrelang fern der Heimat weil-
ten, das Bett.

Gorée, der französische Hafen für den Sklavenhandel, war schnell als Ort für ein »süßes Leben«
berühmt, weil es hier hübsche schwarze Frauen im
Überfluss gab, die zum Vergnügen der Europäer auf
der Insel ansässig waren. Die bald geborenen Misch-
lingsmädchen waren, ihrer helleren Haut wegen,
noch begehrter als ihre Mütter. Die Ära der *signa-
res* (vom portugiesischen Wort für »Frau«, *senhora*,
abgeleitet) begann. Einige von ihnen gelangten mit
Geschäften zu einem gewissen Wohlstand. Sie traten zum Katholizismus über und gründeten Familien,
die noch heute zu den bekanntesten Sippen des
Senegal zählen. Lange Zeit genossen diese Misch-
lingsfamilien keine offizielle Anerkennung. 1773
schließlich legalisierte Devaulx, Gouverneur des
Senegal, »die Vermählung nach Landessitte«. Er
schuf eine rechtliche Grundlage für ihr Zusammen-
leben und die aus unehelichen Verbindungen her-
vorgegangenen Kinder.

Kampf dem Sklavenhandel

In der *Enzyklopädie* behandeln die Philosophen das
Thema Sklaverei noch relativ gelassen. Im Artikel
»Neger« erinnern sie an das »Gesetz zu den Schwarzen«, eine ausführliche königliche Order, die das
gebotene Verhalten von Herren über Sklaven auf
den »französischen Inseln Amerikas« regelt. So war

es verboten, die Schwarzen während der »von der
katholischen Kirche festgelegten Feiertage« arbeiten
zu lassen.

Der beginnende Bewusstseinswandel vollzog sich zunächst gegen Ende des 18. Jahrhunderts in England,
bevor sich die Französische Revolution das Anliegen
auf die Fahnen schrieb. Das Schicksal der Kinder,
vor allem jener, die, wie sich die Sklavenhändler aus-
drückten, »von der Mutterbrust weggekauft« wurden, erschien den Streitern der künftigen Londoner
Gesellschaft gegen Sklaverei als besonders empörend.
Die Zweifel an der Rechtmäßigkeit des Sklavenhandels gingen einher mit einem neu aufkeimenden
Interesse an der Geografie eines Kontinents, den
man künftig nicht nur unter geschäftlichen Aspek-
ten studieren wollte. Eine von Sir Joseph Banks,
dem Gefährten Cooks bei dessen Expeditionen in den
Pazifik, neu gegründete Gesellschaft zur Erforschung
des Landesinnern von Afrika, kurz African Association genannt, verbreitete 1788 eine Broschüre, in der
mit Bedauern festgestellt wurde: »Mindestens ein
Drittel der besiedelten Regionen der Erde sind heute
noch unbekannt, vor allem fast ganz Afrika«. Anker-
plätze an den Küsten genügten nun nicht mehr. Es
war an der Zeit, in das Innere des Kontinents vorzudringen, und ausgerechnet der Kampf gegen die in
den schwarzen Gesellschaften noch immer übliche
Sklaverei sollte sich zu einer Hauptmotivation manches Forschungsreisenden entwickeln!

Folgende Doppelseite
»Engländer verkünden
Afrikanern die im Frie-
densvertrag der alliierten
Mächte festgelegte Ab-
schaffung der Sklaverei,
18. November 1815.« Mit
dem Ende der napoleoni-
schen Kriege waren sich
Engländer und Franzo-
sen wenigstens in dieser
notwendigen Maßnahme
einig. Die Engländer trieben ihr Engagement in
Afrika im Allgemeinen
unter dem Banner des
Handels voran, ohne dass
ihre Landsleute dabei
allzu viel mit den Urein-
wohnern zu tun hatten,
sie respektierten jedoch
deren Sitten und auch
lokale Würdenträger. Die
Franzosen dagegen fühl-
ten sich, wie die Portugiesen, mit einer zivilisato-
rischen Mission betraut,
die eine gewisse Assimi-
lierung zur Folge hatte.

II

Die Verlockung Timbuktus

*Unter all den Flüssen, deren vor allem dekorativ
gezeichneter Verlauf die ersten Landkarten Westafrikas zierte, war der Niger, »Nil der Neger«, der
längste. Auf manchen dieser Kartenwerke floss
er in Richtung des wirklichen Nil, weil man ihn nur
für einen Zufluss hielt. Einige aber, wie Leon der
Afrikaner, versicherten, er ströme gen Westen.
Und Ptolemäus vermutete einen Abschnitt dieses
Stroms mitten in der Wüste. Um die Verwirrung
vollständig zu machen, gaben ihm die Afrikaner
auch noch unterschiedliche Namen, wie »Joliba«
oder »Kuarra«, ohne dahinter zu kommen, dass
es sich um ein und denselben Fluss handelte. Doch
gegen Ende des 18. Jahrhunderts ahnten Mitglieder der britischen African Association, dass die
Lösung dieses Rätsels wesentliche Erkenntnisse zur
Geografie Westafrikas und über ein ausgedehn-
tes Einzugsgebiet des Stroms liefern könnte, zu dem
viele Regionen zählten, auch die des geheimnis-
umwitterten, faszinierenden Timbuktu.*

Der damals 23-Jährige, von keinerlei Selbstzweifeln geplagte
Park entschied sich, die Unterstützung anzunehmen, die
die Gesellschaft der Gelehrten jedem bot, der es wagte,
den Lauf des Niger zu erforschen.

Dreißig Jahre sollte es dauern, bis man feststellte, dass dieser seltsame Fluss, der am Nordwesthang der Bergkämme Guineas entspringt, nur in das Herz Afrikas vorzudringen schien. Zwar streift er die Gegend von Timbuktu, nähert sich der Stadt aber nicht wirklich, sondern schlängelt sich schließlich in Richtung Golf von Guinea weiter – daher auch die widersprüchlichen Angaben über seinen Verlauf. Noch mehr Zeit sollte erforderlich sein, bis geklärt war, dass sich der Strom, kurz vor dem Ziel seines 4200 Kilometer langen Wegs durch die heutigen Staaten Guinea, Mali, Niger und Nigeria, in eine Vielzahl von Armen teilt, die in der Region um Port Harcourt ein Delta formen, das die Portugiesen seit dem 16. Jahrhundert erforschten.

Sir Joseph Banks, Direktor der African Association und wohlhabender Grundbesitzer, pflegte Verbindungen zu James Dickson, einem Londoner Getreidehändler, der darüber hinaus ein begeisterter Botaniker war. Dieser Dickson war der Schwager eines gewissen Mungo Park, siebtes von 13 Kindern einer in bescheidenen Verhältnissen lebenden schottischen Bauernfamilie. Und deren Hof gehörte einem Herzog, der seinerseits Mitglied der African Association war. Sir Joseph schließlich verschaffte dem Medizinabsolventen Mungo Park einen Posten als Assistenzarzt an Bord eines Schiffs der East India Company. Der damals 23-Jährige, von keinerlei Selbstzweifeln geplagte Park entschied sich, die Unterstützung anzunehmen, die die Gesellschaft der Gelehrten jedem bot, der es wagte, den Lauf des Niger zu erforschen. Ausgangspunkt seines Abenteuers war Gambia. Er begann, Mandinka zu erlernen, zog bei Sklavenhändlern Erkundigungen ein und stellte mit Johnson und dem Diener Semba als Dolmetscher eine kleine Mannschaft zusammen, die im Dezember 1795 von Pisania (Gambia) aus aufbrach. Er selbst saß dabei hoch zu Rosse, während sich seine beiden Gefährten mit Eseln begnügen

mussten. Im Gepäck hatten sie nur Proviant für zwei Tage, Plunder, als Zahlungsmittel für die weitere Versorgung mit Nahrungsmitteln, einen Kompass, ein Thermometer, zwei Gewehre, zwei Pistolenpaare, Leibwäsche und, nicht zu vergessen, einen Sonnenschirm.

Negride Königreiche

Mit den »negriden Königreichen« meinte Park eine Vielzahl feudaler Kleinreiche, die einander ständig bekriegten. Anlass waren meist Viehraub, Streitigkeiten um Land und vor allem der Hass zwischen Mauren und Schwarzen. An jeder »Grenze« musste »Passiergeld« entrichtet werden, und so waren die Tauschvorräte der Expedition schnell erschöpft. Die Mauren waren prinzipiell jedem gegenüber feindlich gesonnen, der einen christlichen Namen trug, und die Schwarzen mochten kaum glauben, »dass ein vernünftiger Mann eine so gefährliche Reise antritt, nur weil er Land und Leute kennen lernen will«, wie Park erzählt. Sehr bald zwangen die örtlichen Konflikte den Forschungsreisenden, die ursprünglich geplante Route aufzugeben und einen Umweg Richtung Norden einzuschlagen. In diesen Gebieten wurde ihm ein Empfang zuteil, der – je nach Charakter und Intelligenz des Herrschers des jeweiligen »Königreichs« mit längst vergessenem Namen höchst unterschiedlich ausfiel.

Der Bericht, den Park später über seine Reise verfasste, widmet sich in weiten Teilen den Eigentümlichkeiten der Beziehungen, die er zu jenen oft unberechenbaren Männern knüpfte. Der König von Kaarta überhäufte ihn mit Zuspruch und guten Ratschlägen. Der Herrscher von Ludamar, der Maure Ali, nahm ihn gefangen und stellte ihn seinen Untertanen in einem Käfig zur Schau – bis seine Gemahlin Königin Fatima den weißen Mann rettete, weil sie Gefallen an ihm fand. Der König von Bondu machte zunächst einen umgänglichen Ein-

Ich kann die immer wieder erlebte, selbstlose Mildtätigkeit, die zärtliche Fürsorge,
mit der diese guten Neger, vom König von Segu bis zu jenen armen Frauen, die mich
in ihren Hütten aufnahmen, obwohl sie selbst große Not litten, ihre Anteilnahme
an meinem Unglück und ihre Hilfe, mit der sie mir diverse Male das Leben retteten,
nicht vergessen. Diese Anerkennung schulde ich, mehr noch als den Männern,
vor allem den Frauen. Jene haben mich manchmal zuvorkommend, gelegentlich
aber sehr unfreundlich aufgenommen.

Mungo Park, *Reise in das Innere Afrikas*, 1798

Im Juli 1796, nach vielen Irrungen und
Wirrungen, erreichte Park, der sein erschöpftes
Pferd nur noch vor sich hertrieb,
endlich den Niger.

druck, bis sich herausstellte, dass er vor allem am Mantel und am Sonnenschirm seines Gastes interessiert war, mit denen er – noch majestätischer ausgestattet – unter seinem Baum zu thronen gedachte.

Der Niger, »breit wie die Themse«

Parks Reisegefährten zogen es vor, sich aus dem Staub zu machen, als sie feststellten, dass er bald gar nichts mehr zur Verfügung hatte und ihm mancher Würdenträger offene Feindschaft zeigte. Nur der treue Demba, Prototyp des »guten Negers«, hielt trotz aller Fährnisse zu ihm. Im Juli 1796, nach vielen Irrungen und Wirrungen, erreichte Park, der sein erschöpftes Pferd nur noch vor sich hertrieb, endlich den Niger: »Breit wie die Themse bei Westminster funkelte er unter den Strahlen der heißen Sonne auf. Ich rannte zum Ufer, und nachdem ich von seinen Wassern getrunken hatte, erhob ich meine Hände zum Himmel, dankte inständig dem Herrn der Welt, dass er all meine Mühsal schließlich doch mit einem so vollkommenen Erfolg belohnt hatte.« Wenig später zog der Forschungsreisende in Segu ein, der Hauptstadt von Bamba (einer Region im heutigen Mali). Der Souverän jenes Reichs war zwar nicht bereit, ihn zu empfangen, ließ ihm aber einen Sack mit 5000 Kaurimuscheln überbringen, die in diesen Landstrichen als Zahlungsmittel galten und ihm im Verlauf der Reise noch sehr nützlich sein sollten.

Normalerweise hätte Park bis nach Timbuktu, nordöstlich von Segu, vorstoßen müssen. Doch von Fiebern entkräftet und gewarnt, dass ihm im benachbarten Reich Unheil drohe – »widerliche Gelage bei Menschenfleisch« sollten dort stattgefunden haben –, zog er es vor, umzukehren: »Ich weiß wohl, dass die Erzählungen der Neger über ihre Feinde mit Vorsicht zu genießen sind. Doch wurden mir derlei

Einzelheiten in so vielen verschiedenen Königreichen berichtet, dass ich geneigt bin, ihnen Glauben zu schenken.« Park wurde zwar mehrmals ausgeraubt, doch es gelang ihm immer, seine wertvollen Notizen zu retten. Er kam wieder nach Gambia. Seine Gastgeber, bei denen er vor der Abreise untergekommen war, hatten ihn schon für tot gehalten. Nach einem Umweg über die Antillen war er im Dezember 1797 zurück in London.

Begegnung mit dem weißen Mann

Nüchtern stellt Park in seinem 1799 in London publizierten Bericht *Reisen in die inneren Regionen Afrikas* fest: »Zwei Jahre und sieben Monate lang war ich fern von England.« Vor ihm hatte Major Daniel Houghton, ein anderer Brite, versucht, ebenfalls von Gambia aus in das Innere Afrikas vorzustoßen. 1790 war er in Pisania aufgebrochen, doch nie zurückgekehrt. Zweifellos ein Opfer der feind-

lichen Mauren. Mit dem Buch des Schotten lag somit der erste Augenzeugenbericht über Regionen vor, die den Europäern bis dahin unbekannt waren. Fakten ersetzten Mutmaßungen und Legenden. In rein geografischer Hinsicht hatte der Forschungsreisende sicherlich nicht all seine Ziele erreicht. Der Lauf des Niger blieb ein Rätsel und Timbuktu wahrte weiterhin seine Geheimnisse. Doch nun wusste man, dass ein weißer Mann lebend von einem solchen Streifzug zurückkommen konnte, vorausgesetzt er verfügte über das entprechende Gespür, mit den Eingeborenen umzugehen.

Bewundernswert an Parks Bericht sind vor allem die genauen Beobachtungen über Verhaltensweisen und Mentalität der Menschen, denen er begegnete. Weit entfernt von rousseauistischer Schwärmerei über den »guten Wilden« sind seine Bemerkungen stattdessen von Erfahrung untermauert: »Was auch immer den Unterschied zwischen einem Neger und einem Europäer ausmachen mag, ob ihre Gesichtszüge einander ähneln oder nicht, welche Gegensätze es in der Hautfarbe gibt, in ihren Gefühlsregungen und den Empfindungen, die ihre natürliche Umgebung erweckt, sind sie einander vollkommen gleich.« Die Begegnung mit einem weißen Mann rief bei den Schwarzen oft Schrecken hervor: »Zwei Neger zu Pferde ritten aus dem Dickicht heraus und galoppierten in meine Richtung. Als ich sie sah, hielt ich inne: Die Neger taten das Gleiche, denn alle drei waren wir höchst überrascht und verlegen. Dann begann ich, mich ihnen vorsichtig zu nähern. Aber einer der beiden, der mich ganz entsetzt anstarrte, riss sein Pferd herum und preschte in vollem Galopp davon.« Doch ist der Überraschungseffekt erst einmal überwunden, entwickeln sich oft von Zuneigung und gegenseitiger Neugier geprägte Kontakte. Ein alter Mann bat Park um eine Haarlocke, weil er glaubte, damit auf magische Weise das Wissen des anderen erwerben zu können:

»Von einer so einfachen Bildungsmethode hatte ich zwar noch nie zuvor gehört, doch kam ich seinem Wunsch auf der Stelle entgegen.« Sogar die weniger naiven Mauren wurden nicht müde, die Erfindung der Knöpfe zu bestaunen: »Von Mittag bis Abend tat ich nichts anderes, als meine Kleidung aus- und wieder anzuziehen, sie zuzuknöpfen und wieder aufzuknöpfen, denn jene, die das Wunder meiner Knöpfe schon gesehen hatten, bestanden darauf, dass auch ihren Freunden das gleiche Vergnügen zuteil werden sollte.« Die Frauen des Königs Ali waren nicht minder neugierig: »Sie wühlten in meinen Taschen herum, drängten mich dazu, meine Weste aufzuknöpfen, um das Weiß meiner Haut zu untersuchen. Sie zählten sogar meine Zehen und Finger, als zweifelten sie, ob ich überhaupt ein Mensch sei.« Parks Texte sind, wie man es im damals prüden Großbritannien auch erwartete, durchaus keusch, doch zwischen den Zeilen ist ein gewisses Wohlgefallen an der Anmut und Fröhlichkeit der Schwarzen spürbar. Park verhehlt auch nicht, dass ihm die Mauren hingegen kaum sympathisch sind, – traurige Menschen mit »sonderbaren Vorstellungen von der Schönheit der Frauen«, die, ganz im Gegensatz zu den Schwarzen, »weder auf eine gute Figur noch auf einen eleganten Gang Wert legen«. Selbst Hochzeiten wurden bei ihnen »freudlos begangen, ohne jene Ausgelassenheit, die für die Feste der Schwarzen so typisch ist«. Die Mauren, mutmaßt Park, sind ein »arglistiges und durchtriebenes Volk. Sie lassen keine Gelegenheit aus, die gutgläubigen und vertrauensseligen Neger zu hintergehen und zu bestehlen.« Wohl begegnete der Forschungsreisende einigen Sklavenkarawanen der Mauren, und er empörte sich über ihr Schicksal. Doch das Los eines »Haussklaven«, als Diener einem für schwarzafrikanische Verhältnisse »menschlichen« Herren verpflichtet zu sein, beurteilte er ein wenig anders: Die Abschaffung dieser Unterjochung

*Park erkannte, dass der Niger in Richtung
Golf von Guinea fließt, und hoffte, dass die Reise über den
Fluss der beste Weg für die Rückkehr sei.
Man sah ihn nie wieder.*

sei »weder so vorteilhaft noch so ratsam, wie es sich
viele wohlmeinende Leute gern einreden«, eine
Bemerkung, die ihm von den Gegnern der Sklaverei
später oft vorgehalten werden sollte.

Parks rätselhafter Tod

Park hatte ungeheuren Mut bewiesen, und als
berühmter Held durfte er sich über manche Dinge so
äußern, wie er sie empfand. Aber immer noch quälte
ihn der Gedanke, dass er während seines Abenteuers nicht bis ans Ziel gelangt war. 1799 hatte er
geheiratet und sich als Arzt in einer schottischen
Kleinstadt niedergelassen. Das war ihm bald zu
langweilig. Im Londoner Colonial Office, derzeit
schon federführend bei der Kolonisierung des
indischen Bengalen, war man der Meinung, auch
Westafrika habe interessante wirtschaftliche Per-
spektiven zu bieten, und empfand die im Senegal
aktiven Franzosen als Rivalen. Angesprochen, ob er
eine neue Expedition wagen würde, sagte Park zu.
Seine Familie setzte er von der Unternehmung erst
einige Tage nach seiner Abreise in Kenntnis.

Dieses Mal war er nicht mehr als einsamer Aben-
teurer, sondern in offizieller Mission unterwegs. Er
wurde zum Oberst ernannt, denn er führte nun eine
Truppe von 34 Mann der britischen Garnison von
Gorée an (im Jahr 1800 hatten die Briten diesen
Stützpunkt von den Franzosen erobert und ihn eine
Zeit lang besetzt). Doch die Kolonne, die im April
1805 zu kurz vor der Regenzeit aufbrach, wurde

durch Malaria und Ruhr dezimiert. Die Begleitung
der Militärs bereitete Park eher zusätzliche Probleme, denn er fand weniger Zugang zu den Einheimischen, mit denen er zuvor noch so gut verhandeln
konnte. Als sie Bamako erreichten, waren nur noch
sechs Mann übrig. Park baute selbst eine »mit einem
Segel ausgestattete Piroge« und vertraute einem
Händler der Soninke, der nach Gambia unterwegs
war, einen Brief an seine Frau an: »Die Begleitung,
die mir bleibt, wird genügen, mich jedes während
unserer Fahrt flussabwärts drohenden Angriffs er-
wehren zu können. Wir segeln in Richtung Küste.«
Park hatte erkannt, dass der Niger in Richtung Golf
von Guinea fließt, und hoffte, dass die Reise über
den Fluss der beste Weg für die Rückkehr sei. Man
sah ihn nie wieder. Laut einem ehemaligen afrikanischen Dolmetscher des Forschungsreisenden, der
die Schauplätze der Reise 1810 auf Anordnung der
Briten erneut aufsuchte, ist Park samt seiner Begleitung in den Stromschnellen von Boussa ertrun-
ken, nachdem sie von Eingeborenen attackiert worden waren. Parks Familie wollte diese Version lange
Zeit nicht glauben. 1827 begab sich sein ältester
Sohn Thomas selbst nach Afrika, um sich Klarheit
über das Schicksal seines Vaters zu verschaffen.
Doch schon kurz nach seiner Ankunft in Akkra
wurde er krank und starb.

Unterdessen verfolgten zwei Briten, die Brüder
Richard und John Lander, die Idee weiter, den Niger
flussabwärts zu befahren, um das Geheimnis seines

Eine neue Plage, auf die wir nicht vorbereitet waren, kam über uns. Ganz in unserer Nähe tauchte mit einem Mal eine unglaubliche Zahl von Flusspferden auf. Sie schwammen heran, wieherten, tauchten um unser Boot herum und brachten uns in unmittelbare Gefahr [...]. Unsere Männer, die noch nie zuvor in ihrem Leben Boot gefahren waren, zitterten beim Anblick dieser Tiere vor Angst und vergossen heiße Tränen. Dann meinten sie, Flusspferde brächten häufig Boote zum Kentern, und unsere Situation sei ausweglos. Während sie auf uns einredeten, kamen die Ungeheuer so dicht heran, dass wir sie mit unseren Gewehrkolben hätten berühren können. Als ich auf das Erste feuerte, und ich glaube, der Schuss saß, verfolgten uns alle, indem sie sich an der Wasseroberfläche voranstürzten, so schnell, dass wir die größten Anstrengungen unternehmen mussten, um auch nur ein wenig Vorsprung wahren zu können. Dem lauten Knall eines zweiten Gewehrschusses folgte ein fürchterliches Gebrüll, das sich jedoch langsam zu entfernen schien.

Richard und John Lander, Tagebuch einer 1830 unternommenen Expedition mit dem Ziel, den Lauf und die Mündung des Niger zu erkunden, 1832

Verlaufs zu lüften. Wie viele andere der oft in
bescheidenen Verhältnissen aufgewachsenen Entdeckungsreisenden jener Epoche sahen auch die beiden
aus einer Gastwirtsfamilie in Cornwall stammenden
Brüder in der Unterstützung der Gelehrtenver-
einigungen eine Chance für den sozialen Aufstieg.
Statt in Gambia brachen sie 1830 an Bord eines
Boots in Nigeria auf, ein wenig weiter flussabwärts
der Stelle, wo Park verschwunden war. Kurz bevor
sie die Mündung des Niger erreichten, nahm man
sie in einem Marktflecken gefangen. Gegen ein
Lösegeld wurden sie dem Kapitän eines englischen
Schiffs übergeben. Nachdem sie den Beweis angetreten hatten, dass der Niger weder in irgendeinen
geheimnisvollen See noch in die Sahara, in den Nil
oder in den Kongo mündet, sondern in den Golf
von Guinea, kehrten sie nach London zurück. Der
Kapitän hatte es zunächst abgelehnt, das Lösegeld zu
zahlen und sie eigentlich ihrem traurigen Schicksal
überlassen wollen. Doch nach der Rückkehr der
Brüder begannen die Reeder von Liverpool sich aus-
zumalen, welche Möglichkeiten ihnen dieses Nigeria nun wohl bieten könne. Nigeria, das Land, in
dem man eines Tages Erdöl entdecken würde!

Mollien, der eigensinnige Schiffbrüchige

Selbst die afrikanischen Küsten blieben weiter
gefährlich. Am 2. Juli 1816 zerscholl der französische Leichter Medusa am Riff von Arguin, einer
Untiefe nördlich des heutigen Mauretanien. Unter
den Passagieren, die einen Platz in einem Rettungsboot ergatterten und so dem Schicksal der Schiff-
brüchigen auf jenem Floß entgingen, das Géricault
in seinem Gemälde verewigt hat, war ein junger und
ehrgeiziger 22-jähriger Pariser: Gaspard-Théodore
Mollien. Schon in jungen Jahren war er gezwungen,
sich seinen Lebensunterhalt zu verdienen, denn sein
Vater, ein Rechtsanwalt, war früh gestorben. Doch
als kleiner Angestellter im Marineministerium, das
für die Verwaltung der Kolonien zuständig war, langweilte sich Mollien. Als er davon hörte, dass eine
Expedition zusammengestellt würde, die die seit der
Niederlage Napoleons zeitweise von den Briten
besetzten Niederlassungen von Saint-Louis und
Gorée wieder übernehmen sollte, meldete er sich als
Freiwilliger. Als Mollien mit dem Rettungsboot an
der Küste landete, bereiteten ihm weder die Mauren
noch die auf einem nahen Posten stationierten
Briten einen freundlichen Empfang. Doch er ließ
sich nicht entmutigen und schaffte es tatsächlich,
bis nach Gorée zu kommen. Es gelang ihm, den
Gouverneur des Senegal zu überzeugen, ihn mit der
Mission zu betrauen, ins Landesinnere vorzudringen
und die Quelle des Niger zu suchen. Am 28. Januar
1818 machte er sich ins Ungewisse auf, gemeinsam
mit einem afrikanischen Dolmetscher und einem
mit Waren bepackten Esel, die ihm die Kolonialverwaltung zur Verfügung stellte. Ein Jahr später

kehrte er nach Dakar zurück. Zuvor war er über das Hochland von Futa-Djalon gewandert und hatte lange von Timbuktu geträumt. Die Peule hatten ihm von dieser Stadt erzählt, konnten ihn aber nicht hinführen. 1820 wurde sein Bericht *Reise in das Innere Afrikas zu den Quellen des Senegal und des Gambia-Flusses* veröffentlicht, den er 1818 auf Veranlassung der französischen Regierung verfasst hatte. Darin beschreibt er den Einfluss der Mauren und die fortschreitende Verbreitung des Islam in dieser Region.

Zwei Briten an den Ufern des Tschad-Sees

Noch weiter entfernt als Molliens Reiseziel lag die islamisch geprägte Region um Bornu im Tschad. Dorthin schickte 1822 die Kolonialverwaltung von Tripolis aus eine Expedition – der britische Konsul vor Ort hatte gute Verbindungen zum Pascha. Doktor Oudney, ein Naturwissenschaftler, sowie zwei Offiziere, Leutnant Clapperton und Major Denham, bildeten den Kern der Gruppe. Denham, britischer als die Briten, hatte den Entschluss gefasst, »der Versuchung, sich zu verkleiden, zu widerstehen« und »Nationalität und religiöse Überzeugung durch das Tragen europäischer Kleidung bei jeder Gelegenheit deutlich zu machen«. Doch leider mangelte es diesen Gentlemen an Selbstdisziplin. Kaum hatte ihre Karawane Libyen hinter sich gelassen, zerstritten sie sich. Unter den schwierigen Bedingungen jener frühen Expeditionen konnte das erzwungene Miteinander eine zusätzliche Erschwernis bedeuten und mindestens genauso entmutigend sein wie Einsamkeit. Clapperton und Denham, die sich nicht freiwillig zusammen auf den Weg gemacht hatten, machten einander vor dem geplagten Oudney schon sehr bald deutlich, dass sie sich nicht ausstehen konnten. Schlimmer – beide verschwendeten ihre Energien auch noch darauf, rachsüchtige Depeschen

an das Colonial Office zu verfassen, die von teuren Boten überbracht werden mussten. Denn jeder der Herren bestand darauf, Befehle nur direkt von seiner Regierung entgegenzunehmen.

Trotz dieser Streitigkeiten kam die »Bornu-Mission«, so der offizielle Titel der Unternehmung, auf Wüstenrouten in den Gebieten der Tuareg und der Tubu voran. Es waren vermutlich Wege, die auch die Sklavenkarawanen nahmen, denn gelegentlich entdeckte man am Rande makabererweise Leichname in Ketten liegender Menschen. Was für eine Erleichterung, als der britische Trupp im Januar 1823 auf erste Anzeichen von Vegetation traf, um schließlich, am 4. Februar, vor einem See zu stehen, der einer »riesigen Lagune« ähnelte. Zweifellos waren sie die ersten Weißen, die ihre Füße im Tschad-See badeten. Damals hieß er Bornu-See, und Denham, noch ganz begeistert von der Niederlage, die Napoleon 1815 erlitten hatte, hätte ihn am liebsten »Waterloo-See« getauft.

Es gab noch einen anderen Grund zur Zufriedenheit: Der Sultan der längst vergessenen Stadt Kuka, der Hauptstadt Bornus, empfing sie freundlich. Auf einem Kissen aus Seide hockte er hinter den Gitter-

Des Alltags in der französischen Provinz
überdrüssig, ging der junge Caillié, entschlossen,
sich für seine unglückliche Jugend zu entschädigen,
1816 in Saint-Louis an Land.

Oben
Der Sultan von Bornu empfängt die Delegation Clappertons.
Irritiert von den örtlichen Gebräuchen erklärt Clapperton, die
Untertanen des Sultans drehten dem Herrscher ihren Rücken
zu, um ihm nicht in die Augen zu blicken.

stäben eines Bambuskäfigs, die für gebührenden Abstand zwischen ihm und seinen Untertanen sorgten. Das gemeinsame Erlebnis so exotischer Ehrbezeugungen trug nicht dazu bei, die zerstrittenen Briten miteinander zu versöhnen. Sie trennten sich. Denham erforschte Bornu gründlicher und entdeckte den Chari-Fluss, der dem Tschad-See Wasser zuführt. Clapperton und Oudney zogen weiter Richtung Westen und stießen auf die landschaftlich reizvollen Mandara-Berge im Norden des heutigen Kamerun. Bald trafen sie in Marua ein, der islamisiertesten Stadt Kameruns. Oudney schaffte es nicht mehr weiter, denn er wurde krank. Clapperton, selbst körperlich geschwächt, erreichte die befestigte Stadt Kano im heutigen Nigeria und setzte seinen Weg bis nach Sokoto fort, einem nigerianischen Kalifat westlich von Kano. Der Sultan, den er dort antraf, war Weißen gegenüber freundlich eingestellt und versprach, den britischen Konsul zu empfangen, wenn man ihm im Gegenzug einen Leibarzt schicke. Doch einen Arzt hätte Clapperton jetzt selbst gut gebrauchen können. Er war so krank, dass er sogar Denham wieder ertragen konnte, dem er auf dem Rückweg nach Tripolis begegnete. Dort trafen beide im Januar 1825 ein. Zurück in London veröffentlichte das diabolische Duo zwar ein gemeinsames Buch, doch mit zwei deutlich voneinander abgehobenen Berichten.

Ein Aufruf der Gesellschaft für Geografie

Ein anderer entschlossener Reisender machte sich 1816, zur gleichen Zeit wie Mollien, von Frankreich aus auf den Weg, allerdings auf einem anderen Schiff, der Loire, die gemeinsam mit der verunglückten Medusa in See gestochen war und später einige der Davongekommenen bergen konnte. Dieser junge Passagier von 17 Jahren, René Caillié, verdiente

sich seine Überfahrt nach Senegal mit verschiedenen Hilfsarbeiten an Bord. Der Vater, ein Bäcker aus dem Aunis, war 1799, im Geburtsjahr seines Kindes, für eine dubiose Diebstahlaffäre mit zwölf Jahren Straflager hart verurteilt worden. Der Sohn, der seine Jugend als Schusterlehrling begann, sollte für eine Reise von 4500 Kilometern, die er während der schwierigsten Phasen auch noch barfuß absolvierte, einen Platz in der Nachwelt erhalten. Des Alltags in der französischen Provinz überdrüssig, ging der junge Caillié 1816 in Saint-Louis an Land, entschlossen, sich für seine unglückliche Jugend zu entschädigen. Dort verbrachte er einige Monate, sozusagen als Eingewöhnung in Afrika, fuhr erst einmal wieder nach Frankreich und kehrte schließlich in den Senegal zurück, um bei den Mauren an den Ufern des Flusses Grundkenntnisse der arabischen Sprache zu erwerben und muslimische Sitten kennen zu lernen.

In der jungen französischen Kolonie, gerade erst wieder von den Briten zurückerobert, herrschte Aufbruchstimmung. Der Gouverneur, Oberst Schmaltz, schreibt: »Ich bin viel herumgekommen und habe die Länder, die ich bereiste, stets gründlich studiert, doch nie habe ich etwas Schöneres, ein für große Unternehmungen so geeignetes Land gesehen, wie den Senegal. Die Ufer des Ganges schienen mir keineswegs fruchtbarer als die Gestade unseres Flusses, und ich hege nicht den geringsten Zweifel, dass alles, was auch immer man hier anzubauen versuchte, gedeihen würde.« Caillié dachte sicherlich an eine Karriere an diesem Ort. Doch derweil traf das Schicksal in Frankreich eine andere Entscheidung.

1821 gründete Edme-François Jomard, einst als Ingenieur und Geograf mit Bonapartes Ägypten-Expedition unterwegs, in Paris die Gesellschaft für Geografie. Sechs Mitglieder der Académie française gehörten zu den 217 Ersten, darunter Essayisten, Romanschriftsteller, Journalisten, Ingenieure, Mediziner, Geistliche, Beamte, die sich dieser Gelehrtenvereinigung anschlossen. Ihr Ziel war es, Abenteurer und Forscher zu ermutigen, unbekannte Gefilde zu erkunden. Genau wie die Herren der African Association (die Londoner Gesellschaft für Geografie wurde erst 1830 gegründet), war auch die Pariser Gesellschaft für Geografie ganz versessen auf Timbuktu. Diese Stadt war den Mitgliedern nur aus den einigermaßen genauen Berichten von Ibn Battuta oder Léon dem Afrikaner bekannt. Timbuktu, so viel wussten sie, wurde im 12. Jahrhundert in der Nähe des Flusses Niger gegründet. Hier begegneten sich Araber, Berber und schwarze Afrikaner, trafen Islam und Heidentum aufeinander, und an diesem Ort blühte der Markt des Karawanenhandels, auf dem Gold gegen Sklaven eingetauscht wurde. Auch wussten sie, dass die muslimische Universität, an der während der Blütezeit Timbuktus im 15. Jahrhundert einige Tausend Studenten lernten, hohes Ansehen als Koranschule genoss, und seine drei Moscheen – die Jingereber, die Sidi Yaya und die Sankore – waren in der ganzen islamischen Welt berühmt. Doch mussten sie auch feststellen, dass es seit unvorstellbar langer Zeit keinem einzigen Europäer gelungen war, einen Fuß in diese Stadt zu setzen.

1824 schrieb die Gesellschaft für Geografie öffentlich eine hohe Belohnung aus, die derjenige erhalten sollte, der es als erster Europäer schaffte, lebend wieder aus Timbuktu zurückzukehren. Die mit dieser Aufgabe verknüpften Bedingungen spiegeln den Geist der Epoche anschaulich wider: »Eine Belohnung soll demjenigen Reisenden zukommen, der nicht nur alle mit dieser Unternehmung verbun-

Linke Seite, oben
Heute befindet sich dieses Porträt von René Caillié in den Räumen der Pariser Gesellschaft für Geografie. Der Forschungsreisende im Frack schreibt gerade sein Buch. Dabei liegt zwischen den Blättern ein Koranmanuskript, das den Text verbergen soll. Offenbar eine Anspielung auf die Art und Weise, wie er die Hand, mit der er seine Reiseaufzeichnungen niederschrieb, stets mit einem Koran abdeckte. So erzählt er es in seinem Buch.

Oben
Ansichten der großen Moschee (links) und eines Hauses (rechts) in Timbuktu. Zeichnungen von René Caillié.

In Timbuktu, im 12. Jahrhundert in der Nähe des Niger-Flusses gegründet, begegneten sich Araber, Berber und schwarze Afrikaner, trafen Islam und Heidentum aufeinander, und an diesem Ort blühte der Markt des Karawanenhandels, auf dem Gold gegen Sklaven eingetauscht wurde.

denen Gefahren glücklich übersteht, sondern auch gewisse Erkenntnisse über Geografie, Produktion und Handel dieses Landes beschafft. Er sollte dessen Völkerschaften studieren, ihre Sitten und Zeremonien, ihre Kleidung, Gesetze und Kulte erforschen, ihre Essgewohnheiten, Krankheiten, die Farbe ihrer Haut, die Formen ihrer Gesichter und die Beschaffenheit ihrer Haare untersuchen.«

Cailliés langer Marsch
Der Gouverneur des Senegal, der die Zeitschrift der Gesellschaft für Geografie bezog, übergab Caillié das Exemplar, das diesen Aufruf enthielt. »Ich bemerkte«, wird Jomard später erzählen, »dass er schon seit vielen Jahren eine Leidenschaft für Reisen hegte.« Seit dem Ende des 16. Jahrhunderts waren 42 Europäer, darunter 25 Briten und 14 Franzosen bekannt, die versucht hatten, nach Timbuktu zu gelangen. Sie alle mussten im Verlauf ihrer Reise aufgeben, einige fanden dabei den Tod. Von diesen 42 Wagemutigen, waren 19 von Nordafrika aus auf-

gebrochen, 23 hatten eine Route gewählt, die an der Westküste Schwarzafrikas begann. Caillié entschied sich für die zweite Variante und machte sich am 19. April 1827 mit einem afrikanischen Führer und vier Trägern von Guinea aus auf den Weg. Im Gepäck hatte er zwei Kompasse, Medikamente, Papier für das Reisetagebuch, Seidentaschentücher, Scheren, Spiegel, drei Münzen der blauen »Guinee« für Tauschgeschäfte mit den Eingeborenen sowie einen Regenschirm zum Schutz gegen Sonne und Regen, aber auch, um sich Respekt zu verschaffen, denn nur Häuptlinge besaßen dieses seltene, von den Weißen erfundene Objekt.

In der Savanne ging es langsam voran. Um das Misstrauen zu zerstreuen, das ihm wegen seiner rudimentären Kenntnisse des Arabischen entgegengebracht wurde und um die Sympathien der Schwarzen zu gewinnen, gab sich der Entdeckungsreisende als in Alexandria geborener Ägypter aus, der in seiner Kindheit von einem Mitglied der Expedition Bonapartes in den Senegal gebracht wurde und nun in seine Heimat zurückkehren möchte. Später würde er sich noch eine andere Identität geben. »Meine Haut war von der sengenden Sonne so stark gebräunt, dass man mich leicht für einen Mauren halten konnte.« Er litt an Skorbut, seine Füße waren wund und ein Gaumenknochen hatte sich gelöst. Nach einem sechsmonatigen Aufenthalt im Norden der heutigen Elfenbeinküste, wo er von einer »guten alten Negerin«, umsorgt worden war, der er sein Überleben verdankt, schloss er sich unauffällig einer Karawane der Mandinka an und erreichte bald Djenne. Seine vorgegebene Identität zwang ihn dazu, die Fastenregeln des Ramadan zu respektieren. Und als Dankesgabe für die gewährte Gastfreundschaft musste er einem reichen Mauren aus Tafilalet seinen berühmten Schirm überlassen.

Unten
Frau aus Timbuktu, wie sie René Caillié in seinem Werk darstellte.

Rechte Seite
Afrikanischer Skorpion.

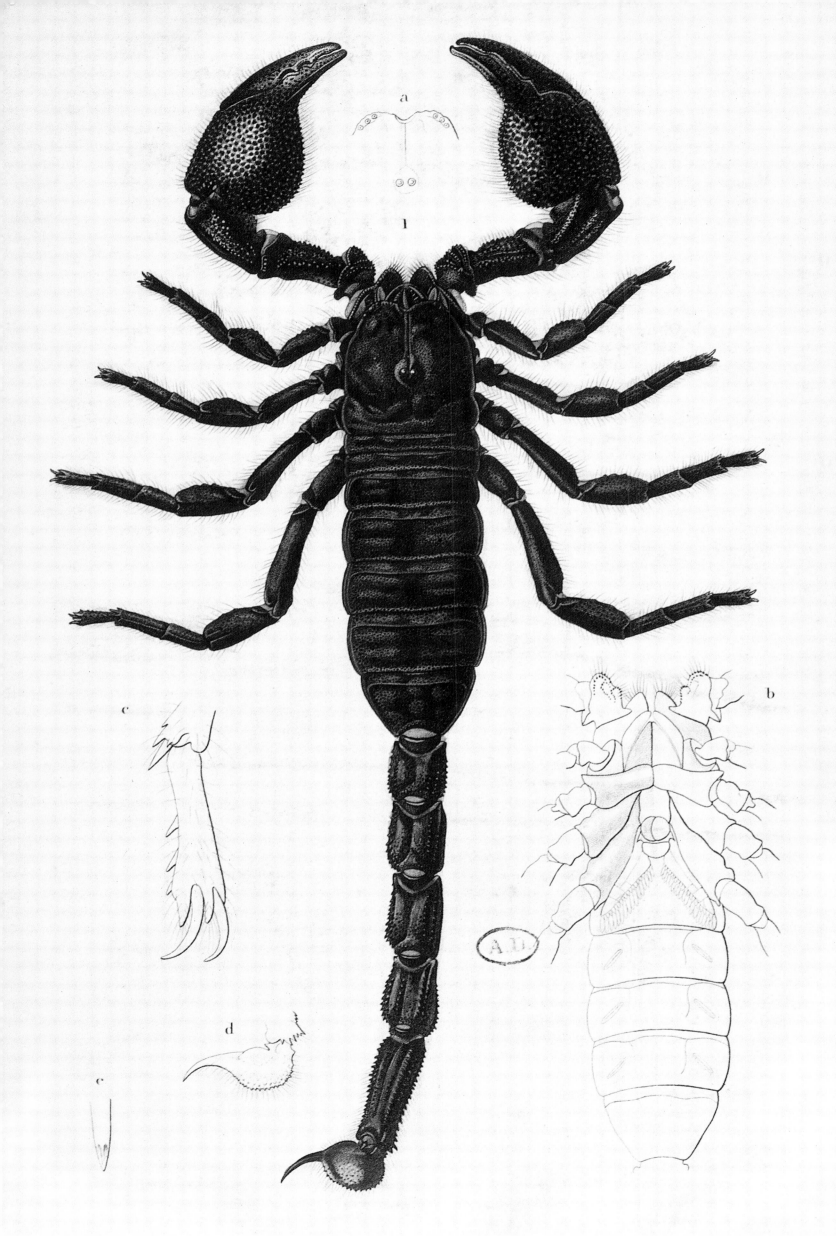

Doch was er nun sah, empörte ihn: »In diesem Teil Afrikas
wird jener schändliche Handel ausgiebig betrieben. Es quälte mich,
mit anzusehen, wie Menschen so erniedrigt werden können.«

Enttäuscht von einer legendären Stadt

Das im 9. Jahrhundert gegründete Djenne mit seiner großen Moschee und der einheitlichen Lehmarchitektur ist eine interessante Stadt rund 300 Kilometer südlich von Timbuktu. Doch Caillié dachte nur an das von der Gesellschaft für Geografie gesteckte Ziel. Die »Langsamkeit der Neger, denen Zeit nichts bedeutet«, fand er ärgerlich. Doch dann nutzte er eine ihrer Pirogen, um sich Timbuktu kraftsparend über den Niger zu nähern.

Am 20. April 1828, fast auf den Tag genau ein Jahr nach seiner Abreise und nach mehr als 1500 Kilometern Wegstrecke erreichte er in völlig abgelaufenen Schuhen endlich sein Ziel. Und das alles, nur um festzustellen, wie er in seinem Reisebericht freimütig schreibt, dass die durch mehrere Invasionen zerstörte Stadt kaum noch dem Bild der Legende entsprach. Der berühmte, von Léon dem Afrikaner beschriebene Palast existierte nicht mehr, und die wertvollsten Stücke, die auf dem zentralen Basar feilgeboten wurden, waren französische Gewehre aus der Manufaktur von Saint-Étienne.

Darüber hinaus war dieser Ort wirklich gefährlich. Der Franzose erfuhr, dass ein Brite, ein Stabsarzt namens Alexander Gordon Laing, der im Mai 1825 von Tripolis aus aufgebrochen war, die »verbotene Stadt« vor ihm erreicht hatte. Doch die Tuareg brachten den Fremden wenig später um. 13 Tage für Notizen mussten genügen, dann entschied Caillié sich, die Heimreise nicht über den gleichen Weg zurück anzutreten, sondern die Sahara zu durchqueren, um zu beweisen, dass er tatsächlich in Timbuktu war. Er ahnte nicht, dass ihm das Schlimmste erst noch bevorstand und dass dieser Weg durch Gebiete mit einer weniger freundlich gesonnenen Bevölkerung als die Schwarzen, der längere war. Ein Marokkaner in Timbuktu, der ihn unter seine Fittiche nahm, »reservierte« seinem Schützling »ein Kamel« in einer Karawane. Doch unglücklicherweise kam unser falscher Mohammedaner mit den Mauren überhaupt nicht klar und wurde stattdessen zu ihrem Prügelknaben. Er befürchtete, als Sklave verkauft zu werden, sollte jemand dahinter kommen, dass er ein Christ ist. Während seiner gesamten Reise, seit Guinea, war er immer wieder mit der Sklaverei konfrontiert worden, und es schien, als habe er sich daran gewöhnt, doch was er nun sah, empörte ihn: »In diesem Teil Afrikas wird jener schändliche Handel ausgiebig betrieben. Es quälte mich, mit anzusehen, wie Menschen so erniedrigt werden können.«

Über die Oasen von Tafilalet gelangte Caillié nach Marokko und sah portugiesische Schiffe vor den Küsten kreuzen. Gerettet, endlich wieder Europäer! Doch seine Füße bluteten, und er war so erbärmlich gekleidet, dass ihn der »konsularische Vertreter Frankreichs« in Rabat – zu jener Zeit ein jüdischer Krämer – wieder vor die Tür schickte. Auf dem Rücken eines Esels gelangte er nach Tanger und – oh, Wunder: Der Konsul hieß ihn willkommen und »schließt ihn, ohne den geringsten Widerwillen zu zeigen, herzlich in seine Arme«. Der Konsul Jacques-Denis Delaporte nämlich war Mitglied der Gesellschaft für Geografie und stand mit Jomard in Briefkontakt. Schnell war dem Diplomaten die

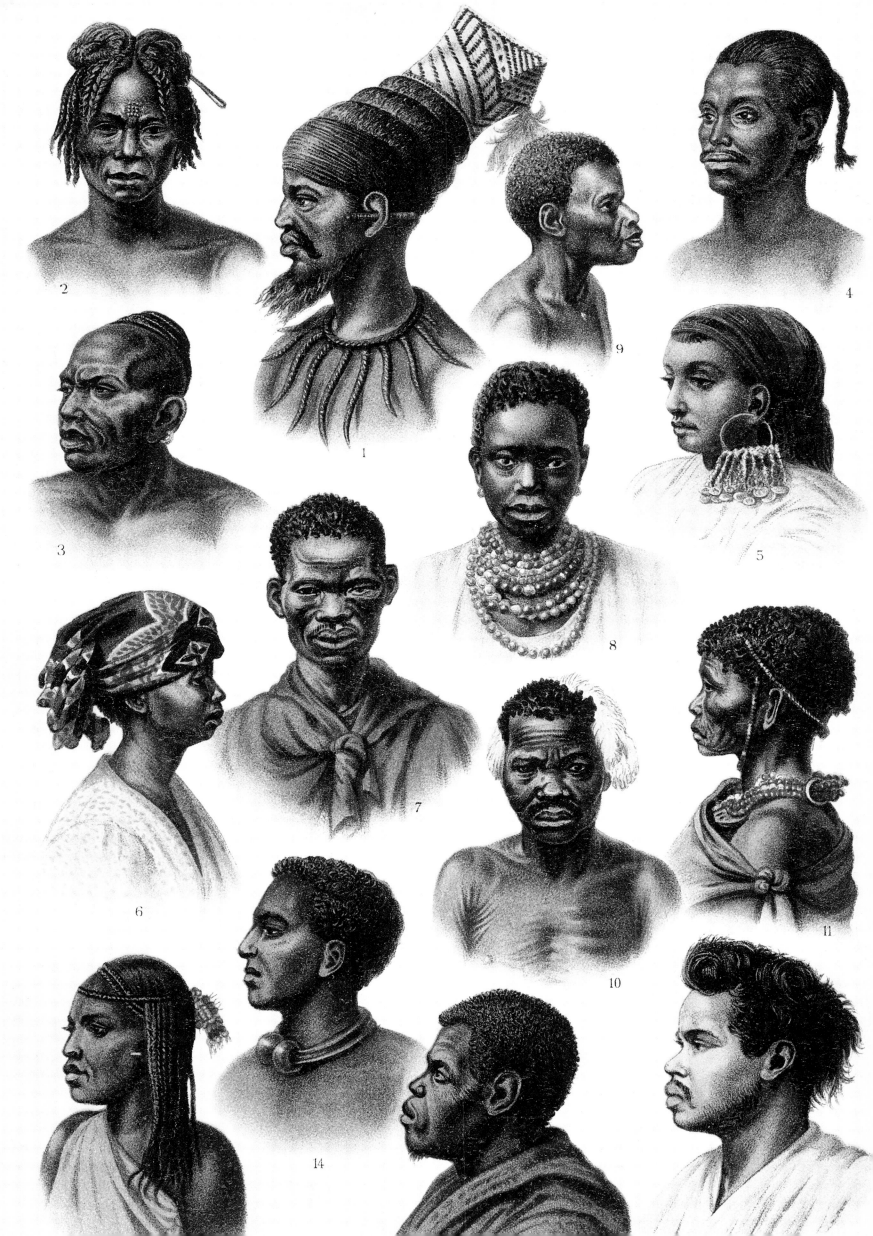

ganze Bedeutung der Leistung seines Landsmanns bewusst. Er versorgte ihn und kümmerte sich um einen Platz auf einem Kriegsschiff nach Frankreich.

Ehrenlegion für den Sohn des Sträflings

Bevor Caillié in Paris ankam, musste er im Einreisehafen Toulon eine Quarantäne erdulden, während der sein Gesundheitszustand überprüft wurde. Bei der Gesellschaft für Geografie war man schnell überzeugt, dass er kein Betrüger ist. »Trotz bohrender Fragen zögert er nicht im Geringsten«, so Jomard, »er ist sich bei allen Ortsnamen und Daten sicher, spricht über die Flüsse, die Berge, über Entfernungen und Himmelsrichtungen. Was soll ich noch sagen? Er zeigt und übergibt uns seine mit einem Bleistift ausgeführten Originalnotizen, Aufzeichnungen, die er in der Wüste, hinter Büschen und Felsen versteckt, heimlich unter seinem Burnus fertigen musste.« Die Gesellschaft für Geografie zahlte die versprochene Belohnung aus, die das Marineministerium noch mit einer Spende aufgestockt hatte. Der Sohn des Sträflings war nun eine

berühmte Persönlichkeit und wurde in die Ehrenlegion aufgenommen. Seinen Reisebericht, den die Nationaldruckerei 1830 heraugab, widmete er ausdrücklich Charles X.

Timbuktu, Anlass der Reise, nimmt im gesamten Buch nur ein Kapitel ein. Ergänzt um eine Karte und Anmerkungen der Gesellschaft für Geografie werden auf den übrigen Seiten bislang nie veröffentlichte Beobachtungen über die bereisten Regionen Westafrikas beschrieben. Abgesehen davon, dass Jomard gewisse Absätze sicherlich aus formalen Gründen überarbeitet hat, bleibt doch die ganze Spontaneität des Textes erhalten. Auch an Hinweisen, welche Vorteile Frankreich aus diesen Erkenntnissen, vor allem Guinea betreffend, ziehen könne, fehlt es nicht: »Sehr guter Boden, für wertvolle Kulturen geeignet«. Vor seiner Expedition hatte sich Caillié in Richard-Toll, einer Stadt im Nord-Senegal, in der Franzosen unter der Leitung des Gärtners Lelièvre Versuchsfelder anlegten, über die afrikanische Pflanzenwelt sachkundig gemacht. Mit dieser wissenschaftlichen Grundbildung gerüstet, beschrieb er als Erster nicht nur gewisse Pflanzen wie die »Felsbaumwolle«, er erklärte auch deren Verwendung, zum Beispiel, dass die Afrikaner ihren »Suppen« Sesamblätter beigeben. Bedauerlicherweise aber waren einige der Pflanzenproben, die er sorgfältig gesammelt hatte, so schlecht erhalten, dass sie kaum mehr für Studien der Botaniker geeignet waren.

Vor allem gibt Caillié wie noch nie jemand zuvor Zeugnis von der Geisteswelt der Afrikaner, insbesondere von ihren Ansichten über die Weißen: »Die allgemeine Vorstellung der Menschen im gesamten zentralen Gebiet des Sudan ist, wir bewohnten kleine Inseln inmitten von Meeren, und alle Europäer wollten sich nur ihre Heimat aneignen, die sie selbst für das schönste Land des Universums halten.« Eines Tages befragte ihn ein Afrikaner, ob es

wahr sei, dass die Christen ihre Sklaven aufessen –
eine Frage, die jene Legenden nur zu Ende denkt,
die sich um den transatlantischen Sklavenhandel
rankten, denn es hieß ja, dass Gefangene, die auf
eines der Sklavenschiffe verbracht wurden, nie wie-
derkehrten. Doch Caillié ließ sich nicht aus der
Fassung bringen. Trotz der unverhältnismäßigen
Strafe, die man seinem verurteilten Vater zuhause
auferlegt hatte, blieb er seiner Herkunft treu und
erklärte seinen afrikanischen Zuhörern, dass bei den
Weißen »vor dem Gesetz alle gleich« seien. Ein Forschungsreisender, der die republikanischen Ideale
vertrat...

1830 heiratete Caillié und zog sich in die Provinz
zurück. Als er trotz verschiedener Pensionen, die
seine Gönner für ihn erwirkt hatten, in finanzielle
Schwierigkeiten geriet, dachte er, wie Park, über
eine neuerliche Expedition nach. In der Pariser

Gesellschaft fühlte er sich nicht wohl, und er war
auch kaum in der Lage, wieder ein normales Leben
zu führen. So verbitterte er mit der Zeit ein wenig. Mit 39 Jahren starb er an einer gewöhnlichen
Lungenentzündung. Wirkliche Ehre wurde ihm
posthum erwiesen, als ihn viele Schriftsteller zu
einem Jugendidol machten. 1867 ließ Jules Verne in
Fünf Wochen im Fesselballon Doktor Fergusson, als
die Helden gerade über Timbuktu fliegen, sagen:
»Ah, wäre Caillié doch nur in England geboren,
man hätte ihn wie Mungo Park als kühnsten Reisenden moderner Zeiten verehrt! Aber in Frankreich schätzt man seine Verdienste zu gering.«
Dieses Urteil war allerdings etwas ungerecht. Die
Leistung Cailliés, der wie eine Art weltlicher
Heiliger und Vorläufer einer Kolonisation mit hu-
manitären Zielen dargestellt wurde, bot Stoff für
eine regelrechte Preisverleihungs-Literatur. Schöner

Nebeneffekt: Jomard, Förderer des Forschungsreisenden, wurde Direktor des Büros für öffentliche Bildung bei der Präfektur des Departements Seine.

Barth, exzellenter Kenner Arabiens und forscher Wandersmann

Ein Mann sollte all seine Vorgänger, die die Region der Sahara erforschten, durch intellektuelle Neugierde und analytischen Scharfsinn überflügeln: Heinrich Barth, deutscher Staatsbürger, aber als Freiwilliger in Diensten der britischen Gesellschaft gegen die Sklaverei in London. Diese Vereinigung erhoffte sich Informationen über den vom Tschad-See ausgehenden Transsahara-Handel mit Sklaven. Der 1821 in einer Hamburger Kaufmannsfamilie geborene Barth beherrschte bereits als kaum dreißigjähriger Akademiker die englische, französische und die arabische Sprache und verfügte über Kenntnisse in Geschichte, Geografie, Botanik, Archäologie und Medizin. Sein Dasein als Lehrer in Berlin langweilte ihn ein wenig, und so hing er in seinen Träumen Jugenderinnerungen an eine lange Studienreise rund ums Mittelmeer nach.

Die Mission Barth, zu der auch James Richardson, Mitglied der Anti-Slavery Society, gehörte, überquerte den Fezzan und das Air-Massiv, stieß dann aber auf so große Schwierigkeiten – Bedrohungen durch Plünderer und für diese Region ungewöhnliche sintflutartige Regenfälle –, dass sich die Teilnehmer nach einigen Monaten voneinander trennten. Abgesehen von seinen intellektuellen

Fähigkeiten war Barth ein hervorragender Wanderer von robuster Gesundheit. Er kleidete sich nach arabischem Brauch, nannte sich Abd el-Krim, schlüpfte so in eine Rolle, die einem perfekt Arabisch sprechenden Mann wie ihm nicht schwer fiel, und drang weit in die sudanischen Regionen des Tschad und Nigerias vor. Er folgte zwar nicht genau den Spuren Clappertons, doch verlief seine Reise auf einer ähnlichen Strecke.

Nach zeitraubendem Waten durch die sumpfigen Gebiete entlang der Ufer des Niger, erreichte Barth im September 1853 Timbuktu. Er war zwar nicht der Erste, doch Dank der Freundschaft eines verständnisvollen Marabut – er hatte es gewagt, ihn über seine wirkliche Religionszugehörigkeit aufzuklären – und Dank einiger mit verschiedensten Geschenken erkauften Vergünstigungen, darunter einem »Satz englischer Rasiermesser«, gelang es ihm, sechs Monate in dieser fremdenfeindlichen Stadt zu verbringen.

Salzminen und Harems

1858 veröffentlichte Barth in englischer und in deutscher Sprache den Bericht über eine 20 000 Kilometer lange Reise. Was hatte er Neues vorzulegen? Abgesehen von einer recht kühlen Würdigung Cailliés, »eines verdienstvollen, aber nicht sehr fähigen Reisenden«, liefert dieser vielseitige und hochbegabte Mann mit erstaunlicher Genauigkeit gezeichnetes Kartenmaterial, bemerkenswerte Skizzen zur Illustration seines Werks und mit unerschütterlichem Humor notierte meteorologische Beobachtungen. Er erzählt mit stichhaltigen Angaben und in einer Sprache, die dem westlichen Leser zugänglich ist, die verwirrende Geschichte der verschiedenen Königreiche, die er besucht hat, und präsentiert eine Vielzahl mit unersättlicher Neugier gesammelter nützlicher Betrachtungen. Barth interessierte sich für die »mühselige Arbeit« der afrikanischen Kunsthandwerker, die sich auch von »in der

Oben
Heinrich Barth mit seinen wohlverdienten Orden. Während seiner fünf Jahre andauernden Unternehmung legte der Forschungsreisende pro Tag im Schnitt zehn Kilometer zu Fuß zurück. Der Engländer James Richardson und der Deutsche Adolf Overweg waren einige Monate nach ihrer gemeinsamen Abreise aus Tripolis an Erschöpfung gestorben. Barth aber hatte vier Jahre lang keinen Kontakt zu einem Europäer.

Sonne liegenden Faulenzern« nicht ablenken ließen. Keine Speise der Schwarzen wies er zurück,
damit er sich ein besseres Urteil erlauben konnte. Er
studierte die Handelswege zu Land und zu Wasser,
über die das Gold von Timbuktu aus exportiert
wurde, und gelangte zu dem Schluss, dass die bislang
geschätzten Zahlen übertrieben waren (»Gold im
Wert von jährlich kaum mehr als 150 000 bis
200 000 preußischen Talern«). Er beschreibt die
Salzminen (jenes Salz, das »seit unvordenklichen
Zeiten, zusammen mit Gold, wichtigstes Gut für den
Tauschhandel in allen Landstrichen entlang der
Ufer des Niger war«) so genau, dass man glauben
könnte, er sei selbst tief hinab, bis in die Salzlager-
stätten in den Schichten des Grundwasserspiegels,
gestiegen.

Mit Vergnügen spricht Barth über die Harems seiner
mächtigen Gönner. »Der Scheich von Bornu hatte
nur zwölf Frauen. Verglichen mit den 45 hübschen
Gefährtinnen, die der Sultan von Baghirmi von seinem Feldzug mitbrachte, ist das recht bescheiden.«
Eine andere Persönlichkeit aus Bornu, der Wesir

El-Hadsch Beschir, war glücklicher Besitzer eines
Harems von 400 Geschöpfen. »Bei dem Ansam-
meln so vieler Gefährtinnen zur Unterhaltung seiner Mußestunden folgte er einem gewissen wissenschaftlichen Prinzip. Ja, ein leichtgläubiger Mensch
durfte wohl denken, dass er nur aus wissenschaftlichen Gründen eine Art ethnologisches Museum,
natürlich von ganz besonders interessanter Art,
zusammengestellt habe, um nicht so leicht die
bezeichnenden Züge eines jeden Stammes zu vergessen. Ich habe oft gesehen, dass er, wenn ich mit
ihm über die verschiedenen Stämme des Negerlan-
des sprach, von der Neuheit eines Namens betroffen
wurde und bedauerte, dass er in seinem Harem noch
kein Exemplar der Art habe, auch sogleich seinen
Dienern den Befehl gab, ein solches in möglichster
Vollkommenheit zu beschaffen.« Obwohl Barths
Buch reich illustriert ist, gibt es zu diesem Thema
keine einzige vieldeutige Abbildung. Vielleicht weil
seine Zeitgenossen noch prüde waren.

Der deutsche Forschungsreisende äußert sich, was
seine eigenen Beziehungen zum weiblichen Teil der

Oben
»Ich sorgte dafür, dass
zunächst meine Kamele,
meine Pferde, meine
Diener und mein Gepäck
übergesetzt wurden, und
erst als alles am anderen
Ufer angekommen war,
machte ich mich selbst
auf den Weg. Und als ich
von den Fluten dieses
berühmten Stroms (des
Niger), denen schon so
viele mutige Forschungs-
reisende zum Opfer gefal-
len waren, dahingetragen
wurde, empfand ich eine
unbändige Freude.«
Heinrich Barth

Bevölkerung betrifft, weniger diskret als seine Vorgänger. Die »Prinzessinnen«, wie er die Mädchen der lokalen Potentaten nennt, sprachen ihn unter den verschiedensten Vorwänden an. So baten sie ihn oft um »Medikamente« gegen vorgetäuschte Krankheiten. Eine der Damen »von hübscher Gestalt und zuvorkommendem Wesen« war überglücklich, als er ihr sagte, sie habe »schöne Augen«, ein im Abendland übliches Kompliment, das ihr zuvor noch niemand gemacht hatte. Doch Barth versichert, insgesamt stets »vorsichtige Zurückhaltung« geübt zu haben. Ganz allgemein bemerkt er: »Es sind einfach gebaute Hütten, umgeben von einer üppigen Vegetation. Alles hier wirkt unbeschwert und offen. Mensch und Tier leben in gutem Einvernehmen.«

»Die lang ersehnte Nacht der Karawanenführer«
Selbst als Frankreich sich bereits als Kolonialmacht im Sudan engagierte, übte Timbuktu auf die Deutschen weiterhin große Anziehungskraft aus. Mit Gustav Nachtigal, einem Arzt, der in den 1870er Jahren bis ins Fezzan und in die Tibesti-Region vorgestoßen war, gehörten sie übrigens zu den Ersten, die die Sahara erkundeten. 1879 erhielt Oskar Lenz, der im Auftrag der Deutschen Afrika-Gesellschaft, einer Vereinigung von Gelehrten, von Tanger aus die Gebirgskette des marokkanischen Atlas erforschte, die Genehmigung, seine Expedition bis zu jener Stadt fortzuführen, bei der die Sahara in Schwarzafrika übergeht. »Die Ankunft in dieser Stadt ist für den Reisenden von ähnlicher Bedeutung, wie der Einzug ins tibetische Lhasa, das für Forschungsreisende in Zentralasien so schwer erreichbar ist«, schreibt Lenz in seinem Buch *Timbuktu (sic), Reise durch Marokko, die Sahara und den Sudan*, das er »den

Göttern des Meisters der wissenschaftlichen Erforschung Afrikas, Heinrich Barth« widmete.

In Frankreich rühmte man den »Zauber« jener Stadt, die Caillié enttäuscht hatte, seit sie zum militärischen Stützpunkt der Region ausgebaut worden war. Bis in die 1930er Jahre beschwor eine ganze Literatur ihre »Geheimnisse«. »Das Geheimnis ist nicht zu sehen, man fühlt es«, dekretierte der Reporter Albert Londres 1929. In seiner Erzählung *Land des Ebenholzes* feiert er Timbuktu als »Stadt des Vergnügens und der lang ersehnten Nacht der Karawanenführer«. Und Paul Morand wählte in jenen Jahren, als er für seine Texte über Reisen in den Senegal, den Sudan, nach Guinea und an die Elfenbeinküste einen attraktiven Titel suchte, *Paris-Timbuktu*.

Einsam und verkleidet
Mit den Männern, die seit Beginn des 19. Jahrhunderts als Erste Timbuktu erreichten oder in seine Nähe gelangten, schlug die Geburtsstunde des beispielhaften Afrikaforschers, auch wenn es zwischen Park, Caillié, Mollien, Clapperton und Barth Unterschiede gab. Park und Caillié wollten schon in jungen Jahren den bescheidenen Verhältnissen, in denen sie aufwuchsen, durch irgendeine große Tat entkommen; der Offizier Clapperton und der Akademiker Barth langweilten sich in ihrer Berufswelt, ihrer bürgerlichen Umgebung. Park, der den Reiz der Wagnisse seiner ersten Expedition nicht vergessen konnte, kam während seiner nächsten risikoreichen Unternehmung ums Leben. Mollien, der genug von seinen Abenteuern hatte, machte im auswärtigen Dienst Karriere und wurde Konsul in Havanna. Doch machten alle Beteiligten auch ähnliche Erfahrungen. Jeder von ihnen hat, erschöpft von zu langen Märschen oder von Malaria geplagt, »dem gefährlichsten Wächter der Geheim-

Oben links
»In Kano stehen Hütten und Lehmhäuser ungeordnet zusammen. Die Häuser verfügen über eine Art oberes Stockwerk, dessen Mauern Luft und Licht nach außen vollständig abschließen und so die Geheimnisse des privaten Lebens wahren.«
Heinrich Barth

Oben rechts
»Ich darf hoffen, dass die Ergebnisse dieser glückhaften Forschungsreise durch Central-Afrika als ein wertvoller Beitrag germanischen Geistes Bestand haben werden.«
Heinrich Barth

Eine der Damen »von hübscher Gestalt und zuvorkommendem
Wesen« war überglücklich, als er ihr sagte, sie habe
»schöne Augen«, ein im Abendland übliches Kompliment, das ihr
zuvor noch niemand gemacht hatte.

nisse Afrikas«, körperlich sehr gelitten. Manch einer ist von mehr oder weniger gelangweilten Sultanen oder »Königen« freundschaftlich aufgenommen worden. Die Beschreibung des Umgangs mit den einheimischen Herrschern gehört übrigens zum festen Bestandteil der Erzählungen jedes der Forschungsreisenden. Allesamt mussten sie immer wieder die Gefahr überstehen, möglicherweise durchschaut zu werden, lebten sie in beständiger Sorge um ihre Reiseaufzeichnungen, die sie verbergen mussten, damit man ihre wahren Absichten nicht erkannte (»Ständig trug ich in meiner Tasche ein Todesurteil mit mir herum«, schreibt Caillié). Manchmal mussten die als Moslems verkleideten Christen wohl ein Gefühl der Persönlichkeitsspaltung durchleben. Jemand, der sich aufmachte, eine

so ferne, fremde Welt zu erkunden, war wohl kaum des Rassismus verdächtig, doch alle stießen sie einen Seufzer der Erleichterung aus, wenn sie nach langer Zeit endlich wieder Europäern begegneten. Caillié war ganz außer sich vor Freude, als er vor der Küste von Rabat ein portugiesisches Schiff entdeckte. Und Mollien schrie »Land in Sicht! Land in Sicht!«, obwohl er mit seinen Beinen doch auf festem Boden stand, als er zu guter Letzt mitten in Westafrika einen europäischen Stützpunkt erreichte. Als die Erkundung Afrikas dann im Verlauf der Kolonisierung besser organisiert vonstatten ging, mussten zwar auch die Nachfolger dieser Pioniere oft noch körperliche Entbehrungen ertragen, doch deren grenzenlose Einsamkeit haben sie nie erfahren.

Unten
Um die Forschungsreisenden mit suggestiven Illustrationen ihrer Berichte nicht in Verlegenheit zu bringen, sobald die Sprache auf mit »Negerinnen« versorgte arabische Harems kam, ließen die Künstler in den Illustrationen jener Zeit ihrer Fantasie freien Lauf (hier bietet ein Herr ein junges Mädchen aus Timbuktu in Tripolis an, Mitte des 19. Jahrhunderts).

»Man lieh mir Geografie-Bücher und Landkarten«,

erzählt Caillié, »die Karte Afrikas, auf der überall

Wüsten oder unerforschte Gebiete bezeichnet waren,

erregte mehr als alles andere meine Aufmerksamkeit.«

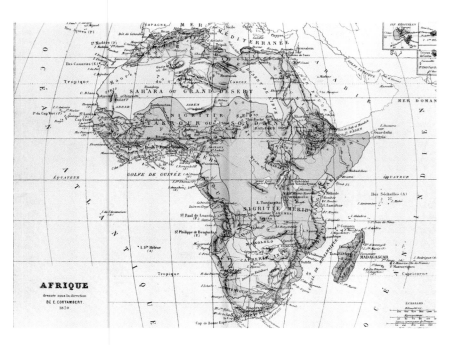

AFRIQUE

Oben
Karte Afrikas, 1870
unter der Leitung von
Cortambert erstellt,
aus seinem Buch *Neuer
Atlas der Geografie.*

Rechte Seite
Ein in Bamako in Einzel-
teile zerlegtes Kanonen-
boot half den Franzosen
im Januar 1894, Timbuktu
zu erobern. Vor Ort wurde
es wieder zusammengebaut
und den Niger hinaufge-
schickt, über den man Zu-
gang zu der »Stadt im
Sande« erhielt. Die Trup-
pen unter Oberleutnant
Caron und Oberst Bonnier
gingen in der Nähe der
Stadt an Land, legten über
Umwege noch kaum mehr
als hundert Kilometer zu-
rück und entrissen Timbuktu schließlich den Tuareg.

Jugendlektüre

Die Abenteurer von Timbuktu haben sich alle bemüht, Grundlagen wenigstens einer der Umgangs-
sprachen zu erlernen. Doch vor Antritt einer Forschungsreise durch Afrika, wo die Vielzahl der
Dialekte nur eine zusätzliche Erschwernis zu den
ohnehin sich bietenden Schwierigkeiten darstellte,
gehörte die Suche nach einem geeigneten Dolmetscher zu den Grundvoraussetzungen. Manche
dieser Dolmetscher sprachen ein wenig Französisch,
Englisch oder Deutsch. Andere wurden in der entsprechenden Volksgruppe ausgesucht, weil der Forschungsreisende ihre Muttersprache beherrschte.
Molliens Dolmetscher sprach Wolof, also übersetzte
er das ihm auf Arabisch oder Peule Erklärte in seine
Sprache. Diese Dolmetscher – einige bewährten sich
in den schwierigsten Situationen, andere ergriffen
schon nach den ersten Problemen die Flucht – sind,
neben den beeindruckendsten »Königen«, die
Hauptpersonen der Reiseberichte.

Park, Caillié und die anderen waren, so unterschiedlich ihr Bildungsstand auch sein mochte, alle
Büchernarren. Jugendlektüre weckte ihre Neigun-
gen. »Man lieh mir Geografie-Bücher und Landkarten«, erzählt Caillié, »die Karte Afrikas, auf der
überall Wüsten oder unerforschte Gebiete bezeichnet waren, erregte mehr als alles andere meine Aufmerksamkeit. Ich spürte, wie in mir das Bedürfnis
wuchs, mit irgendeiner bedeutenden Entdeckung
Aufmerksamkeit erregen zu wollen.« So ist es nicht
verwunderlich, dass jeder dieser Entdecker nach
seiner Expedition ein Werk veröffentlicht hat.
Die aus Timbuktu Heimgekehrten hegten zwar keinerlei Ambitionen, Länder zu erobern, gleichwohl
aber zeigten sie sich patriotisch. So lautet die
Widmung Cailliés an Charles X.: »Als höchster
Lohn meines Trachtens galt mir die Ehre, meinem
König eines Tages die Frucht einiger Entdeckungsreisen darbieten zu können, die ich in unbekannte
Weltgegenden unternahm, in Länder, die schon
zum Grab so manches berühmten Reisenden geworden waren.« Und die letzten Zeilen Barths lauten:
dass »die Frauen sehr neugierig in das Innere meines
Zeltes lugten und höchst überrascht waren, als sie
feststellen mussten, dass ich auf meiner Reise keine
Begleitung mitführte.« Doch dies ist kein Hinderungsgrund, sich bei den anderen Europäern für
Hilfestellungen zu bedanken. »Den freundlichen
und ehrenhaften Empfang, den mir französische
Dienststellen im Senegal zuteil werden ließen,
möchte ich nicht unerwähnt lassen«, schreibt Lenz.
Fast alle Berichte dieser Forschungsreisenden –
dies bezeugt, wie groß das Interesse daran jenseits
aller nationalen Grenzen war – wurden schon bald
in mehrere Sprachen übersetzt. Selbst das erst
relativ spät erschienene Werk von Félix Dubois,
Timbuktu, die Geheimnisvolle (1897) wurde sowohl
in London als auch in New York in englischer
Sprache verlegt.

III

Die Magie der Ströme – Nil und Sambesi

*Mehr noch als der Niger war der Nil geheimnis-
umwittert. Wo bloß entsprang dieser Fluss, der
Ägypten, jener Wiege einer großen Zivilisation,
Fruchtbarkeit schenkte? Seit den Zeiten Neros, als
der römische Kaiser im Jahr 54 unserer Zeitrechnung eine Expedition auf den Weg geschickt hatte,
die vor den unüberwindlichen Sümpfen Nubiens
umkehren musste, war kaum mehr etwas über
diesen Fluss bekannt geworden. Niemand wusste,
ob die »Mondberge«, die Ptolemäus als Quelle
nannte, nur in der Legende existierten, oder ob sie
irgendwann vielleicht ein Matrose gesichtet hatte,
der bis an die Ostküste des Kontinents gelangt war.
Die Stromschnellen flussaufwärts hinter Assuan
machten jede Fahrt gegen die Fließrichtung des
Wassers unmöglich. Um das Rätsel zu lösen, blieb
also nur, die Erforschung des Oberlaufs von der
Küste Ostafrikas aus zu unternehmen.*

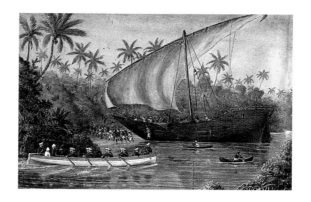

*In Koffern wurden Dutzende Kilo falscher Perlen
mitgeführt, um das »Wegegeld« in den
verschiedenen Stammesgebieten zahlen zu können.*

James Bruce, der schottische Freund Buffons, hatte
etwas voreilig behauptet, alle Fragen zur Quelle des
Nils seien beantwortet. Eine Reise nach Äthiopien
in den Jahren nach 1770 hatte ihn nämlich an die
Ufer des Tana-Sees geführt. Der Nil, so meinte er,
sei jener von ihm entdeckte Wasserlauf, den er am
südlichsten Ende des Sees entspringen sah. Tatsächlich handelte es sich dabei nur um den blauen Nil,
den bedeutendsten Zufluss des großen, weißen Nils.
Bei der Londoner Königlichen Gesellschaft für Geografie, seit 1830 Nachfolge-Organisation der Afrika-Gesellschaft, ahnte man wohl auch, dass das Problem
noch nicht geklärt war. Denn mit der Vermutung
von Bruce ließen sich die mächtigen Überschwemmungen, mit denen der Nil zwischen Juli und
Oktober regelmäßig sein eigenes Delta unter Wasser
setzte, überhaupt nicht erklären. Erst mit dem Bau
des Staudamms von Assuan im Jahr 1970 konnten
sie verhindert werden. Um derartige Wassermassen
zu sammeln, musste es flussaufwärts ein Einzugsgebiet geben, das viel größer als Äthiopien war. Es bedurfte dazu ausgedehnter Flächen mit starken saisonalen Niederschlägen. Und diese Gegenden mussten
irgendwo um den Äquator herum zu finden sein.

Zwei Briten ziehen mit den Karawanen

Nun betrat Richard Burton die Szene, eine schillernde Persönlichkeit, die bis in unsere Tage Essayisten und Romanciers, wie William Harrison, und
sogar einen Filmemacher, wie Bob Rafaelson, Regisseur von *An den Quellen des Nil*, inspirierte. Burton,
Hauptmann des Indien-Korps der britischen Armee
und Autor eines Handbuchs über das Säbelfechten für Militärs, war sprachkundig und beherrschte
das Arabische besonders gut. Das ermöglichte ihm
sogar, als afghanischer Pilger verkleidet, Mekka zu

besuchen. Später übertrug er auch *Die Geschichten
aus Tausendundeiner Nacht* ins Englische. Burton,
den moralische Bedenken kaum plagten, sagte sich:
Wenn nur die arabischen Elfenbein- und Sklavenhändler die Zugangswege in das Herz Afrikas
kennen, warum sich dann nicht unter sie mischen?
1854 hatte er in Sansibar Oberleutnant John Speke
kennen gelernt. Speke, ebenfalls Brite, war ein guter
Schütze und leidenschaftlicher Jäger. Das konnte für
ihn eine Motivation sein und zudem einen weiteren
Vorteil darstellen. Mit dem Segen des Foreign Office
und der Königlichen Gesellschaft für Geografie
entschieden sich die beiden Offiziere somit, gemeinsame Sache zu machen.

Im Juni 1857 begannen sie ihre Reise von Bagamoyo
aus, das gegenüber von Sansibar liegt. Der Sultan
der Insel stellte einen Führer zur Verfügung. Er sollte
der Kolonne von rund hundert Trägern und einigen
Eseln vorangehen, auf denen die Weißen ritten. In
Koffern wurden Dutzende Kilo falscher Perlen mitgeführt, um das »Wegegeld« in den verschiedenen
Stammesgebieten zahlen zu können.

In Gesellschaft arabischer Karawanen fühlte sich
Burton wohl. Er bewunderte die Händler aus Sansibar, die »mit allen der Bequemlichkeit dienenden
Mitteln ausgerüstet sind, die verheerenden Folgen
von Entbehrungen kennen und daher auf nichts
verzichten, was sie vor den Leiden und Ermüdungen
des Reisens bewahren könnte.« Die »noble arabische Rasse« hebt er dem »wilden Afrikaner« gegenüber derart hervor, dass Madame Loreau, die französische Übersetzerin seiner *Reise zu den Großen Seen*,
sich später genötigt sah, sich von seinem latenten
Rassismus zu distanzieren und diesen mit »den Drangsalen, die er zu erleiden hatte« zu erklären. Seine
Haltung hinderte Burton nicht daran, gewisse

Von Zihua an wird das *kuhonga*, das Wegegeld, rigoros eingefordert; von der Küste bis zu diesem Ort begnügen sich die Häuptlinge mit kleinen Geschenken, die man ihnen gerne überreicht. In Ugogo bekommen sie nicht mehr nur eine Spende, sie verlangen einen Zoll, der notfalls auch mit Waffengewalt erhoben wird. Niemand versucht dies zu umgehen, aus Angst, dass ihm daraufhin der Weg verstellt werde; die *pagazis*, die afrikanischen Träger, verweigern einem im Übrigen auch die Gefolgschaft, solange man nicht alle Forderungen des örtlichen Häuptlings erfüllt hat; kommt es zu Schwierigkeiten, lassen sie das Gepäck einfach fallen und verschwinden. […] Bisweilen geschah es, dass uns auf unsere Bitte hin der Zoll erlassen wurde; doch einige Häuptlinge entgegneten uns, es sei ihre Pflicht, uns so viel wie möglich abzunehmen, denn es sei unwahrscheinlich, dass sie je wieder einem Weißen begegnen würden. Es ist nicht angebracht, sich über das *kuhonga* zu empören, denn es entspricht dem Zoll in Europa; genau genommen ist der Häuptling durch den Brauch sogar verpflichtet, den Großteil des Geldes an seine Familie, seine Berater, seine Diener und an die Dorfältesten zu verteilen.

Richard Burton, *Reise zu den Großen Seen Ostafrikas*, 1862

*»Wenn wir uns nicht mehr aufrecht halten konnten,
  ließen wir uns von je zwei Mann in unseren an langen
  Stangen angebrachten Hängematten tragen.«*

Vorhergehende Doppelseite
Vom Flugzeug aus erkennt
man auf hundert Kilometer
Entfernung die berühmte
spray cloud (Gischtwolke) der
Wasserfälle. Neben den
Fällen überspannt eine von
Cecil Rhodes im Jahre 1905
errichtete Brücke den Sambesi. Eine Linie über ihre Mitte
bezeichnet die Grenze zwischen Sambia und Simbabwe.

Oben
Porträts der Hauptmänner
Grant und Speke in *Le Tour
du monde*. Die 1866 von der
Librairie Hachette ins Leben
gerufene Zeitschrift publizier-
te die Berichte der wichtigsten Afrikaforscher Frank-
reichs und anderer Nationen.
Sie wurde von den besten
Zeichnern illustriert (hier von
Émile Bayard). Die Stiche be-
flügelten die Fantasie eines
breiten Publikums und ließen
es auch emotional an der Entdeckung Afrikas teilhaben.

schwarze Schönheiten als »charmante Haustiere« zu
loben, »mit Taillen, die denen von Bildhauermodel-
len würdig sind«.

Dank der Empfehlungsschreiben verschiedener ein-
flussreicher Persönlichkeiten kamen Burton und
Speke Etappe für Etappe gut voran – »auf Pfaden,
die nur zwanzig, dreißig Zentimeter breit sind, Wege,
die sich Menschen während der Reisezeit bahnen
und die, wie die Afrikaner sagen, während der
Regenzeit verenden, das heißt, sie werden von einer
üppigen Vegetation überwuchert.« Wenn sie noch
die Kraft dazu aufbrachten, denn oft waren sie von
Fieber geschwächt, stiegen sie auf ihre Esel. »Wenn
wir uns nicht mehr aufrecht halten konnten, ließen
wir uns von je zwei Mann in unseren an langen
Stangen angebrachten Hängematten tragen.« Die
beiden Gefährten unterwarfen sich einer strikten
Disziplin: Abfassen des Reisetagebuchs; Pause, damit der darin begabte Speke seine Zeichnungen an-
fertigen konnte. »Mit einem Essen um vier Uhr
teilen wir den Tag in zwei Hälften. Das Menü richtet sich nach den vorgefundenen Möglichkeiten:
Das geht vom Ziegensteak über noch Zäheres bis hin
zu Rebhuhn oder jungen Perlhühnern.« Speke
schoss sie mit seiner Flinte. Am 13. Februar 1858
erreichten die beiden Offiziere endlich den Tanganjika-See, der »lieblich in einer Berglandschaft ein-
gebettet und von der Tropensonne erhitzt wird«.

Ein See für Königin Victoria

Burton und Speke erlebten nun aber eine große Enttäuschung. Sie hatten gehofft, nachweisen zu können, dass der Nil als kleiner Fluss mit dem afrikanischen Namen Rusizi einen bescheidenen Anfang
nimmt. Reisende hatten ihnen erzählt, dieser Wasserlauf würde dem Tanganjika-See entspringen. Doch
nun mussten sie feststellen, dass der Rusizi stattdessen in den See mündete.

Burton beschloss, erst einmal in dieser Gegend zu
bleiben, um ein wenig Kraft zu schöpfen. Speke
fühlte sich weniger entmutigt als er und trennte sich
von ihm, um nördlich des Tanganjika-Sees weiter-
zuforschen. Er hatte die richtige Entscheidung getroffen: Sechs Monate später entdeckte er den mit
78 000 Quadratkilometern größten See Afrikas.
Ganz bewusst ignorierte er den Namen, den die Eingeborenen dem Gewässer gegeben hatten – Nyanza-
See, manchmal auch N'Yanza geschrieben – und
taufte es zu Ehren der Königin von England Victoria-See.

Statt sich die Zeit zu nehmen, die Ufer dieses wahr-
haften Binnenmeeres genau zu erkunden, kehrte
Speke zurück und traf in Tabora wieder mit seinem

Partner zusammen. »Die Unternehmung des Ober- leutnants war von Erfolg gekrönt«, schrieb Burton später. »Er war bis zum Nyanza vorgedrungen, einem See, größer als wir je zu träumen gewagt hätten. Aber als er mir dann, kaum dass wir zu Mittag ge- gessen hatten, eröffnete, er habe die Quellen des Nil entdeckt, war ich doch etwas erstaunt.« Burton war sehr skeptisch. Er hielt diese Entdeckung für »ein Hirngespinst«, und das sagte er seinem Gefährten auch.

Zurück in Sansibar, trennten sich die beiden nun zerstrittenen Männer. Kaum in London angekom- men, verkündete Speke seine »Entdeckung« vor der Königlichen Gesellschaft für Geografie – zum gro- ßen Ärger Burtons, der seinerseits davon überzeugt

war, man müsse die Quelle des Nil am Kilimand- scharo suchen. Forschungsreisende aus ganz Europa verfolgten gespannt den öffentlichen Streit der bei- den Kollegen. Um Klarheit zu schaffen, bewilligte der Präsident der Königlichen Gesellschaft für Geo- grafie Speke 2000 Pfund, damit dieser seine Nach- forschungen vor Ort abschließen konnte.

Speke reiste 1860 erneut nach Sansibar. In Beglei- tung von James Grant, ebenfalls Offizier des Indien- Korps, schlug er die gleiche Route ein wie 1857. Im Juli 1862 kam er wieder am »Victoria-See« an, und dieses Mal nahm er sich die Zeit, das Nordufer gründlich zu erforschen. Eingeborene hatten ihm nämlich immer wieder von riesigen Wasserfällen an jener Seite des Sees erzählt. Und wirklich, als er sich

Oben
Hauptmann James Grant blickt von einer Anhöhe aus über Uganda. Bevor ihm 1864 für seine Ent- deckungen im südlichen Afrika einstimmig die Me- daille der Londoner König- lichen Gesellschaft für Geografie verliehen wurde, hatte der Schotte Grant für sein tapferes Verhalten als Offizier während der Revolte der Sepoy (indi- sche Söldner) in Indien das Victoria Cross erhal- ten. In Afrika wie in Asien verstand er sich vor allem als Diener der Krone.

*Der britische Konsul in Khartum hatte einen Freund
Spekes beauftragt, nach den beiden zu suchen:
Samuel Baker war ein wohlhabender Gentleman,
der auf eigene Kosten reiste, nur um geografische
Angaben auf ihren Wahrheitsgehalt hin zu prüfen.*

Oben
(Medaillons)
Samuel Baker und seine
Gefährtin Florence.

Unten
Hauptmann Speke
schießt einen Büffel. Die
Jagd diente dazu, die
Fleischvorräte wieder auf-
zufüllen. Außerdem konn-
ten die isolierten Weißen
den Eingeborenen auf die-
se Weise vorsorglich die
Wirksamkeit europäischer
Waffen vorführen.

eines Tages ein Stück von den Viehherden
entfernte, die die Afrikaner an den Ufern des Sees
zur Tränke führten, hörte er ein Getöse – nicht weit
von einer Stelle, »wo Flusspferde und Krokodile trä-
ge in der Sonne liegen«.

Er hatte die Wasserfälle entdeckt, und das Wasser
floss nicht in den See hinein, es strömte aus ihm
heraus. Alles sprach nun dafür, dass der Nil hier
tatsächlich seinen Ausgang nimmt. Was auch immer
Burton davon gehalten haben mag, meine Vermutung während der ersten Reise war richtig, sagte
sich Speke.

Das Rätsel des Nil ist gelöst

Speke hatte mit der Büffeljagd, seinem Lieblings-
sport, keine Zeit mehr zu verlieren. Er eiste Grant
los, der sich im heutigen Uganda bei einem König
namens Kamrasi aufhielt. Kamrasi interessierte sich
für die Bibel, doch für Bekehrungseifer war nicht der
Moment. Vielmehr hieß es, aus den Weiten Afrikas
wieder in die Welt der Weißen zurückzukehren, um
die Lösung des Rätsels um den Nil kundzutun.

Man hatte die Forschungsreisenden schon vermisst!
Der britische Konsul in Khartum hatte einen Freund
von Speke beauftragt, nach den beiden zu suchen:
Samuel Baker war ein wohlhabender Gentleman,
der auf eigene Kosten reiste, nur um geografische
Angaben auf ihren Wahrheitsgehalt hin zu prüfen.
Am 15. Februar 1863, Baker war gerade in Gondokoro angekommen, einer Stadt an den Ufern des Nil
und tausend Kilometer südlich von Khartum, als
ihm seine »Leute«, wie er sie nannte, die Ankunft
von zwei Weißen meldeten. »Ich machte mich
auf … und tatsächlich, da waren sie«, erzählte er
später. »Hoch lebe das gute, alte England! Sie kehrten vom Victoria-Nyara zurück, von jenem See, an
dem der Nil entspringt … ein jahrhundertealtes Geheimnis ist offenbart. Bald nahmen wir auf dem
Oberdeck Platz, ich bot den beiden zerlumpten, von
ihrem afrikanischen Abenteuer erschöpften Gestalten eine Mahlzeit an, und ich war stolz, dass sie
meine Landsleute waren.«

Danach war Speke noch einige Wochen unterwegs,
bis er Kairo erreichte. Von hier aus telegrafierte er
nach London: »Das Rätsel des Nil ist gelöst.« Er
vereinbarte einen Termin mit der Königlichen
Gesellschaft für Geografie, die eine Diskussion mit
Burton organisieren wollte. Diese sollte jedoch nie

stattfinden. Denn am Vorabend des Ereignisses, im September 1864, fiel Speke einem Jagdunfall zum Opfer – in England.

Florence Baker »auf ihrem Ochsen«

Samuel Baker war zwar angetan von der »bemerkenswerten Großzügigkeit« Spekes und Grants, die ihn in »die Streckenführung ihrer Reise« eingeweiht hatten, doch war er auch davon überzeugt, dass »ein wesentlicher Teil des Verlaufs des Nil noch immer zu bestimmen blieb.« Dass der Nil dem Victoria-See entsprang, mochte wohl wahr sein, doch danach »wuchs er an, weil er von den Wassern eines anderen, noch unbekannten Sees gespeist wurde.« Kurz, was die Erkundung des Nil betraf, gab es noch immer »Lorbeeren zu ernten«, wie er später in seinem Reisebericht schrieb.

Mit Ausnahme der Holländerin Alexine Tinne, die sich vor allem bei der Erkundung der Sahara hervorgetan hatte, und der Britin Mary Kingsley, auf die wir später noch im Zusammenhang mit Äquatorialafrika zurückkommen werden, gab es im 19. Jahrhundert keine weiblichen Forschungsreisenden. Die Situation der Frauen in Europa förderte dies auch nicht gerade. Dennoch fiel eine andere weiße Frau in dieser Männerdomäne auf: Florence, die Lebensgefährtin Bakers, die aber nicht mit ihm verheiratet war. (Diesem Umstand wurde nach der Rückkehr der beiden nach Europa abgeholfen, und Baker nennt sie in seinem Buch stets »meine Frau«). Die auf dem Balkan geborene Ungarin war in die Hände der Türken gefallen und zur Sklavin gemacht worden. Als Baker Bulgarien bereiste, hatte er sie auf einem Gefangenenmarkt freigekauft. In den hintersten Winkeln Europas war solcherlei noch mitten im

19. Jahrhundert Wirklichkeit. Die schwere Jugendzeit hatte sie abgehärtet, und so begleitete sie ihren Mann auf dessen Expeditionen. Gemeinsam kamen sie per Schiff in Gondokoro an, bis dahin verlief die Reise relativ angenehm. Da der Nil nicht weiter befahrbar war, folgte Florence ihrem Mann nun in einer Karawane von Negersklavenhändlern weiter in Richtung Süden.

Zunächst widmete sich Baker, wie Speke ein begeisterter Jäger, seiner Leidenschaft. Er schoss Giraffen und beobachtete ungewöhnliche Tiere. Dann aber, in den unzugänglichen Sumpfgebieten, kamen sie nur viel langsamer voran. Unter großen Schwierigkeiten erreichte das Paar jene Regionen, die Speke und Grant zuvor bereist hatten. Mehrere Träger gaben auf. König Kamrasi, gerade noch Gastgeber Grants, zeigte sich mit einem Mal argwöhnisch und launisch. Er erwartete, wie es in seiner Gegend Brauch war, dass ihm der Forschungsreisende im Tausch gegen hübsche Frauen des eigenen Harems seine Gefährtin für eine Nacht überließe. Baker reagierte daraufhin sehr ungehalten, bedrohte den König mit seinem Revolver und machte sich aus dem Staub, nachdem er Florence »auf ihren Ochsen aufsitzen ließ« – denn dies war nun ihr Fortbewegungsmittel. Später erlitt Florence einen Hitzschlag. Es ging ihr so schlecht, dass Bakers Leute schon ein Grab für sie schaufelten. »Plötzlich«, so erzählte er, »ließ mich das Jaulen einer Hyäne zusammenfahren. Ich erzitterte bei dem Gedanken, dass die Hyäne ihre ewige Ruhe stören könnte, würden wir sie an diesem einsamen Ort begraben.«

Florence erholte sich, und das Paar erreichte endlich eine Gegend, deren Einwohner Bakers ursprüngliche Vermutung bestätigten: Ein zweiter See

Oben, links und rechts
Baker im Gespräch mit Häuptlingen der Eingeborenen und mit seiner Gefährtin Florence bei der Ankunft in einem Dorf. Königin Victoria adelte den Forscher für seinen Mut, doch nie empfing sie jene Frau, die ihn begleitete, ohne mit ihm verheiratet zu sein. Der Ruf der »Kaiserin von Indien« war bis auf den Schwarzen Kontinent vorgedrungen. Einige britische Forscher schreckten nicht davor zurück, sich als ihre Söhne auszugeben, in der Hoffnung, damit ihre afrikanischen Gesprächspartner zu beeindrucken.

führt dem Nil größere Wassermassen zu. Der Brite gab seinem Ochsen »die Sporen«, und am Morgen des 14. März 1864 stand er vor einem von Bergen umgebenen, »lebhaft silbrig schimmernden Meer«. Er taufte dieses »Meer« im Grenzgebiet der heutigen Länder Uganda und Zaire Albert-See, zum Geden-ken an den kurz zuvor verstorbenen Gatten Königin Victorias. Nach der Unabhängigkeit des belgischen Kongo wurde das Gewässer, Opfer politischer Ak-tualität, Mobuto-See genannt. Um die Ehrerbie-tungen gerecht zu verteilen, benennt Baker den grandiosen Wasserfall, dessen Getöse in der ganzen Umgebung zu hören ist, Murchison-Fall, nach einem der Präsidenten der Königlichen Gesellschaft für Geografie.

Whisky für einen ugandischen König

Es sollte noch lange Monate dauern, bis die Bakers über Khartum und Kairo wieder in London anka-men. Auf dem Rückweg machten sie bei König Kamrasi Station, der sich ihnen gegenüber diesmal wohlwollender verhielt. Auch das britische Paar war nach der großen Entdeckung entspannter, und so betrachteten sie dieses Königreich nun als »ein wun-derschönes, landwirtschaftlich gut genutztes Land mit ausgedehnten Süßkartoffelfeldern«. Sie waren die Ersten einer bald großen Zahl weißer Reisender, die sich vom Afrika der Großen Seen verzaubern ließen. Baker, der »seit fast zwei Jahren weder Wein noch Schnaps genossen« hatte und diese Dinge langsam vermisste, hatte die Idee, Süßkartoffeln zu destillieren, um eine Art Ersatzwhisky zu gewinnen. Dieser Heiltrank, so behauptete er, soll seiner Gene-sung sehr förderlich gewesen sein, als er an einem

schweren Fieber litt. Und Seine Majestät König Kamrasi war nicht die letzte Hoheit, die von diesem Wundermittel trunken wurde.

Langsam lüftet sich der Schleier eines Geheimnisses

»Bruce entdeckte die Quellen des Blauen Nils, Speke und Grant haben mit dem Victoria-See die Quelle des Weißen Nils gefunden; mir war es vergönnt, die Entdeckung des Albert-Sees hinzuzufügen, dieses großen natürlichen Reservoirs der Äquatorregionen, aus dem sich der ganze Fluss speist«, resümierte Baker im Bericht zu seinen Expeditionen. Nicht jedermann war davon überzeugt, dass sich die Dinge in diesem besonders komplexen Geflecht von Was-serläufen im Afrika der Großen Seen tatsächlich genauso darstellten. Livingston und Stanley, be-rühmt für ganz andere Expeditionen, konnten noch einige unklare Einzelheiten der Theorie Spekes klä-ren. Stanley entdeckte mit dem Edward- und dem George-See, beide in der Nähe des Victoria-Sees gelegen, weitere bedeutende Zuflüsse des Nil.

Noch heute sind sich die Geografen über den genauen Verlauf der Wasserscheide zwischen Nil, Kongo und Sambesi uneins. Sie vermuten, dass sich der große Nil aus zahlreichen Quellen speist, die ein-ander ergänzen. Ursprung des Großen Stroms im strikten Wortsinn soll eine in 2050 Meter über dem Meeresspiegel, in der Nähe des Kiwu-Sees gelegene Quelle in Burundi sein. Ihr entspringt ein kleiner Fluss namens Kasumo, der zum Kagera wird (gele-gentlich Alexandra-Nil genannt), einem Zustrom des Victoria-Sees. Und dem Victoria-See wiederum entspringt ein Wasserlauf, der Victoria-Nil, der auf

den Kyoga-See zufließt. So jedenfalls lautet die heute gültige Version im *Grand Larousse Universel*. Auf einem Berg in Burundi erinnert ein kleines, pyramidenförmiges Denkmal an die Entdeckung der »wirklichen Quelle« durch Burkhart Waldecker im Jahr 1938. Auch als sie ihre Kolonie Burundi 1919 an die Belgier abtreten mussten, faszinierte das Rätsel des Nils die Deutschen weiterhin. Es gibt noch immer Leute, die Waldecker anfechten und versuchen, dessen Spuren mit fantastischen Ortsangaben zu verwischen.

Schnee am Kilimandscharo

Die professionellen Forschungsreisenden waren nicht die Einzigen, die zur Erkundung des Schwarzen Kontinents aufbrachen. Während der ersten Hälfte des 19. Jahrhunderts widmeten sich auch zahlreiche protestantische Missionare wissenschaftlichen Beobachtungen, ohne dabei die eifrige Verbreitung der Worte ihres Herrn zu vernachlässigen. Der Islam hatte das südliche Afrika noch nicht erreicht, und so schien die Missionierung gerade dieser Region erfolgsversprechend. Da dieser Teil des Kontinents darüber hinaus auch ein verträglicheres Klima hatte als West- und Zentralafrika, ließen sich zuerst hier Evangelisten der unterschiedlichsten Glaubensrichtungen nieder. Schon 1814 wagte sich der englische Missionar John Campbell über den Oranje-Fluss hinaus, der die natürliche Grenze zu den Siedlungsgebieten am Kap bildete. 1836 stieß der Franzose Thomas Arbousset, Gesandter der christlichen Missionen von Paris in Afrika, als Erster auf die Quellen des Oranje. Er taufte den Berg, an dem er sie entdeckte, »Mont aux Sources« (»Berg der Quellen«).

Bis heute blieb die französische Bezeichnung des Ortes erhalten. Anschließend verbrachte Arbousset rund zwanzig Jahre bei den Basuto in Lesotho und wurde zu einem Pionier der Ethnografie. Er erlernte ihre Sprache, in die er dann die Bibel übersetzte und übertrug die Dichtung dieses Volkes ins Französische.

Der deutsche Missionar Johann Krapf, der von 1837 bis 1855 in der Nähe von Mombasa stationiert war, Übersetzer der Bibel in Suaheli, gilt als Doyen der wissenschaftlichen Erforschung ostafrikanischer Sprachen. 1849 bestätigte er in einem Bericht, dass ein

Folgende Doppelseite
Grotte am Berg Elgon, auf knapp 2000 Meter Höhe, an der Grenze von Kenia und Uganda. Aufnahme um 1889.

*Livingstone war der Meinung, die wirkungsvollste Methode,
das Evangelium zu verbreiten, sei die Entdeckung von
Verkehrswegen zu Lande und zu Wasser, an denen
Handelsstationen eröffnet werden könnten.*

Oben
Livingstone liest Afrikanern aus der Bibel vor.

Rechte Seite
Auch Grant und Speke führten die Heilige Schrift im Gepäck. Sie hatten sie dem König Kamrasi in Uganda vorlesen lassen. Dies zügelte jedoch keineswegs dessen Lüsternheit, wie die Gefährtin Bakers später feststellen musste.

lichen Märkten mit Frauen zu versorgen, die sie sich zu zeitweiligen Geliebten erkoren. Während des 19. Jahrhunderts begannen die europäischen Regierungen, Sklaverei nicht mehr als Teil der gesellschaftlichen Wirklichkeit zu akzeptieren. 1808 wurde in den Vereinigten Staaten ein Gesetz gegen die Sklaverei verabschiedet, das dem alten »Dreieckshandel« den Garaus machte. Auf dem Wiener Kongress 1815 verboten Großbritannien und Frankreich den Handel mit Negersklaven endgültig. Beide Staaten verurteilten 1824 beziehungsweise 1831 auch die Sklaverei ganz grundsätzlich. Spanien und Portugal schlossen sich dem wenige Jahre später an. Dies bedeutete allerdings nicht, dass der Sklavenhandel nun vollständig am Ende war, denn diese Vereinbarungen nahmen zwar die Staaten in die Pflicht, nicht jedoch deren Bürger.

Zur großen Freude der Marinemaler machten nun britische Kreuzer Jagd auf illegale Transportschiffe. Wie auch immer, das Ende der Sklaverei zu verkünden, zumindest der, die von den Weißen zu verantworten war, gehörte zu den Botschaften der Missionare an die schwarze Bevölkerung.

Einer dieser Missionare war auch David Livingstone, bevor er zum berühmtesten aller britischen Entdecker avancierte. 1813 in der schottischen Stadt Blantyre geboren, nach der später die Hauptstadt Malawis benannt wurde, verbrachte er eine schwere Kindheit. Früh schon musste er sich seinen Lebensunterhalt verdienen, war zugleich aber in der Schule so erfolgreich, dass er ein Stipendium für sein Studium der Medizin und der Theologie bekam. Diese vielversprechende Entwicklung ermutigte den jungen Mann, sich bei einem liberalen calvinistischen Orden als Missionar zu bewerben. Nach Maßgaben, die die offizielle anglikanische Kirche nicht anerkannte, wurde er zum »Pfarrer« geweiht und im Auftrag einer Vereinigung mehrerer protestantischer Kirchen nach Afrika geschickt.

anderer Missionar namens Rebmann nicht unter Halluzinationen litt, als er Schnee auf dem Kilimandscharo gesehen hatte. In Europa hatten verblüffte Stubengelehrte unter den Geografen versucht, diese Angaben ins Lächerliche zu ziehen.

Die Anfänge Livingstones als Missionar
Ohne Gewissensbisse forderte Bonaparte während seines Ägypten-Feldzugs 1798 beim Sultan von Darfur »2000 starke und widerstandsfähige schwarze Sklaven, älter als 16 Jahre« für seine militärischen Operationen. Die Franzosen warteten auch auf die Karawanen aus dem Süden, um sich auf den ört-

Am 15. gab es eine Messe und eine Prozession zur Kathedrale. Ich wollte meinen Negern einen Tempel zeigen, der dem Herrn geweiht ist, und so führte ich sie zur Metropolitankirche am Bischofssitz von Angola und Kongo. Gewisse Leute meinen, dass der Pomp des katholischen Kultes Geist und Herz besser auf ein religiöses Gefühl hinzuleiten vermag als die Schlichtheit des protestantischen Ritus. Doch weder die häufigen Kniefälle, der ständige Platzwechsel, das Hantieren mit Weihrauchgefäßen, die Haltung des Priesters, der den Versammelten den Rücken zuwendet, noch das Lachen, Tuscheln und respektlose Verhalten der Vorsänger oder die Gewehrsalven usw. erweckten bei meinen Negern Gefühle der Ehrfurcht. »Wir haben gesehen, wie die Weißen ihre Geister austreiben«, meinten sie und drückten dies mit derselben Wendung aus, die sie auch benutzt hatten, als sie zuschauten, wie die Balondas vor den von ihnen verehrten Götzen die Trommel schlugen.

David Livingstone, *Erkundungen im Inneren Südafrikas*, 1859

Während des 19. Jahrhunderts begannen die europäischen Regierungen, Sklaverei nicht mehr als Teil der gesellschaftlichen Wirklichkeit zu akzeptieren, die man in Afrika hinnehmen müsse.

Als der 27-jährige Livingstone am Kap eintraf, waren die Beziehungen zwischen London und den Buren angespannt. Gegen ihren Willen waren diese 1815 britische Untertanen geworden, als Holland, das in Afrika fortan nur noch eine marginale Rolle spielte, seine Kolonie an Großbritannien abtreten musste. Bei den weißen Siedlern, die schwarze Arbeitskräfte unter der Sklaverei sehr ähnlichen Bedingungen ausnutzten, waren Missionare mitsamt ihrer Ideale nicht gerade gern gesehen. Livingstone, der kurz nach seiner Ankunft Mary Moffat heiratete, die Tochter eines Pastors aus dem Landesinneren, konnte die Spannungen mit seinen weißen »Landsleuten« nicht lange ertragen. Mit Frau und Kindern verließ er bald sein Domizil und zog weiter in den Norden. Doch in sechs Jahren gelang es ihm nicht, auch nur einen einzigen Afrikaner zu bekehren. Als auch er während einer Reise 1849 »seinen« See entdeckte – den Ngami-See, südlich des Sambesi – erhielt er für dessen Beschreibung eine Belohnung der Königlichen Gesellschaft für Geografie. Von diesem Erfolg bestärkt, beschloss er, den Beruf des Pastors an den Nagel zu hängen und sich künftig als Forschungsreisender mit christlicher Botschaft zu betätigen. Die wirkungsvollste Methode, das Evangelium zu verbreiten, war seiner Meinung nach die Entdeckung von Verkehrswegen zu Lande und zu Wasser, an denen Handelsstationen eröffnet werden könnten. Ohne mit der Wimper zu zucken, schreibt er: »Afrika kann nur mit viel Geduld zivilisiert werden, und es bedarf dazu eines ständigen Kontaktes mit den höherstehenden Rassen, am besten durch den Handel.«

Lianen wie Riesenschlangen

1852 brach Livingstone zu einer langen Reise nach Angola auf, nachdem er Mary, die nach England zurückkehrte, zum Kap gebracht hatte. Es ging ihm darum zu beweisen, dass der Atlantische Ozean auch vom Landesinneren des südlichen Afrika aus erreichbar ist. Rund dreißig Mann, vor allem vom Stamm der Makololo, der an den Ufern des Sambesi lebt und zu dem er gute Kontakte hatte, begleiteten ihn. Als es mit Booten über Flüsse nicht mehr weiterging und der Urwald zu Fuß überquert werden musste, traf die Kolonne auf große Schwierigkeiten. »Je weiter wir in nördlicher Richtung vorankamen, desto dichter wurde der Urwald, Lichtungen gab es immer seltener; es ist unmöglich dieses Dickicht abseits des engen Pfades, den wir uns mit Buschmessern schlagen mussten, zu durchdringen; unglaubliche Lianen winden sich wie gigantische Boas um die Bäume herum und umschlingen sie fest.« Doch irgendwann erreichte der Trupp den Kasai, einen Fluss, nach dem eine Provinz im heutigen Zaire benannt ist. Nun musste Livingstone die Forderungen so mancher »unverschämter« Häuptlinge erfüllen, um ihr Gebiet durchqueren zu dürfen. Die

Oben
Um den Trägern Mühsal zu ersparen, zog John Campbell mit Ochsenkarren los. Doch nun mussten zum Überqueren von Flüssen Furten gefunden werden.

Folgende Doppelseite
»Es ist wundervoll zu sehen, wenn die ihr Bett verlassende Wassermasse wie ein schneeweißer Vorhang in den Abgrund fällt, als zögen Myriaden schneegleicher Kometen stürzend ihren strahlenden Schweif in die Tiefe.« Livingstone vor den Victoria-Fällen.

»Perlen«, die er mitgenommen hatte, genügten dazu
nicht. Eines Tages musste er einem gewissen Katende
sogar sein letztes Hemd überlassen. (Jener ist der Ahn-
herr gewisser Funktionäre, die in Regionen, in denen das Bakschisch als Bestandteil gesellschaftlicher
»Kultur« deklariert wird, noch immer ihre eigenen
Gesetze machen). Die Bevölkerung jedoch war gast-
freundlich: »Wie sehr ich diese armen Heiden re-
spektiere! Und wie dankbar ich ihnen für die Bereit-
willigkeit bin, mit der sie mich unterstützt haben.«
Am 1. Mai 1854 schließlich erreichte Livingstone
mit seinen Makololo Luanda. Schon seit mehr als
einem Jahrhundert waren hier bereits Portugiesen
ansässig. Der protestantische Missionar hatte keine
Chance, der lusitanische Katholizismus hatte diese
Gegend fest im Griff. Livingstone wurde an Bord
eines britischen Schiffes empfangen und genoss so
ein wenig heimatliche Atmosphäre. Er ruhte sich
einige Monate lang in Angola aus und schrieb wäh-

renddessen einen Bericht für die Königliche Gesellschaft für Geografie. Allerdings musste er eingestehen, dass ein Fortkommen in den beschriebenen
Gebieten viel zu mühselig war, um an die Einrichtung von Handelswegen auch nur zu denken. Als
Ergebnis seiner Expedition konnte er jedoch Kartenmaterial über Gebiete anlegen, die den Briten bislang unbekannt waren. Im September 1855 schlug er
dieselbe Route in umgekehrter Richtung ein, beschloss dann aber weiter entlang des Unterlaufs des
Sambesi vorzudringen, um nicht das Kap, sondern
das portugiesische Mosambik am Indischen Ozean
zu erreichen.

»Donnernder Dampf«
Am 17. November 1855 bemerkte Livingstone in
der Ferne »Dampfschwaden«, die er zunächst für ein
Buschfeuer hielt. »Gibt es in Ihrer Heimat Dampf,
der wie Donner grollt?«, fragte ihn daraufhin einer

Livingstones Ma Robert
und der Elefant, Fanta-
siebild von Thomas
Baines. Livingstone war
so bestürzt über den Um-
fang des von Sansibar
aus betriebenen Handels
mit Stoßzähnen von
Elefanten, dass er diese
»noblen Tiere« bereits als
bedrohte Art betrachtete.

der Makololo, die ihn begleiteten. Was die Eingeborenen in ihrer Sprache »donnernden Dampf«
nannten, war in Wirklichkeit Wasser, das an einem
Wasserfall des Sambesi, an den sie sich nicht heran-
wagten, in die Luft geschleudert wurde. Livingstone
ließ sich jedoch von ihren Ängsten nicht beeindrucken und drang weiter vor, in »eine Landschaft
von so unbeschreiblicher Schönheit, wie sie noch nie
ein Europäer gesehen hat, sogar die Engel würden in
ihrem Fluge innehalten, um sich dieses Schauspiel
hingerissen anzuschauen.« In einem Boot näherte er
sich »einer Insel, die nah am Rande des Abgrunds
liegt, in den sich die Wasser ergießen.« Der Fluss,
der sich während der Regenzeit auf eine Breite von
1600 Metern ausweitet, stürzt hier aus einem zu
Urzeiten gebildeten Süßwasserbecken 120 Meter
tief in einen Schlund, aus dem er in einem Flussbett
von 75 Metern Breite wieder hervorströmt.

Von den märchenhaften Regenbogen dieses Natur-
wunders noch ganz benommen, machte sich Livingstone vom Sambesi aus auf in Richtung des portugiesischen Mosambik. Im Mai 1856 erreichte er den
Hafen von Quelimane. Er hatte Afrika vom Atlantik bis zum Indischen Ozean durchquert. Vom Kap,
von wo aus er 1852 aufgebrochen war, bis nach

Quelimane hatte er einige zehntausend Kilometer
zu Fuß, per Boot, auf dem Rücken von Ochsen oder
in einer Hängematte zurückgelegt. Wieder in London, verfasste er in aller Eile ein Werk mit dem Titel
Missions- und Forschungsreisen in Südafrika, das in
mehrere Sprachen übersetzt und allein in Großbritannien in einer Auflage von 50 000 Exemplaren
verkauft wurde. Pensionäre zitterten vor Aufregung,
wenn sie diese Abenteuer lasen, Händler träumten
von der Eroberung neuer Märkte und die Humanis-
ten empörten sich über den Handel mit Negersklaven, den der Autor ausführlich beschreibt. Doch die
protestantischen Missionsgesellschaften waren der
Ansicht, der vom Foreign Office zum »Konsul«
beförderte Forscher habe die Verkündung des Evangeliums wohl etwas vernachlässigt … Wie auch
immer – die Regierung erklärte sich damit einverstanden, eine neue Expedition zur Erkundung des
Einzugsbereichs des Sambesi, seiner Nebenflüsse
und der Seen Zentralafrikas zu finanzieren.

Die *Asthmatische* unter den Mückenschwärmen

Am 10. März 1858 schiffte sich Livingstone in
Liverpool ein, begleitet von seinem jüngeren Bruder

Doch als sie ein von Krokodilen und Mücken verseuchtes Gebiet
erreichten, kam ihr alter Kahn so langsam voran, dass sie den Dampfer
in Die Asthmatische umtauften.

Charles, der in den Vereinigten Staaten Erfahrung mit der Baumwollzucht gesammelt hatte. Die Sondierung der Möglichkeiten für Baumwollzucht gehörte zu den kommerziellen Projekten, mit denen David sich die Unterstützung des Foreign Office gesichert hatte. Im September versammelten sich die Brüder mit rund sechzig Trägern und fünf anderen Briten, darunter der Maler Thomas Baines, abmarschbereit an den Ufern des Sambesi. Ein fast ebenso wunderbares Schauspiel wie an den Victoria-Fällen erwartete sie in Kebrabassa (auf Portugiesisch Cabora Bassa), wo sich der Fluss seinen Lauf durch eine Gebirgskette bahnen musste. Die in Mosambik ansässigen Portugiesen hatten von einem großen See im Norden ihres Territoriums berichtet, waren aber selbst nie bis dorthin gelangt. Livingstones Trupp fuhr also an Bord eines kleinen Dampfschiffs, der Ma Robert, über den Shire, einen Nebenfluss des Sambesi, gegen den Strom in diese Richtung. Doch als sie ein von Krokodilen und Mücken verseuchtes Gebiet erreichten, kam ihr alter Kahn so langsam voran, dass sie den Dampfer in Die Asthmatische umtauften.

Und immer wieder »dieser grässliche Menschenhandel«

Am 16. September 1859 stand Livingstone endlich vor dem 30 000 Quadratmeter großen Nyassa-See (heute Malawi-See genannt). Er stellte fest, dass die Anwohner zwar Baumwolle kultivieren, doch Haupterwerbszweig der Region war »dieser grässliche Menschenhandel«. Von Sansibar und Mosambik aus wurde er organisiert, und so manche Portugiesen hatten außer gelegentlichen Aufträgen aus Lissabon nichts anderes zu tun. Während all seiner Expeditionen hatte der Forschungsreisende immer wieder mit angesehen, wie Kolonnen von Sklaven über Land marschieren mussten. Diesmal aber platzte ihm der Kragen: »Ein kleines Schiff, auf dem Nyassa-See

stationiert, könnte mehr gegen den Sklavenhandel ausrichten als sechs auf dem Ozean kreuzende Kriegsschiffe. Mit Hilfe von in bescheidenem Rahmen im Landesinneren durchgeführten sinnvollen Operationen, könnte die englische Politik im Osten Afrikas mit wenig Aufwand die gleichen Ergebnisse erzielen wie an der Westküste.«

Eines Tages, als sie weiter die Seengebiete erkundeten, gelang es dem Trupp Livingstones, die »mit Gewehren bewaffneten und mit fescher Uniform herausgeputzten schwarzen Helfershelfer der Portugiesen«, die eine der Kolonnen von aneinander geketteten Gefangenen begleiteten, in Angst und Schrecken zu versetzen: »Schnell hatten wir die Fesseln der Frauen und Kinder gelöst, doch die Männer zu befreien, war sehr viel schwieriger. Jeder dieser Unglücklichen trug eine massive Holzzwinge um den Hals, deren Enden an der Kehle von einer fest verbundenen Eisenstange zusammengehalten wurden.« Die Raubzüge der Menschenhändler Ostafrikas versorgten, so schildern es die Brüder Livingstone, vor allem »die Insel La Réunion mit Arbeitskräften«. Noch bis 1864 wurde dort, unter dem Deckmantel eines Leiharbeitersystems, eine abgemilderte Form von Sklaverei geduldet. »Keine der während der Regierungszeit Napoleons III. in die Wege geleiteten wohltätigen Maßnahmen gereicht

*»Mein Vater«, verkündete Bennett, »hat aus dem Herald
eine große Zeitung gemacht. Ich will noch mehr erreichen und
Neuigkeiten im besten Sinne des Wortes veröffentlichen.
Alles, was die Welt interessieren könnte, gleich unter welcher
Schlagzeile, will ich herausbringen. Und das um jeden Preis.«*

ihm mehr zur Ehre, als die Abschaffung dieses widerwärtigen Handels«, schrieben die Brüder Livingstone später in ihrem gemeinsamen Buch *Schilderung einer Expedition zum Sambesi und seinen Nebenflüssen.*

Als Livingstone 1864 nach London zurückkehrte, wurde ihm zwar ein gewisser Ruhm zuteil, doch seine Beziehungen zu den anderen Forschungsreisenden waren angespannt. Burton hielt er für einen »bestialischen Kerl«, und mit seinem neuen, oft bissigen Buch, machte er sich nicht nur Freunde. Seit dem Tod seiner Frau, die ihn am Sambesi wieder begleitet hatte und 1862 einem schweren Fieber erlag, war er launisch geworden. Er glaubte nicht, dass das Rätsel um die Quellen des Nil wirklich vollständig gelöst war und fühlte sich von Gott berufen, der Sklaverei ein Ende zu setzen. 1868 war er erneut im Gebiet der Großen Seen, doch dann verlor sich irgendwo östlich des Tanganjika-Sees seine Spur.

Der New York Herald sucht eine Schlagzeile

London, 1871. Schon seit drei Jahren gab es keine Nachricht von Livingstone. Einige seiner Träger waren an die Küste des Indischen Ozeans zurückgekehrt und versicherten, er sei »verloren«, vielleicht auch tot. Mit seinen gegen die Sklaverei gerichteten Überzeugungen, so meinte man, hatte er sich bei den Menschenhändlern von Sansibar sicher nicht

beliebt gemacht. Ein Mann jedoch war davon überzeugt, ihn lebend auffinden zu können: Henry Morton Stanley. Seine eigene Karriere als Forschungsreisender begann er als Journalist, auf der Suche nach einem Sensationsbericht.

Stanley, ein 1841 in Wales geborenes Waisenkind, emigrierte als junger Mann in die Vereinigten Staaten und nahm die amerikanische Staatsbürgerschaft an. Er wurde Journalist und machte sich als Korrespondent des angesehenen *New York Herald* in Abbessinien und Spanien einen Namen. 1869 ließ ihn James Gordon Bennet, Juniorchef der Zeitung, der gerade in Frankreich weilte, in einer »wichtigen Angelegenheit« von Spanien nach Paris kommen. »Mein Vater«, verkündete Bennett, »hat aus dem *Herald* eine große Zeitung gemacht. Ich will noch mehr erreichen und Neuigkeiten im besten Sinne des Wortes veröffentlichen. Alles, was die Welt interessieren könnte, gleich unter welcher Schlagzeile, will ich herausbringen. Und das um jeden Preis.« Was aber interessierte die Welt und auch die Vereinigten Staaten am meisten? Die Erforschung Afrikas und das Schicksal jenes Mannes, der dieses Abenteuer verkörperte: Livingstone.

Nachdem er andere Verpflichtungen erledigt hatte, darunter die journalistische »Aufbereitung« der Eröffnung des Suezkanals,

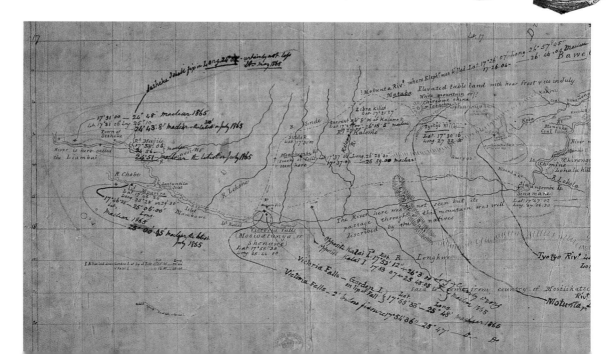

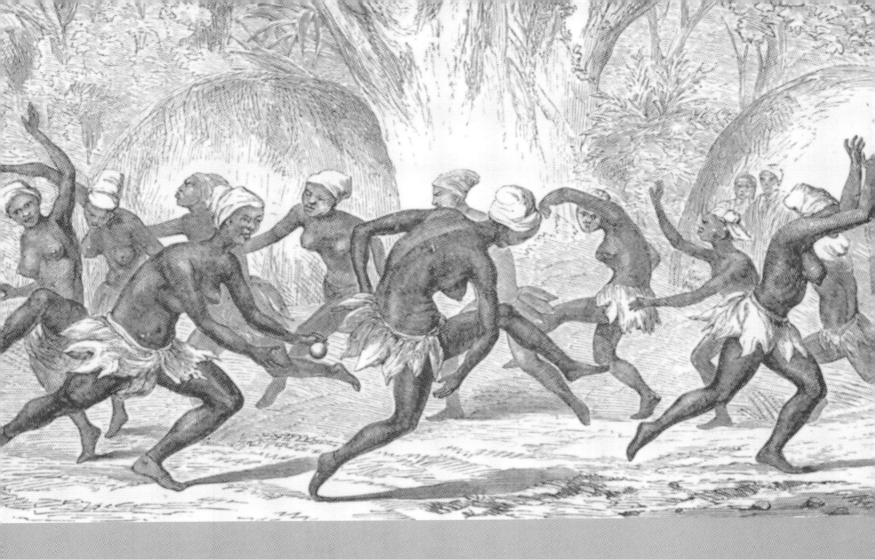

Die Mehrzahl der Weißen stellte sich die Neger als Wilde vor; fast alle Neger sind davon überzeugt, dass wir Kannibalen sind. Unser Beelzebub hat schwarze Haut; der Afrikas hat weiße Haut. [...] Nur wenige Europäer beherrschen eine afrikanische Sprache wirklich gut, es sei denn sie haben sie in ihrer Jugend gelernt. Wer immer sich über die Dürftigkeit dieser Mundarten beklagt, beweist nur, dass sie ihm kaum vertraut sind. [...] Ein ehrbarer Professor hat in einem wissenschaftlichen Werk das Wort *kaia* als Bezeichnung einer Eidechse ausgegeben. Just dieses Wort aber bedeutet: »Ich weiß nicht.« Ein anderer, der eben dieses Wort als Antwort auf eine Frage vernommen hatte, glaubte ebenso blauäugig, dies sei der Name einer Bergkette. Beide haben also einen Fehlgriff auf dem Gewissen, und noch im Nachhinein müsste man vor Scham erröten.

David und Charles Livingstone, *Erkundung des Sambesi und seiner Zuflüsse*, 1866

»Wir konnten uns nicht beklagen. Wir hatten gepökeltes Giraffenfleisch, Zebrazungen, Kartoffeln, Tee, Kaffee, Pfannkuchen und Brei. Aber ich war all dessen überdrüssig, und mein Magen, von Bittergurke, Chinin, Brechwurzel, Kopfbeere und anderen Scheußlichkeiten irritiert, revoltierte gegen dieses grobe Zeug. Brot, bitte, Brot!, lärmten meine Eingeweide. 500 Dollar für ein Brötchen!«

startete Stanley seine Mission in Tansania. Er verfügte über genügend Mittel, seine Expedition vorzubereiten. Eine Weltsensation wollte sein Chef, und das ausdrücklich »um jeden Preis«. Sechs Tonnen Material wurden auf Karren und auf den Schultern von 160 Trägern verteilt. Zwei zerlegbare Boote wurden mitgeführt, um die Seen absuchen zu können, Stoffballen, um die örtlichen Stammesführer günstig zu stimmen, Proviant, Bücher sowie die verschiedensten Gewehre »für die Jagd auf Federvieh, auf Großwild und zur Verteidigung«. Damals gab es an der Ostküste Afrikas einen regelrechten Markt für »Expeditionsführer«. Die Afrikaner wussten, dass die Weißen für ihre Abenteuer im Landesinneren auf erfahrene Männer angewiesen waren. Stanley sicherte sich vor allem die Mitarbeit von Moobarik Bombay, eines Führers, der schon Burton, Speke und Grant begleitet hatte. Und diese hatten ihm, so der Amerikaner in seiner berühmten Reisereportage *Wie ich Livingstone fand*, »hervorragende Zeugnisse« ausgestellt.

»Ich nehme an, Sie sind Doktor Livingstone?«

Im November 1871 stand der in Bagamoyo aufgebrochene Trupp des Journalisten und Entdeckungsreisenden vor einer »unermesslich weiten, silbrig schimmernden Wasserfläche«. »Hurra! Der Tanganjika-See!«, rief Stanley. »Die ganze Meute«, erzählte er später, »stimmt mit lautstarken Jubelrufen in diesen Freudenschrei des Angelsachsen ein. Aus Wäldern und von Hügeln hallt ein Echo, als teilten sie

unseren Triumph.« Die Nachricht von der Ankunft der Weißen machte in Ujiji, einem kleinen Hafen am Ufer des Sees, die Runde. Man informierte Stanley, ein anderer Weißer lebe seit mehreren Monaten in dieser Gegend. Sofort begriff er, dass er seine Schlagzeile bekommen würde. Und er beschrieb dies in einigen Zeilen seines Berichts, die gegen Ende des 19. Jahrhunderts mehrere Generationen von Schülern beeindrucken sollten.

*Er wurde nach London überführt und
identifiziert: Der Tote wies die Bisswunde eines Löwen
auf. 1843 erlitt Livingstone
diese Verletzung an der linken Schulter.*

Oben
Der wenig jagderfahrene
Livingstone war dem
Angriff eines Löwen wie
durch ein Wunder
entgangen. Am meisten
fürchtete er jedoch die
Mücke, »weil sie uns
eine lästige Zuneigung
entgegenbringt«.

Bei einer Flasche Champagner, die er »für diesen glücklichen Anlass gut behütet aufbewahrt« hatte, erzählte er seinem berühmten älteren Vorgänger, der lange Zeit von der Welt abgeschnitten gelebt hatte, was inzwischen geschehen war: Deutschland hatte Frankreich bei Sedan geschlagen, der Suezkanal wurde eröffnet. Er überreichte ihm Briefe seiner Kinder, und er stellte fest, dass alle Gerüchte, die über Livingstone kursierten, jeder Grundlage entbehrten. Es hieß sogar, er sei wieder verheiratet – mit einer »afrikanischen Prinzessin«. In seinem Report wies Stanley dieses Gerücht ganz im Geiste seiner Zeit zurück: »Was übrigens die Heirat mit einer Afrikanerin betrifft, sage ich nur: Das ist nicht wahr. Ich glaube, es ist nutzlos, dem noch etwas hinzuzufügen. Es ist unter der Würde eines Gentleman, auch nur den Gedanken an einen solchen Akt mit dem Namen von David Livingstone zu verbinden.«

Auf der Suche nach Flüssen, die – nach Livingstone –, dem Nil zuströmen könnten, erkundeten die beiden Weißen den See. Trotz der Unterschiede von Alter und Charakter kam Stanley gut mit seinem Gefährten zurecht. Zweifellos prägten jene Tage den Journalisten, sie leiteten eine neue Berufung ein – Stanley sollte schon bald Äquatorialafrika erforschen. Die Situationen der Erschöpfung und des Überschwangs, die er als Forschungsreisender erlebt hatte, stimulierten ihn noch weitaus stärker als die Hektik des Reporterdaseins.

Doch der sechzigjährige Livingstone war von Krankheit gezeichnet, und so versuchte Stanley, der seine Sensationsgeschichte zum gewünschten Abschluss bringen wollte, ihn wieder in die zivilisierte Welt zu führen: »Die Quellen des Nil können warten«, sagte er. »Kehren Sie nach Hause zurück, und wenn Ihre Gesundheit in einem Jahr wiederhergestellt ist, kommen Sie wieder her und setzen Ihre Arbeit

fort.« Nichts dergleichen. Livingstone, vom Besuch Stanleys angespornt und von Medikamenten aufgeputscht, wollte in Afrika bleiben. Die beiden Männer durchstreiften noch gemeinsam das Seengebiet, dann trennten sie sich. Livingstone vertraute Stanley ein umfangreiches Reisetagebuch an, dazu Briefe an seine Kinder und ein Schreiben an den Direktor des *Herald*. Dem Zeitungsverleger erklärte er: »Wenn meine Berichte über den fürchterlichen Sklavenhandel, der in Ujiji betrieben wird, zur Abschaffung des Menschenhandels an der Ostküste beitragen können, dann würde ich diesen Erfolg sehr viel höher schätzen als die Entdeckung sämtlicher Quellen des Nil.«

Tod in der Regenzeit

Trotz allem verfolgte Livingstone noch ein anderes Ziel: Er wollte »beweisen«, dass es sich bei Lualaba und Nil um ein und denselben Fluss handelt. Er sollte nie erfahren, dass er sich irrte, denn der Lualaba ist in Wirklichkeit der Oberlauf des Kongo-Flusses. Mitten in der Regenzeit verirrte sich Livingstone in der Umgebung des Bangweulu-Sees. Im Frühjahr 1873 war der Forschungsreisende nur noch ein Schatten seiner selbst. Sein posthum veröffentlichtes Tagebuch zeugt davon. 18. April: »Die ganze Nacht sehr krank. Ich habe vierzig Chinin-Pillen geschluckt.« 19. April: »Ich fühle mich außerordentlich geschwächt. Ohne meinen

Links
Die letzten Meilen Livingstones, wie sie seinen afrikanischen Begleitern in Erinnerung waren. Die posthume Ausgabe des letzten Reise-tagebuchs des Forschers enthielt einen »Bericht über seine letzten Momente, zusammengestellt nach den Aussagen seiner treuen Diener Chouma und Souzi«.

Mauch blieb zunächst nur die Erkenntnis, dass die Urheberschaft der nach den Pyramiden bedeutendsten monumentalen Ruinen Afrikas einem Volk von Schwarzen zu verdanken sei... Andere erfanden ein mythisches Volk von Menschen mit heller Hautfarbe, die angeblich die verschiedenen, in den Ruinen entdeckten Kultobjekte geschaffen hatten.

Im Reich der Königin von Saba

Vom Vorbild Livingstones ermuntert, fühlten sich allerlei Einzelgänger zum Forschungsreisenden berufen. So unternahm der deutsche Geologe Carl Mauch, nachdem er in Südafrika eine Goldmine entdeckt hatte, eine Expedition in die Gebiete nördlich des Limpopo-Flusses. Im September 1871 stand er mit einem Mal vor seltsamen Ruinen, gewaltigen Steinmauern und einem hohen, konischen Turm ohne Hohlräume. Als erster Europäer erblickte er das versunkene Simbabwe, jene alte Stätte, auf deren Namen Rhodesien nach seiner Unabhängigkeit getauft wurde.

Noch heute sind die Ursprünge dieses Ortes rund 300 Kilometer südlich von Harare ein Rätsel. Die längst zerfallenen Bauten wurden, das ist sicher, im 15. Jahrhundert vom Volk der Bantu errichtet. *Simbabwe* bedeutet auf Shona, der in diesem Landstrich verbreiteten Sprache, »umschlossener Platz«. Aber wozu dienten diese von Mauern begrenzten Gehege? Um Sklaven einzusperren? Um die Reichtümer eines großen Handelsstützpunkts zu lagern, dessen wirtschaftliche Blüte auf den Goldminen dieser Region basierte? Die Diskussion darüber ist noch nicht abgeschlossen.

Mauch blieb zunächst nur die Erkenntnis, dass die Urheberschaft der nach den Pyramiden bedeutendsten monumentalen Ruinen Afrikas einem Volk von Schwarzen zu verdanken sei. Weil er das Monument Simbabwe für einen »Nachbau des Tempels von Salomon« hielt, vermutete er, das Reich der Königin von Saba entdeckt zu haben, jener legendären Schönheit, die – wie in der Bibel beschrieben – den König der Hebräer besucht hatte. Nach Mauch schmückte noch so mancher Autor diese gewagte Hypothese in epischer Weise aus. Man erfand ein mythisches Volk von Menschen mit heller Hautfarbe, die angeblich die verschiedenen, in den Ruinen entdeckten Kultobjekte geschaffen hatten. Besonders erwähnenswert ist die Figur eines großen und schönen Vogels, der

Esel wäre ich nicht in der Lage, auch nur hundert Yards voranzukommen. Diese Expedition ist wahrlich kein Vergnügen.«

Bei Sonnenaufgang am 1. Mai 1873 im Dorf Chitambo fanden seine afrikanischen Begleiter Livingstone tot vor seinem Feldbett knien. Mit einer Mixtur aus Alkohol und Salz balsamierten sie den Leichnam mehr schlecht als recht ein. Treu über das Gepäck ihres Herrn wachend, trugen sie ihn bis nach Sansibar. Von dort wurde er nach London überführt und identifiziert: Der Tote wies die Bisswunde eines Löwen auf. 1843 erlitt Livingstone diese Verletzung an der linken Schulter.

Im April 1874 wurde er mit einem nationalen Trauerakt in Westminster Abbey beigesetzt. Auf seinem Grabstein steht: »Dreißig Jahre seines Lebens widmete er sich unermüdlich der Bekehrung der Naturvölker, der Erforschung unbekannter Weltgegenden und dem Kampf gegen den Sklavenhandel.«

auf einem Krokodil thront. Dieser Vogel ziert heute die Nationalflagge Simbabwes. Doch die Theorie hat sich die Regierung des Landes selbstverständlich nicht zu Eigen gemacht.

Ein See für Erzherzog Rudolph

Dreißig Jahre nach Burton und Speke stürzte sich ein ungarischer Aristokrat, der Graf Samuel Teleki, in das Abenteuer eigener Forschungen in Westafrika. Wie Samuel Baker finanzierte er seine Expeditionen, ohne irgendjemanden um Unterstützung zu bitten, ganz aus eigenen Mitteln. Er konnte sich auch die Dienste Ludwig von Höhnels sichern. Höhnel, Kartograf und Schriftsteller zugleich, lieferte später eine lebendige Darstellung ihrer Reiseerlebnisse. Als erster Europäer versuchte Teleki, den 5895 Meter hoch ragenden Gipfel des Kilimandscharo zu erklim-

men, doch auf 5000 Metern musste er aufgeben. Auch mit der Besteigung des Mount Kenia scheiterte er. Doch machte er sich einen Namen, als er 1888 in Kenia einen weiteren See entdeckte.

Teleki benannte ihn nach einem seiner besten Freunde: nach Rudolph, dem Erzherzog von Österreich und einzigem Sohn von Kaiser Franz-Joseph. Ein Jahr später sollte Rudolph mit einem der romantischsten Selbstmorde Aufsehen erregen – gemeinsam mit Marie Vetsera nahm er sich im Jagdpavillon Mayerlings das Leben. Das unabhängige Kenia benannte das Gewässer um in Turkana-See. Es ist nicht das einzige Land, das die Ortsbezeichnungen der Entdecker des 19. Jahrhunderts änderte. Für Kartografen sind die wechselnden Namen der Großen Seen Afrikas immer noch ein Problem, fast so knifflig, wie die Erkundung der Quellen des Nil.

Oben
Nach dem Sieg der afrikanischen Nationalisten im Jahr 1980 waren die Ruinen von Simbabwe namensgebend für die heutige Republik Simbabwe, das einst von einer weißen Minderheit regierte ehemalige Rhodesien.

IV

Tief im Innern des tropischen Regenwalds

Als der Forschungsreisende Jean-Baptiste Douville
den Journalisten Théodore Lacordaire, der ihn
in einem Artikel der angesehenen Revue des Deux
Mondes angegriffen hatte, 1832 zum Duell forderte, erregte das in ganz Paris Aufsehen. Douville
hatte gerade die Goldmedaille der Gesellschaft
für Geografie für sein zwischen 1828 und 1830
entstandenes Buch Reise in den Kongo und das
Innere Äquinoktialafrikas bekommen. Sowohl
von Jules Dumont d'Urville, einem Entdecker,
als auch von König Louis-Philippe beglückwünscht,
hatte ihn der Monarch sogar seiner Gattin, Königin
Amélie, vorgestellt. Und nun, auf dem Höhepunkt gesellschaftlicher Anerkennung, wurde er in
Lacordaires Artikel als Betrüger angeprangert, als
ein Mann, der noch nie in Afrika gewesen sei.

»Ich fühle mich außerordentlich geschwächt. Ohne meinen Esel
wäre ich nicht in der Lage, auch nur hundert Yards voranzukommen.
Diese Expedition ist wahrlich kein Vergnügen.«

Tatsächlich hatte sich der französische Journalist auf einen anonym veröffentlichten Artikel der englischen Zeitschrift *Foreign Quarterly* gestützt. Bald wurde bekannt, dass hinter diesem chauvinistisch geprägten Pamphlet der Geograf Cooley steckte, der nicht zum ersten Mal Franzosen schmähte, denn auch die Reise Cailliés nach Timbuktu hatte er angezweifelt. Die Affäre sorgte zwar für großes Aufsehen, doch glücklicherweise fand das Duell nie statt. Heute ist man unter Afrikanisten der Ansicht, Douville sei verleumdet worden.

Douville war allerdings eine etwas zwielichtige Persönlichkeit. In Brasilien, wo er sein elterliches Erbe in ein Handelskontor investierte, an dem möglicherweise auch brasilianische Sklavenhändler beteiligt waren, hatte er es zu Reichtum gebracht. Das jedenfalls vermuten manche und erklären sich so seine Kenntnisse über Angola. Douvilles Buch hieß zwar *Reise in den Kongo*, doch berichtete er vor allem aus dem Gebiet des heutigen Angola, denn damals bezeichnete man mit Kongo alle Regionen entlang des gleichnamigen Stroms. Wie auch immer, Douville verfügte über Fähigkeiten, dank derer er sich als Forschungsreisender ausgeben konnte: Halb Abenteurer, halb frühzeitiger Ethnologe kannte er sich mit Botanik und Mineralogie aus – die Portugiesen in Angola baten ihn, nach Goldminen zu suchen. Er stellte fest, dass Tabak dort gut gedieh und »die Neger daraus« für ihren privaten Gebrauch »zu profitieren wissen«. Auch fiel ihm die große Zahl von Heilkräutern auf.

»Aber alles, was nicht unmittelbar mit dem Sklavenhandel zu tun hat«, bemerkt er erfahren in seinem Buch, »interessiert die Portugiesen überhaupt nicht.« »Der Neger dagegen versorgt sich ausschließlich in der Natur mit den Heilmitteln gegen seine Leiden und prüft bei allem, was er in seiner Umgebung findet, ob es ihm nützlich sein kann.« In einem Teil des Buches beschäftigt sich Douville mit den diversen »Fieberanfällen« seiner Frau, die ihn begleitete, und ihren Heilmitteln von Chinin bis zu »einem halben Kügelchen Opium zum entspannteren Einschlafen.«

Die Chinin-Revolution

Unter den zahlreichen »Kügelchen«, die sich das Ehepaar Douville gewissermaßen experimentell verabreichte, waren auch »Pillen aus Chininsulfat«. Lange Zeit war ein Großteil der Berichte der Beschreibung der verschiedensten Krankheiten gewidmet, mit denen sich die Forscher während ihrer Entdeckungsreisen in unbekannte Gebiete notgedrungen herumschlagen mussten. Caillié und seine Zeitgenossen erlebten keine Reise ohne gesundheitliche Probleme. Zu jeder Expedition gehörten Unterbrechungen wegen Malaria. Der Offizier Clapperton hatte zusehen müssen, wie sein Gefährte, Doktor Oudney, starb. Vier Jahre später, während einer zweiten Reise nach Nigeria im Jahr 1827, raffte ihn die Malaria selbst dahin. Von Anderson bis Livingstone litt jeder mehr oder weniger heftig an dieser Plage. Traten die ersten Anfälle von »Sumpffieber« auf, wie die Krankheit auch genannt wurde, nahm man dies, genau wie bei Ruhr, als Schicksalsschlag hin. Um gegen Ruhr vorzubeugen, befolgten die Forschungsreisenden eine strikte Hygiene, die auf ihre afrikanischen Träger oft einen seltsamen Eindruck machte.

Schon 1820 hatten die beiden heute zu Unrecht vergessenen französischen Apotheker Pelletier und Caventou das Chinin isoliert, einen aus der Rinde des Chinabaums gewonnenen Wirkstoff. Doch wurde dieses fiebersenkende Mittel nur im Krankheitsfall verwendet – bis zu jenen Tagen des Jahres 1854, als es der englische Arzt Baikie seinen Mitreisenden auf einer Fahrt stromaufwärts über den Niger vorsorglich verabreichte. Es gab keinen einzigen Kranken! Weiterhin aber glaubte man, die Krankheit

Pl. 93.

Fortan konnte man versuchen, die Geheimnisse Äquatorialafrikas zu lüften und Gegenden erkunden, die bislang als »Grab für Weiße« berüchtigt waren.

würde von »giftigen Ausdünstungen« der Gewässer hervorgerufen. Erst zu Beginn des 20. Jahrhunderts wurden die Mücken als ihre Überträger identifiziert. Aber was bedeutete diese medizinische Erkenntnis! Für die Forschungsreisenden begann damit in der Tat ein neues Zeitalter. Bis dato waren Süd- und Westafrika ihre wichtigsten Zielgebiete gewesen. Die Malaria war in diesen Regionen zwar verbreitet, doch nicht überall und nicht zu jeder Jahreszeit. Nun aber konnte man die Geheimnisse Äquatorialafrikas zu lüften versuchen und Gegenden erkunden, die bislang als »Grab für Weiße« berüchtigt waren.

Der Deutsche und die Pygmäen

Der Erste, der sich vorwagte in dieses »Herz Afrikas« – so wurden Expeditionsberichte gerne betitelt – war zweifellos der deutsche Botaniker Georg Schweinfurth. Eine wissenschaftliche Vereinigung hatte ihn beauftragt, botanische Sammlungen anzulegen. So brach er von Khartum aus zu einer drei

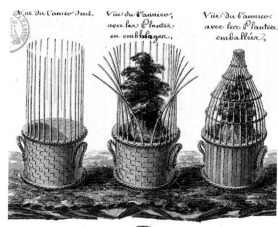

Jahre dauernden Reise auf (1868–1871), bei der er die Wasserscheide überquerte, die die Einzugsbereiche von Nil und Kongo teilte. Nach dieser einzigartigen Expedition galt er in seinem Heimatland als angesehener Afrikanist. Besondere Aufmerksamkeit erregte seine Beschreibung der Pygmäen und Kannibalen, jener tief im Inneren Afrikas lebenden Völker, die schon seit langem die Fantasie der Europäer beflügelt hatten.

Im Sudan hatte er oft gehört, wie die Nubier von Zwergen berichteten. Ihre Erzählungen erinnerten ihn an Schilderungen aus der griechischen Mythologie, in denen von Kämpfen zwischen Kranichen und nur »einer Elle großen« Menschen die Rede ist. Auch an Darstellungen von Pygmäen in der Kunst der ägyptischen Antike musste er denken. Seine nubischen Begleiter sagten ihm, dass »diese Männlein mit guten Lanzen bewaffnet den Elefanten unter den Leib schlüpften und ihn so leicht zu erlegen vermöchten, da er mit seinem Rüssel ihrer nicht habhaft werden könne.« Lange Zeit bemühte er sich vergeblich, diesem Volk der Wälder zu begegnen. »Noch immer waren mir nicht die viel besprochenen Zwerge zu Gesicht gekommen, meine Leute aber hatten sie gesehen. ›Weshalb habt ihr sie mir nicht gleich mitgebracht!?‹, war meine vorwurfsvolle Frage. – ›Sie fürchten sich‹, hieß es.«

Die Verständigung zwischen dem hoch gewachsenen Deutschen und einem gewissen Adimoku war dann auch schwierig: »Die übrigen Antworten, die ich erhielt, waren zu unklar und unbestimmt, als dass sie verdienten wiedergegeben zu werden.« Als äußerstes Zugeständnis ließ er sich zur Aufführung eines Kriegstanzes überreden. »Er hatte nur eine Höhe von 1,5 Metern; dies war jedenfalls das durchschnittliche Körpermaß« und war »das Haupt einer Familie, die eine halbe Stunde von der Residenz eine kleine Pygmäenkolonie darstellte.« Später sollte Schweinfurth über gute Kontakte zu den Akka verfügen. Mit einem der Männer dieses Stammes,

Vorhergehende Doppelseite
Der Kongo-Strom heute. »Ich bin davon überzeugt, dass es eines Tages zu politischen Auseinandersetzungen um diese Wasserstraße kommen wird. Die Portugiesen beanspruchen die Kontrolle über diesen Strom, weil sie dessen Mündung entdeckt haben. Doch die Großmächte Großbritannien, die Vereinigten Staaten und Frankreich lehnen diese Forderung ab.« Stanley im *Daily Telegraph* vom 12. November 1877.

Oben
Die zahlreichen Arten der afrikanischen Antilope waren begehrte Trophäen der jagdfreudigen Entdecker.

Rechts
Mit solchen Körben wurden Pflanzen und Bäumchen während des Transports auf Expeditionen geschützt.

Rechte Seite
Illustration zur Begegnung Schweinfurths und des Pygmäen in der Originalausgabe der französischen Übersetzung seines Berichts.

Da erscholl eines Vormittags lauter Jubel durch das Lager. Mohammed hatte einige Pygmäen beim Könige überrascht und schleppte nun trotz seines Sträubens und wilden Gebarens ein seltsames Männlein vor mein Zelt, das hockte auf seiner rechten Schulter, ängstlich hielt es Mohammeds Kopf umklammert und warf scheue Blicke nach allen Seiten. Jetzt saß es vor mir auf meinem Ehrenplatz, zu seiner Seite der königliche Dolmetscher. Ich konnte nun endlich meine Augen weiden an der handgreiflichen Verkörperung tausendjähriger Mythe, ihn zeichnen und ausfragen. Beides war nicht so leicht getan als gedacht. Ihn vorläufig zum Sitzen zu bringen, war nur dem Erfolg zu danken, den die von mir mit großer Eilfertigkeit ausgekramten Geschenke erzwangen.

Georg Schweinfurth, *Im Herzen von Afrika. Reisen und Entdeckungen im zentralen Äquatorial-Afrika während der Jahre 1868–1871*

der ihn auch auf seiner Reise begleitete, freundete er sich an, doch das Vorhaben, ihn nach Europa mitzunehmen, musste er dann doch aufgeben.

Menschenfresserei

Madame Loreau, die unerschütterliche und mehrsprachige Übersetzerin des Pariser Hachette Verlages wäre wohl vor Schreck hochgefahren, als sie in Schweinfurths Texten den Namen jenes Stammes las, der am liebsten Menschenfleisch verspeiste, vorausgesetzt ein einziger Buchstabe – M anstelle des N – wäre ausgewechselt worden: Sie nennen sich nämlich »Niam-Niam«, »Miam-Miam« aber bedeutet im Französischen »Lecker! Lecker!« »Die Anthropologen rühmen sich selbst vor aller Welt ihrer wilden Gier, tragen voll Ostentation die Zähne der von ihnen Verspeisten, auf Schnüre gereiht, wie Glasperlen am Halse.« Um dieses Volk in Ruhe studieren zu können, tauschte Schweinfurth sogar Armreifen aus Kupfer gegen Menschenschädel. »Von 200, die mir gebracht wurden, waren gerade nur vierzig Stück vollständig erhalten […]. Es war leicht zu erkennen, dass die Fragmente, die man mir darbot, gekocht und mit einem Messer abgeschabt worden waren. Einige kamen wohl direkt vom Mahle, denn sie waren noch feucht und schienen eben dem Kochkessel entnommen.« Schweinfurth berichtet noch mehrere Seiten lang über Menschenfresserei, einen Brauch, der in vielen Expeditionsberichten über Äquatorialafrika immer wieder thematisiert wurde.

Kurz nach dem Krieg von 1870 machte sich der französische Naturforscher Alfred Marche von der Atlantikküste aus auf den Weg, um sich wie der Deutsche zu bemühen, das Rätsel des »finsteren Afrika« zu ergründen. Er bestand diverse Abenteuer, bevor er 1874 angesichts der Feindseligkeit der Osseyba, eines »sehr wilden Stammes«, umkehren musste. In seiner ziemlich düsteren Reportage räumt

er dem in diesen Gegenden verbreiteten Zauberkult relativ viel Platz ein. »Allesamt sind sie Fetischisten«, schreibt Marche über bestimmte Völker in Gabun und im Kongo. »Sie glauben nur an Geister – böse Geister, denen sie Opfer bringen. Gute Geister kennen sie nicht.« Der Forschungsreisende ist entsetzt darüber, welche Schreckensherrschaft manche dieser Stämme über andere ausüben. »Die Okanda erklären mir, dass sie ihre Toten ins Wasser werfen. Sie suchen sich dazu die tiefsten Stellen des Flusses aus und binden ihnen einen schweren Stein um den Hals, damit, wie sie sagen, die Osseyba oder die Aduma nicht die Köpfe der Leichen rauben, um sie als Fetische zu benutzen.« Obwohl sie sonst eher zu Übertreibungen neigten, ließen die Zeichner der *Tour du Monde*, einer 1860 gegründeten »neuen Reisezeitschrift«, bei der Illustration gewisser Passagen des Textes von Marche Einzelheiten lieber aus.

Brazza an der Küste von Gabun

Ein Mann allerdings verlieh diesen Entdeckungsreisen in den Dschungel Afrikas dank seiner persön-

Da alle Hütten klein sind, muss man sich bücken, um durch eine Außenpforte in das Dorf hinein und durch den Zugang in den Innenhof wieder hinauszugelangen. Da entdecke ich am Grunde jenes Zugangs, fast vollständig in der Erde versenkt, den Schädel eines Menschen. Nur die Schädeldecke ragt heraus. Ich konnte es nicht mehr vermeiden, ihn mit dem Fuß zu berühren, um durchzukommen. Ich hockte mich mit den Häuptlingen unter eines der Vordächer, und während jemand ein Zicklein holte, das man mir als Geschenk übergeben wollte, fragte ich den Häuptling, was für ein Kopf das sei. Er zögerte mit der Antwort, bat zunächst die Dorfältesten um Rat und erklärte mir dann, es sei der Schädel eines Gorillas. Ich lachte ihm ins Gesicht und sagte: »Das ist ein Menschenschädel. Warum hast du ihn an dieser Stelle vergraben?« Er behauptete jedoch standhaft, es sei ein Gorillaschädel, und da ich merkte, so nicht weiterzukommen, wechselte ich das Thema und befahl meinem Dolmetscher, er möge sich inzwischen erkundigen, was die Sache zu bedeuten habe. Als wir wieder zurück waren, erklärte mir der Dolmetscher: »Es ist der Schädel eines großen Häuptlings, den man mit Zauberkräutern gefüllt hat. Jeder Feind, der auf ihn tritt, wenn er in das Dorf kommt, muss sterben.«

Alfred Marche, »Reise nach Gabun und auf dem Oguee-Fluss«, *Le Tour du monde*, 1878

Nach dieser Reise war er davon überzeugt, dass die bloße Überwachung der Küsten Gabuns nicht genügte, den trotz des von den Europäern verkündeten Verbots noch immer prosperierenden Sklavenhandel zu verhindern.

lichen Ausstrahlung einen gewissen Optimismus: Pierre Savorgnan de Brazza. Sollte man ihn Pierre oder – wie es in seinem Taufschein steht – Pietro nennen? Der berühmteste aller französischen Forschungsreisenden, nach dem noch immer die Hauptstadt (Brazzaville) eines unabhängigen Landes benannt ist, kam in Italien zur Welt. 1852 wurde er in Rom geboren, und schon im Alter von 13 Jahren träumte er davon, Seemann zu werden. Für den Nachfahren einer venezianischen Familie nichts Ungewöhnliches, frustrierend allerdings war, dass er in einer sehr jungen Republik aufwuchs, die über keine eigene Flotte verfügte. Über freundschaftliche Kontakte seiner Familie gelang es, ihn an der Pariser Marineschule unterzubringen. Nach der Niederlage von Sedan, die bei vielen Offizieren Rachegelüste weckte, die sie häufig in den Überseegebieten austobten, nahm er die französische Staatsbürgerschaft an.

Im Gegensatz zu den meisten Forschungsreisenden hat Brazza kein Buch herausgegeben. Mehrere Jahre nach seine Reisen veröffentlichte er lediglich Berichte in *Le Tour du Monde*. Später wurden sie, wie auch eine Sammlung von Briefen und Vorträgen, in einem Band herausgegeben. Seine in *Le Tour du Monde* erschienenen Texte »Reisen in den Westen Afrikas« beginnen mit der Schilderung seiner Reise nach Gabun an Bord der Fregatte Venus: »Während der Überfahrt«, bekennt er, »flog mein unbändiges Sinnen auf Abenteuer dem Schiff stets voraus. Angespornt von den jüngsten Veröffentlichungen Livingstones, wollte auch ich mich auf die Eroberung des afrikanischen Kontinents stürzen; die weißen Flecken auf den Landkarten zogen mich um so magischer an, als ich bemerkte, dass sie fast bis an die Küsten heranreichten.« Vor allem überzeugte ihn diese Reise davon, dass die bloße Überwachung

der Küsten Gabuns nicht genügte, um den trotz des von den Europäern verkündeten Verbots noch immer prosperierenden Sklavenhandel zu verhindern. Da kam ihm ein glücklicher Zufall zu Hilfe: Admiral de Montaignac, der französische Freund seines Vaters, der ihm die Aufnahme an der Marineschule ermöglicht hatte, wurde zum Marineminister ernannt. Ihm trug er sein Projekt vor: Er plante, den Oguee flussaufwärts vorzudringen, doch sollte die Gruppe der Begleiter klein sein, um nicht das Misstrauen der als feindselig berüchtigten Bevölkerungsteile zu erwecken. Geschenke, um sie freundlich zu stimmen, wollte er allerdings in ausreichender Menge mitführen. Träger und Einbaumfahrer sollten dabei sein, um die geheimnisumwitterte Region der Großen Seen erreichen zu können, aus der die gewaltigen Mengen an Regenwasser stammen, die über den Wäldern Äquatorialafrikas niedergehen. Montaignac ließ sich überreden und gewährte seinem Schützling einen Vorschuss von einem Jahr Sold. Die Marine stellte den von Brazza ausgewählten Teilnehmern ein Dutzend afrikanischer Matrosen (*Laptots* werden sie im senegalesischen Wolof genannt) zur Verfügung. Zu Brazzas Gruppe gehörten der Arzt Noël Ballay, der Quar-

Oben links und rechts
Afrikaner schlagen aus
einem Okume-Stamm
einen Einbaum, im Bild
daneben ziehen sie Ein-
bäume an einem Wasser-
fall vorbei, der sich für das
Befahren des Flusses als
Hindernis erwies. Zu je-
ner Zeit der Forschungs-
reisen konnte man schon
die »Fronarbeit« erahnen,
die später mit dem Bau
der Eisenbahnlinien wäh-
rend der Kolonisierung
gefordert war.

Oben
Alfred Marche,
einen Moment lang ganz
entspannt.

Rechts
Porträt-Beispiele
von Menschen aus
Äquatorialafrika.

tiermeister Hamon und – Alfred Marche, den er
inzwischen kennen gelernt hatte.

Nach der Ankunft in Libreville im Oktober 1875
musste sich die Mannschaft zunächst die Unterstützung der Lokalfürsten sichern, um die Transporte
zu bewältigen: »Ein Problem, das in Gegenden, in
denen der Gebrauch von Geld unüblich ist, nicht
einfach zu lösen war. Jeder Dienst muss mit Ware
bezahlt werden, und so ist man gezwungen, stets
große Lasten mit sich zu schleppen.« Um das Ge-
wicht dieser Lasten möglichst gering zu halten, entschied Brazza, dass »unsere Grundnahrung« hinfort
aus großen, mehligen Bananen, Maniok und anderen afrikanischen Nahrungsmitteln bestehen sollte.

Von der Fregatte in den Einbaum

In Lambaréné, jenem Ort, an dem der menschen-
freundliche Musikwissenschaftler Albert Schweitzer
1913 sein berühmtes Krankenhaus errichten sollte,
brach die Expedition auf. Die vier sechs bis sieben
Meter langen, aber kaum einen Meter breiten Einbäume mit ihren spitz zulaufenden Enden, die aus

einem einzigen Stück des Okume gehauen werden,
einem der schönen Bäume dieser Gegend, glitten
über den Uguee. Brazza saß mit einer Ladung von
einer Tonne, die nur zehn Zentimeter über dem
Wasserspiegel festgezurrt war, ganz vorn. Die Trikolore flatterte im Wind. Die Afrikaner, die die Boote
mit Paddeln und langen Stangen voranbrachten,
wurden mit Tabak und Rum bei Laune gehalten.
Ihnen hatte man eine ordentliche Belohnung in
Form von Gutscheinen versprochen, die sie später
bei den Handelsniederlassungen einlösen könnten.
Kaum lichtete sich der Urwald, waren schon die
ersten Angehörigen wilder Stämme zu sehen.

»Das dunkle Grün ist mit ausgedehnten, helleren
Farbtupfern durchsetzt: Überall Plantagen, bepflanzt
mit Maniok, Pistazie, Ölpalmen oder Bananen.«
Auf seinen ersten Stationen gelang es Brazza, die
Okanda für sich einzunehmen, was aber die Osseyba
der benachbarten Dörfer provozierte, die Marche
noch in schlechter Erinnerung hatte. Doch Brazza
war nicht nur ein begabter Verhandler, er legte auch
keinen Wert auf die Zurschaustellung von Macht,

und so konnte er sie besänftigen. Nicht nur die überwältigende Natur war für die Teilnehmer der Expedition etwas Besonderes, auch die Vorstellungswelt der hier lebenden Menschen brachte die Weißen manchmal aus der Fassung. Mit Humor beschreibt Brazza häufig lokale Bräuche: »Die Frauen kennen keine Eifersucht. Sie betrachten es sogar als trauriges Schicksal, mit einem Mann verheiratet zu sein, der so arm ist, dass er sich nur eine Frau leisten kann.« Auch kann er sich in die Eingeborenen hineinversetzen, ihre Verwunderung, die sie den Weißen entgegenbringen, verstehen: »Die tapferen Fan haben schnell bemerkt, dass wir keine Menschenfresser sind, doch schwieriger war es, ihnen zu erklären, dass diese Waren von geheimnisvollem Ursprung Produkte unserer Industrie sind. Und als ich ihnen sagte, dass die Weißen in einem Land leben, in dem es an nichts fehlt, konnten sie nicht begreifen, warum wir es dann verlassen haben.« Manchmal amüsierte sich Brazza mit einer harmlosen Darbietung seiner Macht als weißer Zauberer. »Ich gebe regelrechte Vorstellungen in Taschenspielerei und Feuerwerkskunst und führe elektrische Schläge vor, lasse Kleinigkeiten in die Luft fliegen und zünde Magnesiumblitze.« Auch die Leistungsfähigkeit seines Repetiergewehrs stellte er zur Schau. Seine Zuschauer waren davon überzeugt, er könne damit beliebig viele Schüsse abgeben ohne nachzuladen. Brazza hütete sich, dem zu widersprechen.

Kriegstrommeln zwingen zur Umkehr

Ohne von den Karabinern, mit denen die *Laptots* ausgerüstet sind, Gebrauch machen zu müssen, erreichten die Franzosen Wasserfälle, hinter denen der Oguee nicht mehr schiffbar ist. Brazza erkannte, dass er die Seen Zentralafrikas über die Route, die er sich vorgestellt hatte, nie erreichen würde. Zu Fuß drangen er und seine Gefährten tief in einen vor Feuchtigkeit triefenden Wald. Führer, die sie in den Dörfern angeheuert hatten, geleiteten sie zu einem unbekannten Fluss namens Alima. Ohne es zu bemerken, hatte der Forschungsreisende die Grenze zwischen den Einzugsgebieten des Oguee und des Kongo überschritten, denn der Alima ist ein Nebenfluss dieses Stroms. Nachdem er sich seit fast drei Jahren durch unbekannte Gebiete vorangekämpft hatte, ließ Brazza nicht im Geringsten entmutigt neue Einbäume hauen.

Die Strömung des Alima war sehr viel unruhiger als die des Oguee. Und die wilden Bafuru hatten noch

Oben, links
Brazza mit seinen Paddlern und sämtlichen Lasten bei der Abreise aus Lambaréné. Der Steuermann eines solchen Einbaums, am Heck des Bootes stehend, war fast genauso unentbehrlich wie der Dolmetscher.

Oben, rechts
Als Alfred Marche in den Stromschnellen kenterte, konnte er gerade noch sein Gewehr retten. Nach einem Abenteurerleben beschloss Marche seine Karriere als Landwirtschaftsdirektor in Tunesien, damals französisches Protektorat.

Oben
Als Zauberer hatte Brazza großen Erfolg. Der vorausschauende Forschungsreisende führte in seinem Gepäck auch alte Kostüme mit, die ihm ein Pariser Theater überlassen hatte. Kleidungsstücke aus Samt und Seide, Goldtressen und Verzierungen aus Strass beeindruckten die Afrikaner sehr.

*Von diesem Tag an beflügelte der breite,
4700 Kilometer lange Kongo, dessen Flusstal ausgedehnter
als das des Indus ist, die Fantasie der Franzosen.*

nie Weiße gesehen, auch Gewehre kannten sie nicht. Während ihre Einbäume über das Wasser glitten, gab die Gruppe Warnschüsse ab. Eines Abends hinderten lanzenschwingende Eingeborene die Wagemutigen mit eigenen Einbäumen an der Weiterfahrt. Unter dem bedrohlichen Klang von Kriegstrommeln rotteten sich immer mehr Bafuru im Wald zusammen. Brazza sah sich gezwungen, Schüsse zur Selbstverteidigung abgeben zu lassen. Erschrocken nahmen die Gegner Reißaus. Doch dieser Ausbruch von Gewalt bedrückte den Forschungsreisenden so sehr, dass er sich am 2. August 1878 zur Umkehr entschied.

Der »Vertrag« mit dem Makoko

Im Empfang, den Frankreich seinem Adoptivsohn bereitete, mischten sich erste patriotische Begeisterung für die Kolonisierung und das Interesse an großen Reiseabenteuern. Brazza kam zwar mit Geschwüren an den Füßen zurück, doch schon von Libreville aus verbreitete sich die Nachricht von seinen Leistungen. Der im Einbaum paddelnde Forschungsreisende erhielt als Auszeichnung einen Marineorden. Die Gesellschaft für Geografie organisierte ihm zu Ehren eine Versammlung in der Sorbonne. Doch bald darauf stand dieser Einzelgänger im Zentrum der Pariser Ränkespiele. Die einen neideten ihm seine Erfolge. Die anderen zählten auf ihn, um der Republik Gelegenheit zu geben, den Afrika-Ambitionen des belgischen Königs Leopold II. etwas entgegenzusetzen, der sich die Dienste des »Söldners« Stanley gesichert hatte. Im Dezember 1879 brach Brazza wieder nach Afrika auf. Sein Auftrag: die Präsenz Frankreichs an den Ufern des Kongo deutlich zu machen.

Einen Militärposten in Gabun, dessen landschaftliche Umgebung ihn vage an die Topografie der französischen Hauptstadt erinnerte, taufte Brazza Franceville. Hier empfing er im August 1880 den Gesandten eines der hiesigen »Monarchen«, der von ihm und seiner Bereitschaft, mit Afrikanern Gespräche zu führen, gehört hatte. Glücklicher Zufall – dieser »Monarch« herrschte über Gebiete im Kongo, eben jener Region, in der die Pariser

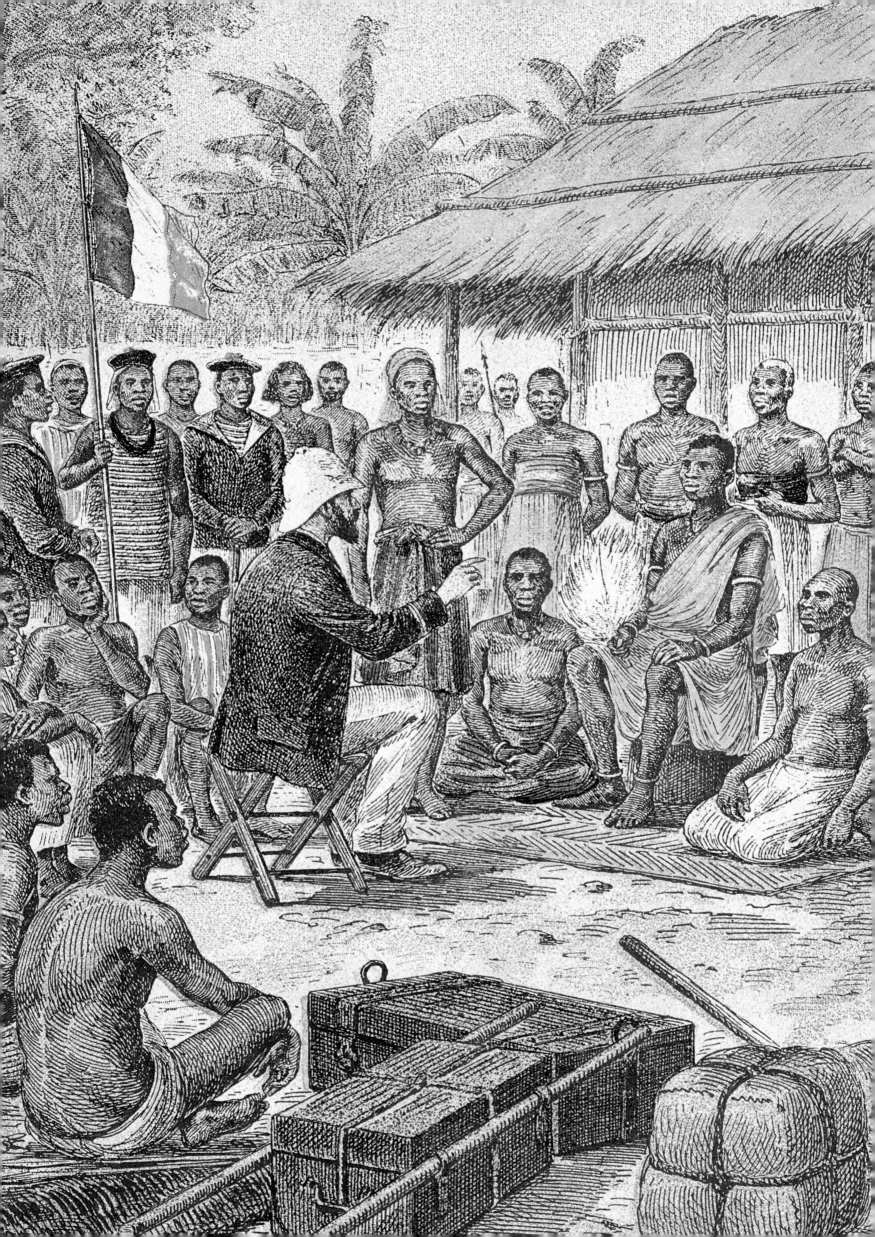

»Jedem dieser Häuptlinge, die einen Teil des Territoriums beherrschen,
habe ich eine französische Flagge übergeben, damit sie sie zum Zeichen
meiner Inbesitznahme im Auftrag Frankreichs über ihren Dörfern hissen.«

**Vorhergehende
Doppelseite**
In seinem Vorwort zu
Fünf Jahre im Kongo versicherte Stanley, die Einrichtung europäischer
Handelsniederlassungen
an den Ufern des Kongo-
Stroms würde das Leben
der Anwohner verändern.
Man müsse nur gewisse
sanitäre Maßnahmen er-
greifen, dann gebe es keinen Grund mehr, aus dem
die Menschen in dieser
Gegend eher erkranken
sollten als »im Tiefland
des Staates Arkansas«.

Unten
Als ihm die Tochter
eines örtlichen Häuptlings
einen Teller mit Raupen
anbietet, muss Brazza den
Beweis seiner Fähigkeit
zur Selbstbeherrschung
erbringen.

Regierung Flagge zu zeigen wünschte. Ohne zu
zögern folgte Brazza, in Begleitung einiger Vertrau-
ter, dem Gesandten in Richtung Süden. Eines
Abends, nach abwechselnden Fußmärschen und
Einbaumfahrten, erblickte er in der Ferne etwas wie
»den Saum eines Meeres«. Lange hatte der Nil die
Fantasie der Briten beherrscht. Von diesem Tag an
beflügelte der breite, 4700 Kilometer lange Kongo,
dessen Flusstal ausgedehnter als das des Indus ist, die
Fantasie der Franzosen.

In seinem Bericht nennt der Forschungsreisende
jenen Mann, dessen Emissär er von Franceville aus
gefolgt war, Makoko. Makoko ist jedoch kein Fami-
lienname, sondern ein Titel des »Königs der Bate-
ke«. Wie auch immer, Brazza und seine Gefährten
kleideten sich, wie er humorvoll schreibt, für die
Begegnung mit dem Herrscher in ihre »besten Lum-
pen«. Der Makoko empfing sie auf einem Löwenfell
hockend; die Haare struppig und weit abstehend
nach hinten gebürstet, sah er aus wie ein Pfau. Mit

einem absurden Vertrag, der Frankreich erlaubte, für
einen Teil des Kongo »Rechte« geltend zu machen,
wurde das Verhandlungspalaver am 3. Oktober 1880
beschlossen. Brazza vereinbarte in diesem Doku-
ment, das von mehreren analphabetischen Vasallen
des Makoko mit Gekritzel unterzeichnet wurde:
»Jedem dieser Häuptlinge, die einen Teil des Territoriums beherrschen, habe ich eine französische
Flagge übergeben, damit sie sie zum Zeichen meiner
Inbesitznahme im Auftrag Frankreichs über ihren
Dörfern hissen.«

Ein rechtes und linkes Ufer am Kongo

Auf dem Rückweg an den Atlantik überquerte
Brazza die Fluten des Kongo, um seinem Rivalen
Stanley, der auf der linken Seite des Stroms einen
Handelsweg einrichtete, kollegiale Grüße zu überbringen. In einem Brief spricht der wenig beein-
druckte Waliser von einer »Persönlichkeit, an der
einzig die ausgewaschene Uniform, der Gehrock
und der Kolonialhelm bemerkenswert sind.«

Doch als sich Stanley sieben Monate später, im
Februar 1882, das rechte Flussufer unter den Nagel
reißen wollte, stieß er auf den Widerstand Malami-
nes, eines Senegalesen, den Brazza zum »Serganten«
befördert und beauftragt hatte, die französischen
Interessen in der Region zu wahren. Malamine zeigte eine Kopie des »Vertrags« mit dem Makoko vor.
Als der Eindringling sich nicht beirren ließ, wies
Brazzas Mann die örtlichen Häuptlinge an, Stanleys
Leuten keinen Proviant zu überlassen. Stanley sah
sich gezwungen, sich wieder an das andere Ufer
zurückzuziehen. Er richtete sich gegenüber dem
Stützpunkt von Malamine ein, in einem kleinen
Dorf namens Kinshasa, das sich eines Tages zur
selbstgefälligen Hauptstadt des belgischen Kongo,
Léopoldville, entwickeln sollte, bevor es, unter
seinem ursprünglichen Namen, Hauptstadt Zaires
wurde. Für lange Zeit waren die Fronten nun abge-

Rechte Seite
Ein Europäer lässt sich in einer Hängematte tragen
(Fotografie vom Ende des 19. Jahrhunderts). *Tipoi* wurde diese
Fortbewegungsart, zu der mehrere Träger benötigt wurden, in
Afrika genannt. Den meisten Forschungsreisenden jedoch war
sie zuwider. Nur im Krankheitsfall griffen sie darauf zurück.

steckt: Auf dem rechten Ufer des Flusses herrschte
Frankreich, auf dem linken residierten die belgischen Auftraggeber des Walisers. Die Gesellschaft
für Geografie in Paris nahm den Widerstand Mala-
mines mit Enthusiasmus auf. Noch zu Lebzeiten
seines Herrn benannte sie den Posten, den dieser so
gut verteidigt hat, Brazzaville. Fortan lagen die
Hauptstädte des französischen und des belgischen
Kongo an den Ufern des Stanley Pool einander
gegenüber.

Die Sklaven und die französische Fahne

Brazza kehrte noch mehrfach in den Kongo zurück.
Von 1887 bis 1897 war er sogar »Generalkommis-
sar« des Landes. Weil ihm einige Leute in Paris eine
zu abenteuerliche Politik vorwarfen, trat er vorzeitig
in den Ruhestand. Bis zu einem Tag im Jahr 1905,
als ihn die Regierung beauftragte, Vorwürfe zu untersuchen, französische Beamte hätten in Ubangi-
Chari Schwarze körperlich misshandelt. Missionare
hatten die öffentliche Meinung mobilisiert, und so
wollte man Brazzas moralische Autorität in die Waag-
schale werfen. Er kam nicht mehr lebend zurück.
Ein unerklärliches Fieber hatte ihn dahingerafft. Es
hieß, er sei vergiftet worden. Man sprach von Doku-
menten, die aus dem doppelten Boden seines von

Vuitton – Ausrüster all seiner Afrikaexpeditionen –
speziell angefertigten Koffers verschwanden: Sie
seien für die Kolonialverwaltung belastend gewesen.
Dieser mysteriöse Tod trug zu seinem Ruf eines
Gerechten bei. Brazzas Korrespondenz belegt, dass
er – besonders im Hinblick auf seine Rivalität mit
Stanley – ein sehr realistisch denkender Mensch
war. Im Gegensatz zu diesem jedoch hat er nie auf
Schwarze geschossen, mit Ausnahme jener Warnschüsse während der ersten Expedition am Oguee.
Die Hauptstadt des Kongo trägt noch immer seinen
Namen. Dies beweist, dass die Afrikaner die Lebens-
beschreibung Brazzas in den Schulbüchern nicht
anzweifelten, die ihre ersten Führer nach der Unabhängigkeit lasen.
Der Forschungsreisende Brazza wurde vom »Skla-
venbefreier« noch übertroffen, denn die Menschenhändler aus Sansibar wüteten auch tief im zentralafrikanischen Urwald. Ohne materielle Mittel und
indem er sich auf seine teilweise selbst erteilte
Legitimität berief, hatte er Initiativen ergriffen, die
man heute als »gaullistische Politik« bezeichnen
könnte. So ist es kein Zufall, dass General de Gaulle
seine berühmte Rede, in der er den ehemaligen
Kolonien Selbstständigkeit versprach, 1944 in
Brazzaville hielt.

Kurz vor Schließung des Marktes von Lopé ließ ich den Sklaven, die an den Unterlauf des Oguee verbracht werden sollten, getreu meinen Vorsätzen ausrichten, ich sei bereit, all jene freizukaufen, die dies wünschten. Doch in ihrer abergläubischen Furcht vor den Weißen zogen es diese Unglücklichen vor, in der Gewalt ihrer schwarzen Herren zu bleiben und in Gegenden verschleppt zu werden, aus denen sie nie wieder zurückkehren würden. Nur 18 unter ihnen nahmen mein Angebot an. Mit einem Gutschein der Handelsniederlassung von Lambaréné über 300 Francs wurden sie ausgelöst und in den Hof unserer Station geführt. [...] »Schaut her«, sprach ich zu ihnen und zeigte dabei auf den Mast, an dem wir unsere Flagge hissten, »alle, die unsere Fahne berühren, sind frei. Denn wir sprechen jedem das Recht ab, einen Menschen als Sklaven zu halten.« Als dann einer nach dem anderen die Trikolore berührte, fielen zuerst die um den Hals befestigten Holzzwingen, dann wurden die Fußfesseln aufgebrochen. Währenddessen präsentierten meine *laptots* der Fahne, die sich majestätisch in die Lüfte hob und in ihren Falten alle Entrechteten des Menschengeschlechts zu bergen und zu schützen schien, das Gewehr.

Brazza, »Reise nach Westafrika«, *Le Tour du monde*, 1888

Die schwerste Last bestand aus einem 13 Meter langen, zerlegbaren Schiff, das ein Zimmermann aus Sansibar konstruiert hatte. Der Forscher taufte das Schiff nach dem Namen seiner Verlobten Lady Alice.

Stanley benennt afrikanische Gebiete um

Nachdem er, wie im vorangegangenen Kapitel beschrieben, Livingstone aufgespürt hatte, wollte Stanley das abenteuerliche Leben eines Forschungsreisenden gerne weiterführen. Die Entdeckung des Kongo sei, so meinte er, für einen ehrgeizigen Mann genau das Richtige. Dank der Aufsehen erregenden Geschichte mit Livingstone fiel es ihm leicht, die notwendige finanzielle Unterstützung beim Verleger des *New York Herald* durchzusetzen. Ganz nach britischer Tradition brach er am 12. November 1874

in Sansibar auf. Mehr als 300 Mann standen ihm zur Verfügung. Die schwerste Last bestand aus einem 13 Meter langen, zerlegbaren Schiff, das ein Zimmermann aus Sansibar konstruiert hatte. Der Forscher taufte das Schiff, nach dem Namen seiner Verlobten, Lady Alice. Doch als er schließlich ein Gebiet Afrikas nach dem anderen durchquert hatte und am 8. August 1877 bei Boma die Atlantikküste erreichte, sollte Alice längst einen anderen geheiratet haben …

Die Reise begann wie üblich in der Umgebung der Großen Seen. Am Victoria-See schätzte Stanley noch die Schönheit manch einer Uferbewohnerin. Doch als er sich weiter ins Landesinnere vorwagte, nahmen die Dinge eine schlimme Wendung. Mehrere seiner europäischen Gefährten waren schon an Erschöpfung gestorben und einige seiner Träger desertiert, als er einem Mann begegnete, der aus dem gleichen Holz geschnitzt war wie er: Tippo Tip aus Sansibar handelte mit Elfenbein und Sklaven und war als Helfer für Weiße bekannt, die in diesem Landstrich in Schwierigkeiten geraten waren. Mit seinem Reichtum und den ihm zur Verfügung stehenden Möglichkeiten hatte Tippo Tip gerade einem anderen Forschungsreisenden geholfen, dem Briten Verney Cameron. Nun besorgte er Stanley gegen 5000 Dollar eine neue Begleitmannschaft, Waffen und Proviant. Am 5. November 1876 setzte Stanley seine Expedition am Oberlauf eines Flusses fort, den er für den Kongo hielt. Es war tatsächlich der Kongo, Stanley hatte dafür nur noch keine Beweise. Die Hitze wurde immer drückender, die dichte tropische Vegetation immer undurchdring-

licher. Im Glauben, es mit Sklavenjägern zu tun zu haben, legten die Einheimischen den Fremden immer wieder Hinterhalte. Um daraus zu entkommen, geizte Stanley nicht gerade mit Munition. 32 Kämpfe sollte er im Laufe dieser Expedition ausfechten. Immer wieder gab es Tote. Mit Brazzas Vorgehensweise hatte dies nichts gemein, aber das Durchhaltevermögen des Abenteurers war beachtlich. Allerdings konnte er sich aus so mancher Klemme nur befreien, weil er den Überraschungseffekt nutzte, den das Erscheinen von Weißen auslöste.

Nachdem er viele Hundert Kilometer zurückgelegt hatte, entdeckte er im Januar 1877, ungefähr auf halber Strecke, grandiose Wasserfälle, die er gleich ohne falsche Bescheidenheit Stanley Falls taufte (heutzutage heißen sie Tsungu-Fälle). Wieder einige Hundert Kilometer weiter erreichte der Anglo-Amerikaner ein Gebiet, in dem der Kongo sich zu einem See mit starker Strömung erweitert. Stanley Pool wurde dieser Ort genannt (in unseren Tagen Malebo Pool), und aus dem heutigen Kisangani sollte schließlich auch noch Stanleyville werden.

»An irgendeinen Gentleman, der Englisch spricht«

Je weiter er in Richtung Atlantik vorankam, desto mehr erhoffte sich Stanley, dass »die Eingeborenen ihre angeborene Wildheit durch Tauschhandel ablegen« würden. Doch während sein Trupp elend an Hunger litt, musste er auf der letzten Wegstrecke feststellen, dass Messer, Äxte, Messingdraht und andere Waren, die sie seit Sansibar mitschleppten, die Bewohner dieser Region kaum interessierten. Nun trennte er sich von Decken und »Arzneiflaschen« aus seiner »eisernen Reserve«, in der Hoffnung, »irgendetwas Essbares« zu erhalten. Doch er bekam nur ein paar magere Lebensmittel dafür. Eines Abends, nach einem Mahl aus »drei gebrate-

nen Bananen, zwanzig gerösteten Erdnüssen und einer Tasse schlammigen Wassers«, verfasste er im Schein seiner Lampe – »ein Fetzen Verbandsmull, der in einer Lache Palmbutter schwimmt« –, einen Hilferuf »an irgendeinen Gentleman, der Englisch spricht«.

Das Schreiben vertraute er zwei jungen Afrikanern an, die ihm von der Anwesenheit europäischer Händler in einem Nachbardorf erzählt hatten. Unterzeichnet war die Botschaft mit »H. M. Stanley, Kommandant der anglo-amerikanischen Expedition zur Erforschung Afrikas.« Und in einem Postscriptum präzisierte er: »Für den Fall, dass Sie meinen Namen nicht kennen, füge ich hinzu: Ich bin derjenige, der 1871 Livingstone aufgespürt hat.« Einen Moment lang kam Bescheidenheit auf! Als er

Linke Seite
»Wilde« vom Westufer des Victoria-Sees. »In der Menge sind auch einzelne sehr Hübsche«, stellte Stanley fest.

Oben
Die Mannschaft der Lady Alice. Stanley legte Wert darauf, dass ihre Mitglieder bei der Rückkehr nach Sansibar »neu eingekleidet« wurden. Mit jedem dieser Männer hatte er einen Vertrag abgeschlossen, der eine monatliche Entlohnung vorsah, die teilweise als Vorschuss, teilweise im Nachhinein ausgezahlt wurde.

Rechts
Die Eroberung Afrikas,
ein lehrreiches Spiel, das
auf den Reisen von Stanley
und Livingstone basiert.
Die Forschungsreisen
waren auch Thema von
»Gänsespielen«, bei denen
man immer wieder ein
Stück zurückgehen musste.

Oben
»Ein Lager der Kanni-
balen«, heißt es in der
Beschreibung zu dieser
Abbildung. Brazza spricht
in seinen Schriften oft
von Menschenfresserei.
Dabei handelte es sich
nicht um Hirngespinste
von Weißen, sondern um
eine in manchen Regio-
nen tatsächlich übliche
Praxis. Afrikanern selbst
ist sie aus der überliefer-
ten Erzähltradition geläufig. So verurteilte ein
Gericht in Bangui 1980
den ehemaligen Kaiser
Bokassa »wegen in men-
schenfresserischer Ab-
sicht begangener Mord-
taten« in Abwesenheit
zu Tode.

Rechts
Eingeborener mit Keule.
In vielen Expeditions-
berichten wurde auf die
Macht und Widerstands-
kraft mancher Völker
besonders hingewiesen.

endlich die Mündung des Kongo erreichte, konnte
Stanley seine Leute nach Sansibar einschiffen. Dann
verfasste er in nur sechs Monaten beide Bände seines Reiseberichts *Through the Dark Continent*. Auch
diese Erlebnisse eines Forschungsreisenden wurden
zu einem Publikumserfolg, denn zu jener Zeit war
das Genre bei den Lesern außerordentlich beliebt.

Im Dienst des belgischen Königs

Doch das *establishment* rümpfte die Nase über diesen
emporgekommenen Waliser. Königin Victoria, der
Stanleys freiwilliges Exil in den Vereinigten Staaten
wieder in den Sinn kam, hielt ihn für »einen kleinen, entschlossenen und hässlichen Mann mit star-
kem amerikanischem Akzent.« Die politische Klasse
misstraute dem »Staatenlosen«, der – Gipfel des
schlechten Geschmacks – an der Spitze seiner Trä-
gerkarawanen das Sternenbanner flattern ließ. Kühl
und reserviert nahm man die neuen Projekte für den
Kongo zur Kenntnis. Stanleys Glück aber war, dass
ein anderer König große Pläne schmiedete, mit dessen Hilfe seine eigenen Vorhaben in die Tat umge-
setzt werden könnten: Leopold, der zweite König
Belgiens. Die Großmächte hatten diese Monarchie
1831 eingerichtet, weil sie ihren ewigen Scharmüt-

zeln um territoriale Ansprüche auf dem Alten Kontinent ein Ende bereiten wollten. Seltsamerweise
sollte gerade das Königreich Belgien im *scramble*,
wie die Briten es nannten, Verwirrung stiften, im
»Handgemenge« um die Eroberung Afrikas.
Die Belgier selbst hielten Leopold II. (1835–1909)
für »einen zu großen König eines zu kleinen Königreichs«. Weder seine sexuelle Unersättlichkeit noch
seine in allen Hauptstädten berüchtigten Eskapaden
hinderten ihn daran, sich in ein politisches Aben-

teuer zu stürzen, aus dem Belgien zum Ende seiner Regierungszeit als neuntstärkste Macht der Welt hervorgehen sollte. 1875 hatte er in Paris einem Kongress der Gesellschaft für Geografie beigewohnt, auf dem man noch ganz aufgeregt die Reisen Brazzas und Stanleys diskutierte. So organisierte er im Jahr darauf eine »Geografie-Konferenz« in Brüssel. Es ging dabei um »die Einführung der Zivilisation in Zentralafrika« durch die Einrichtung von »Posten«, über die man den Handel entwickeln sowie geografische und ethnologische Informationen sammeln könnte. Eine in der belgischen Hauptstadt ansässige Internationale Afrika-Gesellschaft (AIA), der der König als Präsident vorstand, wurde gegründet. Ihr gehörten zahlreiche renommierte Persönlichkeiten wie der deutsche Forscher Gustav Nachtigal an, der sich im Tschad hervorgetan hatte, oder auch Ferdinand Lesseps.

Bald aber stellte sich heraus, dass Leopold II. damit vor allem imperialistische Ziele verfolgen wollte. Juristische Vorbehalte hinderten Belgien jedoch daran, sich als erobernde Macht zu betätigen, und so nutzte der König seinen ungeheuren Reichtum, um sich ein kleines Reich zu schaffen. 1885 gegründet, galt der »Staat Kongo« als sein »Privateigentum«,

ein einzigartiges Gebilde in der Welt kolonialer Unternehmungen. Stanley, dem Leopold II. vorschlug, die belgischen Interessen als Geschäftsträger zu vertreten, nahm ohne zu zögern an. Als »Träumer« hatten ihn die Engländer abgetan, weil er im *Daily Telegraph* vom 12. November 1877 geschrieben hatte: »Jene Macht, die sich – trotz der vorhandenen Stromschnellen – den Kongo sichert, wird den gesamten Handel in dem riesigen Einzugsgebiet entlang des Flusses kontrollieren können.« Der belgische Monarch stellte ihm die Mittel zur Verfügung, den Bau einer Eisenbahnlinie parallel zu den nicht schiffbaren Partien des Stroms zu verwirklichen. Von 1879 bis 1884 trieb Stanley das Großprojekt voran. *Boula Matari* nannten ihn die Einheimischen bald, »Steinebrecher«.

Im Tausch für Billardkugeln

Allein im Jahr 1883 schloss Stanley zugunsten Leopolds II. einige Hundert »Verträge« mit Häuptlingen ab, die gegen die verschiedensten Gaben – von einer Flasche Wacholderschnaps bis zu Zeremonialuniformen – auf ihre »Souveränität« verzichteten. Vorbei die Zeiten, in denen, wie der Autor selbst am Schluss seines Buchs *Through the Dark Continent*

Oben
Stanley war zwar in gewisser Hinsicht ein Agent des europäischen Imperialismus in Afrika, und er achtete stets darauf, seine Auftraggeber auf Reichtümer, die es auszubeuten galt, hinzuweisen. Doch waren andere Forschungsreisende für die Naturschönheiten des Kontinents sehr empfänglich. Die Ufer des Tschad-Sees sind ein Paradies für Vogelkundler.

Oben
Elfenbein wurde nicht
nur für afrikanischen
Schmuck benutzt. Vor
allem die europäische
Nachfrage, besonders für
die Herstellung von Kla-
viertasten, ließ den Handel
schwunghaft ansteigen.
Sansibar war Drehscheibe
dieses Geschäfts. Mit Recht
konnte man behaupten,
Afrika sei durch das Elfenbein »an den interna-
tionalen Warenverkehr
angeschlossen« worden.

Rechts
Elegante Dame aus
der äthiopischen Provinz
Tigre mit ihrer Dienerin.
Die jungen afrikanischen
Schönheiten endeten in
irgendeinem arabischen
Harem, oder sie verblühten
schnell bei der Erfüllung
harter Alltagsarbeit auf
den Feldern oder im Hau-
se, der traditionellen Auf-
gabe der Frauen. Doch in
Äthiopien war das Ver-
ständnis von der Rolle der
Frau aus kulturellen Grün-
den, bedingt durch die
Geschichte des Landes am
Rande des Schwarzen
Kontinents, der westlichen
Auffassung näher.

einräumte, »wütende Män-
ner wilde Angriffe geführt
und aussichtslose Kämpfe
gefochten hatten.« Vergangenheit auch die Zeit der
Expedition von 1876–1877,
als der Forschungsreisende mit
einer Ausbeute an Elefanten-Stoßzähnen nach
Hause kam, die mehr als 50 000 Dollar wert war.
Stanley warf nun »ökologische« Fragen auf: »Muss
das Herz Afrikas in eine riesige Wüste verwandelt
werden, nur weil Elfenbein zur Herstellung von
Luxusartikeln und Billardkugeln verwendet wird?«
Auch als Verteidiger der »Eingeborenen« gebärdete
er sich: »Die außerordentliche Zunahme des Bandi-
tentums am Oberlauf des Kongo ist auf das Vorgehen der muslimischen Sklavenhändler zurückzuführen: Sie töten die erwachsenen Eingeborenen
und schonen nur die Kinder. Die Mädchen werden
in die arabischen Harems verschleppt, die Jungen
lernen mit Waffen umzugehen und sich ihrer zu
bedienen.« Zögen die europäischen Länder an
einem Strang, ließe sich all dies verhindern, versicherte der Geschäftsträger Leopold II., bemüht
seinen Auftraggeber auf diese Weise in das Konzert
der Nationen zu integrieren: »Großbritannien,
Deutschland, Frankreich und der Staat Kongo müss-
ten sich verständigen, um die Einfuhr von Schießpulver – ausgenommen seinen Gebrauch durch ihre
Repräsentanten, Soldaten und Angestellten – in
allen Teilen des Kontinents zu verbieten.«

Die Ära der europäischen »Paschas«

Dramatische Ereignisse am Nil brachten auch Stanley, der sich nun schon so lange mit dem Kongo
beschäftigte, wieder ins Gespräch. 1885 wurde die
in Khartum ansässige anglo-sudanesische Verwaltung durch einen Volksaufstand gestürzt, den ein
religiöser Führer namens Mohammed Ahmed Ibn el

Sayed Abdullah, genannt »der Mahdi«, angestiftet
hatte. Eduard Schnitzer, ein zum Islam konvertierter
deutscher Arzt, gehörte ebenfalls dieser Verwaltung
an. Der Generalgouverneur des Sudan, der Brite
Charles Gordon, auch als Gordon Pascha bekannt,
hatte ihn zum Verantwortlichen einer Provinz berufen. Schnitzer passte sich den lokalen Gepflogen-
heiten an und nannte sich Emin Pascha. Auf der
Höhe seines Ruhms korrespondierte dieser mehrsprachige und kultivierte ehemalige schlesische Jude

in seiner Eigenschaft als erfahrener Botaniker und Ornithologe mit den bedeutendsten Museen Europas. Als er sich durch die Revolte des Mahdi gezwungen sah, in den Süden des Sudan zu fliehen, um dem Schicksal des ermordeten Gordon Pascha zu entgehen, waren gewisse britische Kreise um ihn in Sorge. Ein solcher Repräsentant der europäischen Zivilisation durfte nicht der Verfolgung rachedurstiger und aufgebrachter Derwische ausgesetzt sein.

Die britische Regierung fühlte sich für die Ereignisse in diesem Gebiet verantwortlich, das bis vor kurzem noch unter ihrer Oberherrschaft gestanden hatte. So verfiel man auf Stanley, der Emin Pascha in den Weiten des Sudan aufspüren sollte. Wenn er Livingstone gefunden hatte, dann sollte seine Erfahrung nun Emin Pascha zugute kommen. Leopold II. verstand sofort, welchen Vorteil er aus dieser Bitte um sein Entgegenkommen ziehen konnte. Er erklärte sich mit der Zusammenstellung einer neuen Expedi-

»Ich wusste, dass er ein leidenschaftlicher Sammler war, ahnte aber nicht, dass sich diese Leidenschaft zu einer Besessenheit ausgewachsen hatte. Stünden ihm genug Träger zur Verfügung, hätte er sämtliche Vögel Afrikas massakriert, die grauenhaftesten Reptilien, die scheußlichsten Insekten zusammengerafft und alle Arten von Schädeln aufgehäuft, bis aus unserem Lager ein wanderndes Museum oder ein transportabler Friedhof geworden wäre. […] Ich spüre wohl, dass er mich nie wird leiden können, und seine Freunde Felkin, Junker und Schweinfurth werden sich brav sein Gejammer anhören, ohne auf den Gedanken zu verfallen, dass unsere Aufgabe in dieser kleinen Welt nicht nur aus dem Sammeln von Schädeln, Vögeln und Insekten besteht und dass der liebe Gott nicht die Absicht hatte, aus dem afrikanischen Kontinent ein riesiges Herbarium oder ein Museum für Insektenkunde zu machen.«

Stanley, *Im finstersten Afrika.*
Die Suche nach Emin Pascha, seine Wiederentdeckung und der Rückzug, 1890

»Es war unser Schritt aus der Finsternis, die so lange ersehnte Erlösung«,
schrieb er im November 1887, als er sich endlich durch »den großen Wald, der uns
wie für eine Ewigkeit unter sich verhüllte« gekämpft hatte.

tion einverstanden, doch nur unter der Bedingung, dass sie im Kongo und nicht in Sansibar aufbrechen würde. Dies war zwar nicht der bequemste Ausgangspunkt, doch auf diese Weise erkannte die internationale Staatengemeinschaft den afrikanischen »Staat« des belgischen Königs an.

Vergiftete Pfeile

So begann 1887 ein neues Abenteuer, das als Drama enden sollte. Stanleys alter Freund Tippo-Tip besorgte ihm ohne Probleme die erforderlichen Träger. Als Gegenleistung ernannte Leopold II. den ehemaligen Elfenbein- und Sklavenhändler zum »Gouverneur« der Provinz Kisangani! Aber die Expedition musste von kriegerischen Stämmen beherrschte Gebiete durchqueren. Auf Eindringlinge schossen sie mit schlanken Pfeilen, deren Spitzen lange in einer giftigen Lösung gekocht und so auch gehärtet wurden. Stanleys Truppe bekam genug davon ab, so konnte er sie genau beschreiben: »So präpariert werden die Pfeilspitzen mit grünen Blättern umwickelt und dann bündelweise zu jeweils etwa Hundert in den Köcher gesteckt.« Er beschreibt auch die Agonie eines Opfers, um die Wirkung der Pfeile zu illustrieren: »Seine Kehle wurde starr und zog sich zusammen; der Kopf war nach vorne gestreckt, der Bauch eingedrückt und in seinem Gesicht zeichneten sich Angst und Schmerz ab. Morphiumspritzen ließen ihn ein wenig schläfrig werden, dann wiederholten sich die Anfälle und nach drei Stunden des Leidens gab er seinen letzten Seufzer von sich.« Das Wort »finster« benutzt der Autor immer wieder, sowohl in *Through the Dark Continent* als auch später bei der Niederschrift von *In Darkest Africa*, dem Bericht über die Suchexpedition nach Emin Pascha. Stets ist es mit den Erinnerungen Stanleys an jene letzte Reise verbunden. »Es war unser Schritt aus der Finsternis, die so lange ersehnte Erlösung«, schrieb er im November 1887, als er sich

endlich durch »den großen Wald, der uns wie für eine Ewigkeit unter sich verhüllte« gekämpft hatte.« Und wozu all diese Mühsal? Um einen seltsamen Vogel aufzufinden, der weniger bedroht war, als man meinte und es überhaupt nicht eilig hatte, nach Europa zurückzukehren!

Es kostete Stanley mehrere Monate, Emin Pascha davon zu überzeugen, ihm nach Bagamoyo zu folgen, wo sie am 4. Dezember 1889 schließlich ankamen. Dieses Mal vergaßen die Briten ihre Voreingenommenheit ein wenig. Der Forschungsreisende wurde zum Ehrendoktor der Universität Oxford ernannt. Er heiratete eine Engländerin, eine »große und statuenhafte« Erscheinung, wie eine Zeitschrift damals schrieb, Dorothy Tennant, eine junge Frau aus der Oberschicht. Sein Leben als Abenteurer war beschlossen, und so ließ er sich mit ihr in Surrey nieder.

Ein Name wird von der Landkarte gestrichen

1899, fünf Jahre vor Stanleys Tod, veröffentlichte eine englische Zeitschrift *Herz der Finsternis*, einen Kurzroman, der für Furore sorgte. Angeregt von einem Aufenthalt im belgischen Kongo von Juni bis Dezember 1890 stellte der Schriftsteller Joseph Conrad darin, ohne Namen zu nennen, das Verhalten der Weißen mit unerbittlicher Deutlichkeit dar. Sicher, die Natur war in dieser Weltgegend eine feindselige Macht. Der »riesige Strom« wälzte sich wie eine »gigantische aufgerollte Schlange« dahin, und man hatte das Gefühl, »in den schrecklichen

Linke Seite
Emin Pascha im Gespräch mit seinen deutschen Landsleuten.

Unten
Einige der von Stanley so gefürchteten Pfeilspitzen.

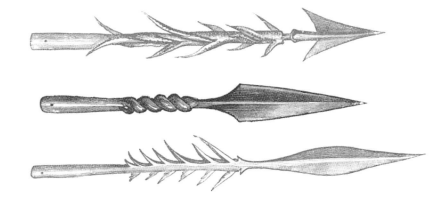

*Das unabhängige Afrika nannte sämtliche
Orte um, denen Stanley anmaßend seinen
Namen gegeben hatte.*

Oben
Dieses Nadelkissen, der
Hut und die »Leoparden-
pranken« sind für Briten
wertvolle Reliquien, denn
sie gehörten Mary Kingsley.

Rechte Seite
Karawane Emin Paschas
während seiner letzten
Lebensjahre. Der »Pascha«
hatte nicht nur ein leidenschaftliches Interesse an
toten Vögeln und Insekten.
Der im preußischen Neiße
geborene Schlesier vertrat,
nachdem Stanley ihn nach
Tansania gebracht hatte,
deutsche Interessen. Die
Ausweitung des deutschen
Einflusses in Ostafrika ist
ihm zu danken. 1892 wurde
er in Zaire ermordet. Die
Geschichte seiner letzten
Expedition erzählte sein
Gefährte Dr. Stuhlmann in
einem 1893 in Berlin ver-
öffentlichten Buch.

Kreis irgendeiner Hölle« einzutreten. Aber dies
genügte nicht, »die tödliche Gleichgültigkeit des
unglücklichen Wilden« zu erklären. In einer »vor
einer finsteren Leinwand miserabel gespielten Farce«
taten die Europäer den Afrikanern allzu viel Gewalt
an. Diese mittellosen Eingeborenen, deren furcht-
same Verblüffung sich vor allem in ihren Reaktionen zeigt – »Wie kann man in ihnen bloß Feinde
sehen«, fragte Conrad.

Stanley meinte, er liebe Afrika, dieses »herrliche
Land«, das ihn »ergreift, als hörte ich den Schrei
seiner Völker nach Zivilisation und einem aufrech-
ten Gang.« Nur dass der Leser oft genug in Verlegenheit gerät, wenn der Autor auf seine rabiate
und gefühllose Art von Schüssen auf Eingeborene
erzählt. »Die brutalsten Europäer beklagen sich am
meisten über die Feindseligkeit der Afrikaner«,
schreibt Joseph Ki-Zerbo, ein Schriftsteller aus
Obervolta, 1972 in seiner Geschichte Afrikas. Es ist
aufschlussreich, dass das unabhängige Afrika sämtliche Orte umbenannte, denen Stanley anmaßend
seinen Namen gegeben hatte.

Die Visitenkarte der Mary Kingsley
Die Ehefrauen der Herren Baker, Douville und
Livingstone hatten ihre Männer auf den Expeditio-
nen für eine gewisse Wegstrecke begleitet. Living-
stones Frau musste dabei sogar ihr Leben lassen.
Aber im 19. Jahrhundert galten Forschungsreisen als
Männersache. Es gab jedoch eine Ausnahme – die
Engländerin Mary Kingsley. Die Leidenschaft für
eine solche Aufgabe entwickelte die mehrsprachige
und ziemlich einzigartige Autodidaktin durch die
Lektüre von Reiseberichten aus der Bibliothek ihres
Vaters, eines Arztes. Mit 31 Jahren schiffte sie
sich 1893 nach Äquatorialafrika ein, um im Auftrag

des British Museum verschiedene Fischarten zu
sammeln. Wie zuvor Brazza, befuhr sie, begleitet
von einigen Paddlern und Trägern, den Oguee flussaufwärts. Rum, Stoffe und Angeln bot sie als
Tauschobjekte gegen Exemplare jener Fische, die
das Museum für seine Bestände begehrte. Einige
der Angeln benutzte sie selbst zum Fang, die Fische
bewahrte sie dann in schweren, mit Alkohol ge-
füllten Gefäßen auf. Zwischen zwei Tassen Tee,
ihrem einzigen Luxus, beschäftigte sie sich hin
und wieder auch mit den Sitten der afrikanischen
Völker, besonders die Fang in Gabun fanden ihr
Interesse. Durch Artikel, die sie bereits verschiedenen Zeitschriften zugeschickt hatte, war das Publikum neugierig geworden. Sehr gut verkaufte sich
daher ihr Buch *Reisen in Westafrika* (ein schlechter
Titel, denn sie bereiste vor allem Äquatorialafrika),
das der große Verleger Macmillan 1897 veröffentlichte. Ihren Bericht illustrierte sie mit eigenen Fotos. Die von Daguerre perfektionierte Erfindung von Niépce verlieh dem Reisen eine neue
Dimension.

Nach ihrer Rückkehr 1895 wurde Mary Kingsley
Beraterin von Joseph Chamberlain, dem neuen
Minister für die Kolonien. Zum Abschluss ihrer
Expedition hatte sie den Mount Cameroun bestie-
gen. Dabei hinterließ sie auf dem Gipfel des Berges
eine Visitenkarte und klemmte sie zwischen zwei
Steine – eine Geste von geradezu hinreißender
Sinnlosigkeit. Doch schon seit vielen Jahren
wurden in allen Teilen Afrikas britische, französische oder portugiesische Flaggen gehisst. Die Entdeckung dieses Kontinents war eine viel zu ernste
Angelegenheit, als dass man sie allein den Forschungsreisenden überlassen konnte. Auf die Erforschung folgte die Kolonisierung.

V

Die Eroberer

Medina, ein Ort in Mali, der nichts mit der gleichnamigen Stadt in Saudi-Arabien zu tun hat, ist bei Weißen wegen seiner glühend heißen Sommer gefürchtet. Der einzige Grund, ihn zu besuchen, wäre die alte Festung, in der während des Zweiten Weltkriegs Teile der Goldreserven der Bank von Frankreich versteckt lagen. Das Bauwerk, 1855 errichtet, diente den Franzosen als Stützpunkt, um das Vordringen in den westlichen, an Senegal und Mauretanien grenzenden Sudan abzusichern. Louis Faidherbe, ein Offizier, der das Polytechnikum absolviert und den Befehl zur Konstruktion der Anlage gegeben hatte, arbeitete mit der Gesellschaft für Geografie über »ethnografische Probleme Nordafrikas« zusammen. Die Mentalität der Schwarzen interessierte ihn, denn er war der Meinung, die Eroberung Afrikas könne nur mit einer Armee aus Eingeborenen gelingen, aus »senegalesischen Schützen«, wie man sie in Frankreich ohne Unterschied nannte, auch wenn diese Soldaten nicht nur aus dem Senegal stammten. Medina also war eine kleine Garnison, der nur acht Weiße und 52 schwarze Soldaten angehörten.

1857 aber glaubte El-Hadsch Omar, ein muslimi-
scher Marabut, der von den Weißen für die Erlaubnis, in der Region Handel treiben zu dürfen, verge-
bens Tribut gefordert hatte, sie mit einem Angriff
auf Medina einschüchtern zu können. Geschickt
nutzte er dazu den niedrigen Wasserstand des Sene-
gal-Flusses, denn in dieser Zeit konnte keine Ver-
stärkung in die belagerte Stadt vorrücken. Doch die
französische Garnison leistete bis zum Ansteigen des
Wasserspiegels heroischen Widerstand, dann eilte
Gouverneur Faidherbe persönlich mit dem Kano-
nenboot Basilic zu Hilfe. Die 15 000 Belagerer nahmen Reißaus. Die tapferen »senegalesischen Schützen« wurden ausgezeichnet, und die Griots besangen
ihre Heldentaten. Ausführlich berichtete die französische Presse über diese schwarzen Soldaten mit
der Zuavenmütze, die die Trikolore hochhielten.
Der Afrikaner, dieses unbekannte Wesen, konnte
also durchaus Verbündeter der Weißen gegen die
eigenen Leute sein.

Unter Protektorat

Bald war Schwarzafrika Wirkungskreis der Marine-
truppen, de facto einer Landarmee, die »la coloniale« genannt wurde. Trotz erster Erfolge waren
sich die Schützen und Infanteristen der Kolonialarmee ihrer zahlenmäßigen Unterlegenheit bewusst:
Einige Hundert Mann, weit verstreut über ein Gebiet, in dem ihnen Tausende unberechenbarer Eingeborener beim geringsten Fehler ein übles Ende
bereiten könnten. Besser wäre es, sie für sich einzunehmen, als gegen sie zu kämpfen. Joseph Gallieni,
der seine ersten Expeditionsberichte in *Le Tour du
monde* mit »Kommandant Gallieni, Marineinfan-
terie« zeichnete, war ein Befürworter der »Protektorats«-Verträge.
Dabei ging es darum, von örtlichen Häuptlingen
Bewegungsfreiheit zu erwirken sowie die Erlaubnis,

Handelsniederlassungen zu errichten. Im Gegenzug
bot man ihnen die Anerkennung ihrer »Souveränität«, das heißt, man versprach ihnen Unterstützung
für den Fall einer Revolte eines ihrer Vasallen. Solche Revolten allerdings waren in einem »feudal«
geprägten Afrika nicht selten.
Der erste dieser Verträge wurde mit Ahmadou geschlossen, dem ältesten Sohn Omars, des Angreifers
von Medina. Nicht ohne eine gewisse Herablassung
machte sich Gallieni über das »lächerlich majes-
tätische Gehabe der Negerprinzen dieser Regionen«
lustig, und er spielte »all diese Herrscher und Fürst-
lein, von denen es in den armseligen Dörfern dieser
Gegenden Dutzende gibt« gegeneinander aus. Doch
die Offiziere der Kolonialarmee waren auch zu
»großmütigen Gesten« fähig. Nachdem Ahmadou
den Vertrag von 1880 gebrochen hatte und als Ab-
trünniger verfolgt wurde, nahm sich General
Archinard, der Nachfolger Gallienis, seines Enkels
an, ermöglichte ihm ein Studium und sorgte dafür,
dass er an der renommierten französischen Militär-
akademie Saint-Cyr aufgenommen wurde.

Die Seelen retten

Die Militärs respektierten den muslimischen Glauben der »senegalischen Schützen«. Im 20. Jahrhundert würde man für sie im südfranzösischen Fréjus,
wo sie ausgebildet wurden, eine Moschee errichten.
Aber viele waren der Ansicht, die beste Garantie für
eine friedliche Entwicklung sei die Bekehrung der
Afrikaner zum Katholizismus, vor allem der weniger »entwickelten«, animistisch geprägten Völker,
die zudem noch beeinflussbarer seien als die Mus-
lime. Hatten diese »Wilden« eine Seele? Die Missionare waren davon überzeugt. Genau wie nach
der Entdeckung des Sambesi-Tieflands durch die Briten – trotz des anfänglichen Scheiterns von Livingstone – eine protestantische Missionierung einsetzte,

Links
Königin Victoria überreicht einem Afrikaner eine Bibel. Der Originaltitel dieses Gemäldes von Thomas Jones Baker (1815–1882) lautet jedoch *Das Geheimnis der Größe Englands*. Ob die Eingeborenen zum Protestantismus oder zum Katholizismus übertraten, hatte vor allem damit zu tun, in welcher Einflusszone der europäischen Mächte sie lebten.

Mädchen der Kukurui. Manche
der Völker waren bald schon
für die Schönheit ihrer jungen
Frauen berühmt. Militärs,
Händler und Zivilbeamte frön-
ten der »wollüstigen Vereinigung der Rassen«. Gouverneur
Delvaux hatte im Senegal
schon 1733 die »Hochzeit nach
Landessitte« legalisiert. So
hatte das Konkubinat eine ge-
setzliche Grundlage und aus
solchen Verbindungen her-
vorgehende Kinder genossen
entsprechende Rechte.

Ganz oben

Ein französischer Trupp entdeckt ein von dem Aufrührer
Ahmadou angeordnetes Massa-
ker. Die Grausamkeiten der
Afrikaner untereinander dienten oft zur Rechtfertigung der
Kolonisierung.

so schlug nun für die französisch beherrschten Gebiete des Senegal und des Kongo die Stunde dreier
regelrecht auf Schwarzafrika »spezialisierter« katholischer Orden: der Kongregation des Heiligen Geistes
(Spiritaner), der Afrika-Missionen aus Lyon und der
Gesellschaft der Afrika-Missionare (»Weiße Pater«).
Die Erstgenannten existierten schon seit langem,
denn sie hatten bereits in den ältesten französischen
Kolonien gewirkt: In Kanada, auf den Antillen und
in Pondichéry. 1778 schifften sich zwei der Ordens-
brüder nach Guyana ein, doch strandeten sie vor
Mauretanien. Zunächst von Mauren gefangen, dann
befreit, entdeckten sie schließlich den Senegal. In
der Folge taten sie sich mit der Gesellschaft des Heiligen Herzens Mariä zusammen, die sich um Opfer
der Sklaverei bemühte. Der Gründer der Missionen
aus Lyon, Melchior de Mario-Brésillac, verdankte
sein Afrika-Engagement der Begegnung mit Victor
Régis, einem Marseiller Geschäftsmann, der durch
die zuvor am Golf von Guinea in jedem Militärposten eingerichteten Handelsstationen zu Wohlstand
gekommen war. Als er 1856 mit seiner Missionsar-
beit begann, musste er sich noch mit protestantischer
Konkurrenz in Sierra Leone auseinander setzen.

Die »Weißen Pater«: von Algier nach Tanganjika

Die »Weißen Pater«, Urbilder von Missionaren, trugen ihre hellen Soutanen nicht deshalb, weil sie als
Sonnenschutz besser geeignet sind als dunkle, sondern um den Willen ihres Ordensgründers Kardinal
Lavigerie zu respektieren. Weil jener davon träumte,
die Nordafrikaner kurzerhand zum Evangelium zu
bekehren, meinte er, man müsse sich in der Kleidung
der traditionellen *Gandoura* der Bevölkerung an-
passen. Gleich nach der Eroberung Algeriens begann Lavigerie bei den Berbern mit der Missionierung. Doch die Kolonialverwaltung gab ihm zu
verstehen, für den weiteren friedlichen Verlauf der
Kolonisierung sei es besser, dem Propheten die See-
len zu lassen, die ihm ohnehin schon gehörten.
Aber bald erhielt Lavigerie aus Rom die Erlaubnis,
eine »Präfektur Westsahara und Sudan, oder Land
der Neger« zu begründen, und von hier aus durften
seine Ordensleute nun ausschwärmen.
1875, 48 Jahre nach René Caillié, machten sich drei
seiner Missionare nach Timbuktu auf, um dort
junge, zur Sklaverei verurteilte Neger zu kaufen und
sie anschließend zu Botschaftern des Evangeliums

im Sudan zu machen. Sie wurden von ihren Führern umgebracht.

Heute gehören die »Weißen Pater«, die Spiritaner und die Missionare aus Lyon zu jenen internationalen Orden, deren nach und nach durch Afrikaner ersetzte europäische Mitglieder es nicht mehr darauf ankommt, aus welchem Land sie stammen. Das war nicht immer so. Leopold II. bot Lavigerie an, eine Missionsstation auf dem Gebiet seines Staates Kongo unter der Bedingung zu finanzieren, dass sie belgischen Patern anvertraut würde. Aus nationalistischen Gründen lehnte der Kardinal dies ab und zog es vor, seine Leute in das Gebiet der Großen Seen, vor allem nach Tanganjika zu schicken. Nun galt es also nicht mehr, den Islam zu bekämpfen, sondern die Briten und die Deutschen! Um unter den Eingeborenen keine Verwirrung zu stiften, ließen sich die Missionare in der Regel zwar in einiger Entfernung zu den ersten Gebäuden der Kolonialverwaltung nieder, doch vertrat man häufig gemeinsame Interessen. Die gegen Ende des 19. Jahrhunderts in Frankreich so heftige Auseinandersetzung zwischen Staat und Kirche trat in Schwarzafrika völlig in den Hintergrund: Das Buch des Forschungs-

reisenden Binger, *Vom Niger zum Golf von Guinea*, schließt mit dem dringenden Appell, bei der Kolonisierung vier Voraussetzungen zu schaffen: »Landungsstege zu konstruieren«, »den Postdienst zu organisieren«, »Schulen zu errichten«, »gute Bedingungen für die Arbeit unserer tapferen Missionare zu gewährleisten«. Von den Sitten der Eingeborenen, vor allem in sexueller Hinsicht, waren die Missionare höchst irritiert. Den Afrikanern blieben dagegen Zölibat und Keuschheit aus religiösen Gründen völlig unverständlich. Doch die Mehrheit der Pater bemühte sich redlich um Verständnis für die neuen Schäflein, manche können sogar als erste Ethnologen Afrikas angesehen werden. Da sie meist bis zu

Oben
Wandermission in Angola.

Unten
Charles Lavigerie
(1825–1892), Gründer
der »Weißen Pater«.

*Die gegen Ende des 19. Jahrhunderts in Frankreich
so heftige Auseinandersetzung zwischen Staat und Kirche
trat in Schwarzafrika völlig in den Hintergrund.*

Oben
Der Forschungsreisende
Alexandro Serpa Pinto
(1846–1900), später Gou-
verneur von Mosambik,
versuchte, diese Kolonie
mit Angola zu vereinen. So
wäre Portugal in dieser Region zur Großmacht aufge-
stiegen. Doch angesichts
britischer Drohgebärden
musste Lissabon 1890 seine
Truppen aus dem heutigen
Sambia zurückziehen.

Unten
Der alte Badumbe-Häupt-
ling mit seiner letzten Frau,
eine der Illustrationen zu
Gallienis Werk *Reise in den
französischen Sudan.*

ihrem Lebensende am jeweiligen Einsatzort blieben,
nahmen sie sich Zeit, den örtlichen Dialekt zu erlernen, und bald schon veröffentlichten sie die ersten Bücher zur Sprachenkunde. Noch heute sind die
besten Wörterbücher, unter anderem Englisch-Sua-
heli oder Französisch-Wolof, das Werk von Pries-
tern, die schon nicht mehr »Missionare« genannt
werden wollten.

Die heldenhafte Keuschheit des Serpa Pinto
Den Portugiesen, die im 15. Jahrhundert in jenem
kurzlebigen Königreich im Kongo als Erste versucht
hatten, Afrikaner zum Christentum zu bekehren, gab
die Entwicklung der französischen und britischen
Missionen Anlass zu Bitterkeit. Unter Livingstones

Einfluss wurden sie besonders von den Protestanten
als ehemalige Sklavenhalter angesehen, die unge-
eignet seien, zu ihren früheren afrikanischen Opfern
von christlicher Nächstenliebe zu sprechen. Andererseits betrachtete man in Lissabon die sowohl von
den Briten als auch von den Franzosen betrie-
bene »Protektorats«-Politik als Verletzung alter
»Rechte«, die in jenen »Verträgen« festgelegt seien,
welche die ersten portugiesischen Seefahrer abgeschlossen hatten. Die weniger als zwei Quadratki-
lometer große Koralleninsel Mosambik, 1500 Meter
vom Kontinent entfernt, blieb Hauptort der portugiesischen Provinz, die nach der allmählichen Eroberung der Gebiete auf dem Festland den gleichen
Namen erhielt. Auf dem Weg nach Indien verbrachte der Heilige Franz-Xavier 1541 sechs Monate an diesem Ort, und hier begegnete er den ersten
bekehrten Afrikanern. Es waren Makonde, ein
künstlerisch begabtes Volk, die aus Holz heutzutage
sehr begehrte Figuren des gekreuzigten Christus und
Masken schnitzten. Auf dem kleinen Territorium
gab es immerhin sechs Kapellen, die unterschied-
lichen Kulten gewidmet waren. Der Gouverneur
residierte im Sankt-Pauls-Palast, ganz aus ockerfar-
ben schimmernden Steinen gebaut, die während des
16. Jahrhunderts von Karavellen in langen Konvois
eigens aus Portugal hergebracht worden waren. Auf
der anderen Seite Afrikas blieb Luanda mit einer
geschätzten Zahl von Tausend Weißen zu Beginn
der 1880er Jahre größte Stadt der Westküste.
Um die »Kontinuität« des portugiesischen Afrika,
von Mosambik bis Angola, zu demonstrieren, durch-
querte der Offizier und Forschungsreisende Alexandro Serpa Pinto zwischen 1877 und 1879 den
Kontinent von West nach Ost. Man wollte den Engländern zeigen, dass sie nicht allein dazu ausersehen
waren, das gesamte Tiefland des Sambesi zu koloni-
sieren. Auch die einander ergänzenden wirtschaftlichen Möglichkeiten von Angola und Mosambik

Rechts
Ein Missionar kommt einem Kranken zu Hilfe. Es ist nicht
bekannt, ob es in diesem Fall um die Letzte Ölung oder um
Erste Hilfe geht. Doch kümmerten sich die Pater oft mit allen
verfügbaren Mitteln um die medizinische Versorgung.

Verhaltet euch unter Negern wie Neger, dann werdet ihr sie so einschätzen
können, wie sie eingeschätzt werden sollten. Verhaltet euch unter Negern wie Neger,
um sie so erziehen zu können, wie sie erzogen werden sollten – nicht nach europäischer Art, sondern indem man ihnen ihre Eigenarten belässt. Verhaltet euch ihnen
gegenüber wie sich Diener gegenüber ihren Herren verhalten sollten. Tut all dies,
um sie fortzubilden, zu heiligen, sie aus ihrer Niedrigkeit zu erheben, um aus ihnen
nach und nach und auf lange Sicht ein Volk Gottes zu machen.

Anweisungen des Paters Franz Maria Paul Libermann,
Gründer des Ordens vom Heiligen Herzen Mariä, 1842

sollten ausgelotet werden. Diese hochpolitische Expedition erbrachte zwar nicht die gewünschten Ergebnisse, doch die spannenden Erzählungen, die der Offizier anschließend veröffentlichte, waren in Portugal berühmt. So schildert er zum Beispiel, wie er Löwen, die ihn nachts bedrohten, mit Magnesiumblitzen blendete und dann die vor Schreck reglos verharrenden Tiere erschoss. In einer anderen Geschichte geht es um die spannende Frage, wie es um das Verhältnis zwischen dem Forschungsreisenden und den afrikanischen Frauen bestellt war. »Ich hatte mir vorgenommen, ein keusches Leben zu führen«, versichert Serpa Pinto. »Und ich hatte mich daran gehalten, was mir gegenüber meinen Negern eine gewisse Autorität verschaffte. Weil sie mich nie bei einem galanten Abenteuer ertappten, hielten sie mich für ein Wesen frei von menschlichen Schwächen.« Doch eines Tages nahm ihm ein Häuptling, der dem Besucher nach lokalem Brauch seine Töchter als Gastgeschenk für eine Nacht angeboten hatte, die Zurückweisung des Angebots sehr übel. »Sind denn die Frauen deiner Heimat so viel schö-

Oben
Eine Kohlelagerstätte, Gemälde von Thomas Baines (1859). Während der industriellen Revolution in Europa wurde auch in Südafrika nach Kohle gesucht. Doch schon sehr bald beherrschte nicht mehr gewöhnliche Steinkohle die Träume der Pioniere vom großen Glück, sondern Gold und Diamanten.

Rechts
Nächtliche Begegnung zwischen Serpa Pinto und Löwen.

ner?«, wollte er wissen. Dann ließ er ihn mit den beiden Mädchen, die auf einem Leopardenfell vor dem Feuer saßen, allein zurück. »Der Schein der Flammen erleuchtete das feine Haupt und den nackten Busen einer Frau von 16 Jahren. Mit schmachtenden Augen warf sie mir einen verheißungsvollen Blick zu. Draußen ließ der lärmende Klang der Musik der Wilden allmählich nach. Ich sah, wie sich diese nackte, wohlgeformte Brust hob und senkte, und nichts konnte meinen Blick davon abwenden.« Außer den Erzählungen der Forschungsreisenden spielten später noch zahlreiche Berichte von Kolonialbeamten auf ähnliche Begebenheiten an, und wie diese ausgingen kann man sich denken.

1883 kaufte ein Bremer Abenteurer namens Eduard Lüderitz Hottentotten-Häuptlingen nach und nach Parzellen Land ab, die zusammen bald ein kleines Territorium bildeten, auf dem die deutsche Fahne gehisst wurde.

Bismarck ändert seine Meinung

Eigentlich wollte Bismarck, der Begründer des modernen Deutschland, vermeiden, dass sich sein Land in Afrika verzettelt. »Für uns Deutsche wären Kolonien dasselbe wie die mit Seide gefütterten Zobelmäntel der polnischen Adligen, die nicht einmal ein Hemd besitzen, das sie darunter tragen könnten«, meinte er 1870. Doch die Berichte der Forschungsreisenden erregten auch in Berlin Aufsehen, und ebenso hatten sich Deutsche mit Expeditionen verdient gemacht. Sogar politische Gedanken hatten sie dazu geäußert. Schweinfurth, der die Pygmäen entdeckt hatte, beklagt in seinem Buch *Im Herzen Afrikas*, dass »die außerordentliche Zersplitterung der afrikanischen Völker stets das größte Hindernis für ihren Übergang in die Zivilisation war.« Für den Kampf gegen die Überfälle der Sklavenhändler aus Sansibar empfiehlt er, die »Bildung großer Negerstaaten unter dem Protektorat der europäischen Mächte.« Die *Kolonialzeitung* unterstützte die von Geografiegesellschaften und Kaufleuten vor allem aus den Hansestädten gemeinsam erhobene Forderung, das Reich dürfe bei diesem Abenteuer der Kolonisierung nicht im Abseits bleiben. Universitätswissenschaftler meinten, Deutschland stünde vor einer »existentiellen Entscheidung«. Bismarck war Pragmatiker. Alles in allem konnte sich die Entscheidung zugunsten einer Kolonialpolitik auch für die Wahlen als vorteilhaft erweisen. Er änderte also seine Meinung, und wie stets beließ er es nicht bei halben Sachen. Diplomaten und Forschungsreisende wurden aufgefordert, sich seiner politischen Kehrtwende anzuschließen.

Exotischer Dünger

Schon seit langem bemühten sich deutsche Missionare, die Völker Südwestafrikas (des heutigen Namibia) zu bekehren. Doch die Hereros, Nomaden, die sich gegen jede Vereinnahmung sträubten, neigten

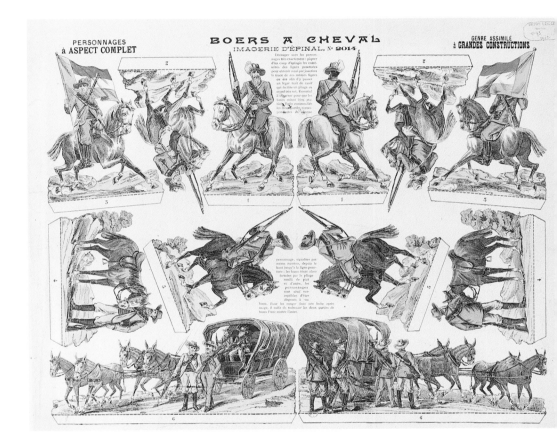

eher dem Alkohol zu als dem Wort Gottes. Den Alkohol lieferten ihnen die Mannschaften jener Schiffe, die einliefen, den einzigen Reichtum der Gegend zu laden: Guano, die Exkremente Tausender von Vögeln, die auf den Inseln vor der Küste nisteten, ein hervorragender Dünger. 1883 kaufte ein Bremer Abenteurer namens Eduard Lüderitz Hottentotten-Häuptlingen nach und nach Parzellen Land ab, die zusammen bald ein kleines Territorium bildeten, auf dem die deutsche Fahne gehisst wurde. Daraufhin alarmierten die Siedler am Kap ihr Mutterland, und so warnte Großbritannien Deutschland, man habe »Rechte« für diese Region.

Oben
Buren zu Pferde, Figuren zum Ausschneiden. Diese Reiter aus Papier waren beliebter als Bleisoldaten, denn die Nachfahren der niederländischen Pioniere genossen nach dem Transvaal-Krieg (1899–1902), den sie gegen die britischen Neuankömmlinge führten, hohes Ansehen. Die burischen Reiter waren keine Berufssoldaten, aber sie galten als geübte Jäger und sehr gute Schützen.

Der Niger und der Kongo, jene beiden Ströme, welche die Forschungsreisenden so sehr beschäftigt hatten, standen im Mittelpunkt der Auseinandersetzungen.

Oben, rechts
Porträt von Gustav Nachtigal. In Paris machte der Deutsche, der von Togo aus bis in das damals von Frankreich begehrte Kamerun vordrang, viel von sich reden. Dort unterzeichnete er nämlich am 14. Juli 1884 einen Protektoratsvertrag. Auf diesen Affront, ausgerechnet am französischen Nationalfeiertag, hätte die Regierung der III. Republik verzichten können.

Oben
Nachtigals Schiff: Einige afrikanische Orte, vor denen er ankerte, durften anschließend einen Platz nach Bismarck benennen.

Bismarck entgegnete, der Bremer handele mit dem Einverständnis des Reichs, und man werde ihn beschützen. In aller Ruhe gründete Lüderitz eine Gesellschaft zur Kolonisierung Südwest-Afrikas. Als er 1885 unerwartet starb, wurde ein gewisser Dr. Göring, der Vater des späteren Luftmarschalls des Dritten Reichs, zu seinem Nachfolger ernannt. Bismarck spürte, dass man in London einem Kräftemessen auswich, und so trieb er sein Spiel zunächst in Westafrika, dann in Tanganjika weiter.

Durch sein Buch *Sahara und Sudan*, dem Bericht zu einer Anfang der 1870er Jahre absolvierten wissenschaftlichen Expedition, genoss der Forschungsreisende Gustav Nachtigal weltweites Ansehen. Besonders die bemerkenswerten Landvermessungen wusste man zu würdigen, und so wurde er auch in die Internationale Afrika-Gesellschaft, Instrument der Ambitionen Leopolds II., aufgenommen. Inzwischen hatte er den Nervenkitzel der Entdeckungsreisen gegen die Bequemlichkeiten des Diplomatenlebens eingetauscht. Er war deutscher Konsul in Tunis, als Bismarck ihn beauftragte, an Bord eines Kriegsschiffs, der Möwe, zur Westküste Afrikas zu reisen, vorgeblich, um einen Handelsauftrag zu erfüllen. In Wirklichkeit ging es um den Erwerb neuer Gebiete. Nachtigal fuhr also per Schiff an Westafrika entlang, passierte die gefährlichen Strömungen der Atlantikküste und erreichte schließlich die schönen Strände des heutigen Togo. Dort traf er mit den Eingeborenen Abkommen, die zur Bildung des deutschen »Schutzgebiets« Togoland führten. Das war im Juli 1884. Nachdem er zuvor noch ähnliche Verträge mit den Kamerunern geschlossen hatte, starb Nachtigal 1885 am Golf von Guinea.

Der Kongo, die »Donau Afrikas«

Bismarck war allerdings klar, dass die zwischen Forschungsreisenden und örtlichen Häuptlingen geschlossenen Verträge nur dann von Wert waren,

wenn sie von der internationalen Gemeinschaft an-
erkannt wurden. Aus diesem Grunde organisierte er
eine internationale Konferenz in Berlin. Diese lang-
wierige diplomatische Veranstaltung dauerte vom
15. November 1884 bis zum 26. Februar 1885. Dabei
stritten die Delegationen Deutschlands, Englands,
Belgiens, Frankreichs und Portugals vor den Vertre-
tern anderer, weniger in Schwarzafrika engagierter
europäischer Länder um die Führungsrolle. »Um
den Resolutionen der Konferenz eine weiter reichen-
de Zustimmung zu sichern«, hatte man auch Repräsentanten des Präsidenten der Vereinigten Staaten
und »Seiner Majestät, des Kaisers der Ottomanen«
eingeladen. Stanley war eigentlich Mitglied der amerikanischen Delegation, doch setzte er sich stark zu
Gunsten Leopolds II. ein.

Der Niger und der Kongo, jene beiden Ströme, die
die Forschungsreisenden so sehr beschäftigt hatten,
standen im Mittelpunkt der Auseinandersetzungen.
Bismarck verlangte ihre Internationalisierung. Er bezeichnete den Kongo als die »Donau Afrikas« und
bestand darauf, dass der Fluss für die Schiffe all derer
zugänglich bleiben müsse, die dessen Tiefland als
Freihandelszone nutzen wollten. Wie so viele andere

internationale Konferenzen endete auch diese mit
zwiespältigen Kompromissen. Dabei wurde auch nicht
»der Kuchen Afrika aufgeteilt«, wie oft geschrieben
wurde, denn dazu hatten die Hintergedanken der
Beteiligten allzu viel Verwirrung gestiftet. Weil man
sich in wesentlichen Punkten nicht einigen konnte,
setzte man auch Verpflichtungen gegenüber den Afrikanern auf die Tagesordnung. »Ausdrücklich garan-
tierte« man ihnen »Gedankenfreiheit und Toleranz
in religiösen Dingen« und verknüpfte dies mit dem
»Recht für Einheimische und Fremde, Kirchen zu
errichten und Missionen aller Konfessionen organisieren zu dürfen«, ein Passus, an dem den Missionaren sehr gelegen war. Zum wiederholten Male
wurde der Sklavenhandel für illegal erklärt. England
schlug ein Verbot für den Verkauf von Alkohol an
Ureinwohner vor. Deutschland jedoch, das reichlich
Bier in Schwarzafrika absetzte, widersprach diesem
Vorhaben im Namen des Freihandels!

Wie Eritrea entstand

Spanien und Italien spielten in Berlin eine Statis-
tenrolle. Die Iberer interessierten sich vor allem für
Lateinamerika, und was Expeditionen und koloniale

Riou

Oben
Schlacht von Dogali,
1887. Gegen Ende der
1880er Jahre tauchte in
der europäischen Presse
ein neues Wort auf:
»Ras«, so nannte man am
Horn von Afrika einen
»Kriegsführer«. 1887
fügte Ras Alula, Statthalter Johannes IV., Kaiser
von Äthiopien, den Ita-
lienern bei der Schlacht
von Dogali in Eritrea eine
erste Niederlage zu.

Ambitionen betraf, konnte Italien als viel zu junger, gerade erst geeinter Staat noch keine Vergangenheit vorweisen. Ein italienischer Missionar hatte jedoch 1869 einem örtlichen Sultan den Hafen von Assab »abgekauft«. In Gebieten ohne Zentralstaat war dies zu jener Zeit noch möglich. Der Priester agierte im Auftrag einer Genueser Seehandelsgesellschaft, die im Zusammenhang mit der Öffnung des Suezkanals auf zu erwartende Profite spekulierte. Italien, seit 1870 mit einer richtigen Regierung mit Sitz in Rom ausgestattet, »kaufte« 1882 Assab und nutzte den Hafen, um seine erste afrikanische Kolonie zu gründen: Eritrea. 1887 billigte der Sultan von Sansibar Italien ein Protektorat für einen Teil der Küste des heutigen Somalia zu. Vittorio Bottego, der einzige italienische Forschungsreisende, der sich in Afrika internationales Ansehen erwarb, brach 1892 in Berbera in Richtung Landesinneres auf und erkundete bis 1897 auch Äthiopien.

Der Widerstand des Negus

Erst einmal am Horn von Afrika etabliert, trachtete Italien nach Äthiopien. Äthiopien unterschied sich in vieler Hinsicht vom eigentlichen Schwarzafrika: Es hatte eine lange, bewegte Geschichte, die in großen Zügen in amharischer Schriftsprache dokumentiert war. Die monophysitische Religion war zwar

auf dem Konzil von Chalkedon im Jahr 451 verurteilt worden, doch gehörte sie zu einem gemeinsamen christlichen Erbe. Seit der Königin von Saba, der Mutter Meneliks I., gingen aus den Herrscherfamilien des Landes zahlreiche legendäre Gestalten hervor. Die Italiener glaubten nun, mit diesem Land könnten sie einen »Protektorats«-Vertrag wie mit jedem gewöhnlichen afrikanischen Häuptling abschließen. Doch in diesem Fall, am 2. Mai 1889, galt nicht nur die Sprache der Weißen als Vertragssprache. Auch eine amharische Fassung wurde angefertigt. Diese Version des Dokuments erwies sich sehr bald als Konfliktstoff. Nach dem italienischen Text war Kaiser Menelik II. »verpflichtet«, sämtliche Beziehungen zu anderen ausländischen Mächten mit Rom abzustimmen. Der amharische Text lautete, er habe, sofern notwendig, das »Recht« zu Konsultation. In der Umgebung des Negus mangelte es nicht an Ausländern. Von vielen Diplomaten und europäischen Ränkeschmieden, die sich seit Eröffnung des Suezkanals als Vertreter ihrer Regierung für diese Region interessierten, wurde er hofiert. Man versprach den Äthiopiern Unterstützung und lieferte ihnen Waffen. Als eine italienische Armee von rund 18 000 Mann, darunter 10 000 Europäer, von Eritrea aus nach Äthiopien marschierte, traf sie überraschend auf erheblichen Widerstand. Die unter

dem Kommando von Ras Makkonen, dem Vater des künftigen Kaisers Haile Selassie, geführten Verbände rieben die Truppen der Eindringlinge auf. Am 1. März 1896 begannen die Kämpfe, als Schlacht von Adua sind sie in die Geschichte eingegangen. In gewisser Hinsicht blieb Addis Abeba, Hauptstadt des einzigen afrikanischen Landes, das nie kolonisiert wurde, eine feudale Stadt und unterschied sich noch lange von den an anderen Orten von Weißen gegründeten modernen Städte. Doch war Addis Abeba ein nationales Symbol, und so ist es kein Zufall, dass die Stadt nach der Welle von Unabhängigkeitserklärungen 1963 zum Sitz der Organisation für afrikanische Einheit auserwählt wurde.

England schlägt die Derwische

Der Sudan, das »Land der Schwarzen«, wie es die arabischen Geografen des Mittelalters nannten, ein riesiges Gebiet zwischen der Sahara und der Regenwaldzone um den Äquator, war während des 19. Jahrhunderts zweigeteilt: Es gab den »französischen Sudan«, das heutige Mali, und den »ägyptischen Sudan«, das Gebiet des heutigen Staates Sudan. Nach der Eroberung durch die Truppen von Mehemet Ali, 1820, war diese Region nur eine Art Anhängsel Ägyptens. Vor allem der Süden, die so genannte »Äquatorprovinz«, wurde gemeinsam mit

den Briten verwaltet. Samuel Baker, über dessen Forschungsreisen zu den Quellen des Nil wir schon berichtet haben, wurde nach seinen erfolgreichen Expeditionen zum Gouverneur dieser Provinz ernannt. Mit dem Khedive Ismail, Vizekönig Ägyptens und Enkel Mehemet Alis, verstand er sich ausgesprochen gut. Die beiden Männer lernten sich anlässlich der Einweihung des Suezkanals kennen. Bei dieser Gelegenheit hatte der Prince of Wales Baker gebeten, er möge ihn in der Jagd auf Krokodile unterweisen. Eine junge Nichte des Forschungsreisenden sollte später den berühmten Marschall Sir Herbert Kitchener heiraten, auf den wir bald zu sprechen kommen.

Der »ägyptische Sudan« war im Bewusstsein der Engländer sehr präsent, denn in der Geschichte dieser Region spielte so manche ungewöhnliche Persönlichkeit eine Rolle. Charles Gordon zum Beispiel, »Gordon Pascha« genannt, der als Verantwortlicher für die »Äquatorprovinz« zunächst Nachfolger Bakers und 1877 Generalgouverneur des ganzen Landes wurde. Als ihn die Anhänger eines islamistischen Rebellen, des »Mahdi« (der »Erwartete«), ermordeten, war die Öffentlichkeit Großbritanniens tief erschüttert. Nach der Einnahme von Khartum am 26. Januar 1885 hatten ihn die Derwische – so nannten Ausländer die mit dem Mahdi

Oben
Menelik II., Nachfolger von Johannes IV., konnte von den Rivalitäten der Weißen profitieren. Während seiner langen Regierungszeit von 1889 bis 1913 gelang es ihm so, sein Reich zu vergrößern. Er verwandelte Äthiopien in einen modernen Zentralstaat. Nach den Niederlagen der Italiener buhlten die europäischen Mächte um seine Gunst. Ein 1897 abgeschlossener Freundschaftsvertrag ermöglichte es Frankreich, einen gewissen Einfluss auf die äthiopische Elite auszuüben. So wie das Wort »Ras« den Europäern bald ebenso geläufig war wie »General«, galt auch der Begriff »Negus«, mit dem der Herrscher Äthiopiens bezeichnet wurde, sehr schnell als Pendant für »Kaiser«. Im Amharischen bedeutet dieses Wort »König der Könige«.

Die beiden Männer lernten sich bei der Einweihung des Suezkanals kennen. Bei dieser Gelegenheit hatte der Prince of Wales Baker gebeten, er möge ihn in der Jagd auf Krokodile unterweisen.

verbündeten muslimischen Schwarzen – auf der Treppe seines Palastes enthauptet. Dann präsentierten sie den Kopf ihrem Anführer, klemmten das abgeschlagene Haupt in eine Astgabel und bewarfen es mit Steinen, bis es unkenntlich geworden war. Erst 13 Jahre später nahm Königin Victoria Rache: Am 2. September 1898 schlug Kitchener, Befehlshaber der englisch-ägyptischen Armee, die Derwische bei Omdurman und zog in Khartum ein. Zuvor hatten die bedeutendsten britischen Kriegsberichterstatter, darunter ein Journalist namens Winston Churchill, den Feldzug mit einer Kampagne bekannt gemacht.

Krieg der Weißen in Fachoda

Die Strategen waren der Ansicht, um Ägypten halten zu können, müsse man den Nil, den dieses Land nährenden Strom, auf seiner gesamten Länge kontrollieren. Aus diesem Grund war auch der Sudan von Bedeutung. Seit Bonapartes Feldzug von 1798 und nach Lesseps' Durchstich des Suezkanals, empfanden die Franzosen Ägypten gewissermaßen als ihr Terrain, das die Briten ihrer Ansicht nach widerrechtlich besetzt hatten. So wurde ein Marineoffizier, Hauptmann Marchand, damit beauftragt, Großbritannien die Präsenz Frankreichs an den Ufern des Nils in Erinnerung zu rufen. Die Expedition Marchands, die im fernen Kongo aufbrach, sollte offiziell einen Vorstoß in unbekannte Gebiete unternehmen, um zu erkunden, ob der Süden des Sudan nicht eine »natürliche Erweiterung französischer Besitzungen in Zentralafrika« sei.

Im Januar 1897 setzte sich ein Trupp aus zehn europäischen Offizieren und Unteroffizieren in Marsch, die 150 »senegalesische Schützen« kommandierten. Ein Arzt, ein Dolmetscher und ein »Landschaftsmaler«, der sich allerdings sehr bald absetzte, hatten sich der Kolonne angeschlossen. Um sich

die Unterstützung örtlicher Herrscher zu sichern, schleppte man 70 000 Meter an Stoffen und 16 Tonnen venezianischer Perlen mit sich herum. Dazu kamen 1300 Flaschen roter Bordeaux, Champagner und Cognac, Gänseleberpastete und Kutteln nach Caen-Art.

Einen Teil der Strecke fuhr Marchand den Kongo mit einem Dampfschiff flussaufwärts, auf dem Ubangi ging es in Einbäumen weiter. Dann mussten einige nur etappenweise schiffbare Flüsse bewältigt werden. Fracht und Personen wurden unter anderem auch auf der *Faidherbe*, einem kleinen, zerlegbaren Dampfboot befördert, das jedoch auf einem Zufluss des Nils Schiffbruch erlitt. In den Sümpfen des Südsudan versank die Kolonne so tief im Morast, dass sie an manchen Tagen nur wenige hundert Meter vorankam. Am 30. Juni 1898 erreichte Marchand die Ufer des Weißen Nil, am 10. Juli war er schließlich in Fachoda. Dieser noch unlängst blühende Ort hatte, nach der Beschreibung von Marchands Gefährten Augustin Baradier, sehr unter »den Zerstörungen durch die Derwische und dem Zahn der Zeit« gelitten. Nur Stadtmauern und eine Festung, die den Nil überragte, waren noch intakt. Als Marchand dann auf diesem Bollwerk tief bewegt die französische Flagge hisste, glaubte er – wie Brazza im Kongo – sich der Sympathien der Bevölkerung sicher sein zu können. Sofort protestierte London

Weder in Paris noch in London beabsichtigten die politischen Führer, einen Krieg in Afrika vom Zaun zu brechen. Es war schon mühsam genug, immer wieder aufflammende Revolten der Einheimischen einzudämmen.

gegen diese »Politik vollendeter Tatsachen«. Kitchener blieb keine Zeit, sich auf den Lorbeeren seines Sieges über die Derwische auszuruhen. Am 10. September machte er sich mit einem Verband von vier Kanonenbooten von Khartum aus auf den Weg. Gemeinsam mit sudanesischen Schützen, die aus den Gegenden am Oberlauf des Nil stammten, ertrugen auch schottische Soldaten stoisch die heftigen tropischen Stürme.

Eine Woche später, nach einer 600 Kilometer langen Fahrt stromaufwärts, ließ Kitchener seinen Verband in gewisser Entfernung vor Fachoda ankern. Sogleich schickte er zwei seiner sudanesischen Soldaten, die sein baldiges Eintreffen melden sollten, zu Marchand. Ironie der Geschichte: Der britische Kommandant sprach Französisch und war eigentlich frankreichfreundlich eingestellt. Während des deutsch-französischen Krieges 1870 hatte er sich an der Seite Napoleons III. engagiert und für seine Verdienste einen französischen Orden erhalten. So legte er Wert darauf, dass seine Begegnung mit Marchand in gebotener »militärischer Korrektheit« verlief. Und tatsächlich überboten die beiden Herren in Anwesenheit des Sonderkorrespondenten des *Daily Telegraph* einander an Höflichkeit. Es wurde Whisky gereicht, dann Champagner, bis Kitchener schließlich im Namen Großbritanniens und – mit einiger Dreistigkeit – auch im Namen Ägyptens in französischer Sprache ein unverhülltes Ultimatum stellte.

Nicht ohne Hintergedanken hatte Kitchener Marchand aus Kairo die jüngsten Ausgaben einiger Pariser Zeitungen mitgebracht. Sie waren voll von Berichten über die Dreyfus-Affäre, die die französische Regierung schwächte und das Militär des Landes entzweite. Marchand begriff, dass ihm nichts anderes übrig blieb, als nachzugeben. Um ihre Ehre zu retten, kehrten die Franzosen nicht etwa um,

sondern setzten ihre Expedition noch bis nach Djibouti fort, wo sie sechs Monate später eintrafen. Als Marchand schließlich mit Erlaubnis der Briten mit den Mitgliedern der französischen Gemeinde in Kairo zusammentraf, erklärte er voller Bitterkeit: »Die granitene Sphinx, die im Sande ruhend von Lesseps und seiner Großtat träumt, hat noch nicht ihr letztes Wort, das endgültige Urteil, gesprochen.« Für diese und ähnliche tapfer patriotische Bemerkungen wurde der Hauptmann in Frankreich zu einer legendären und geschätzten Persönlichkeit. Doch sowohl in Paris als auch in London beabsichtigte keiner der politischen Führer, einen Krieg in Afrika vom Zaun zu brechen. Es war schon mühsam genug, immer wieder aufflammende Revolten der Einheimischen einzudämmen.

Die Listen des Kommandanten Binger

Der Offizier und Forschungsreisende Louis-Gustave Binger hatte schon als ganz junger Leutnant wissenschaftliche Missionen im Senegal und im französischen Sudan erfüllt. Danach erforschte er die Flussschleife des Niger-Stroms und das Landesinnere der Elfenbeinküste, zu deren Gouverneur man ihn 1893 ernannte. Die erste Hauptstadt dieser Kolonie an den Ufern der Lagune von Abidjan wurde schon zu seinen Lebzeiten Bingerville getauft, und noch heute trägt der Ort seinen Namen. »Caillié«, schrieb Binger in seinen Memoiren, »war es zwar gelungen, sich als Muslim auszugeben, doch genau aus diesem Grund konnte er keinen einzigen Vertrag abschließen. Es ist besser, man bleibt, was man ist. Die Kühnheit, voranzuschreiten, ohne seine Religion und Nationalität zu verleugnen, wird den Schwarzen unweigerlich Respekt einflößen und ihnen Beweis unserer Stärke sein.« An Kühnheit mangelte es Binger wirklich nicht: Gemeinsam mit seinem Kameraden Marcel Treich-Laplène hatte er sich als erster

Während der Monate, die er damit verbrachte, die mögliche Trassenführung für eine Eisenbahnlinie zwischen Kayes und Bamako zu erkunden, erlernte Binger Bambara und anschließend auch Wolof.

Oben
Jean-Baptiste Marchand (1863–1934) als Reiter. In Frankreich galt er als Held und war in seiner Heimat genauso berühmt wie Gordon in Großbritannien.

Rechte Seite und folgende Seite
Unter den zahlreichen Soldaten, deren Niederlagen den »Fehlern von Zivilisten« angelastet wurden, nimmt Marchand einen besonderen Platz ein. Seine Abenteuer wurden in Epinal-Bildchen und in der volkstümlichen illustrierten Presse verherrlicht. Hier zwei Titelbilder des *Petit Journal*, die sein Vordringen durch den Dschungel und seinen Marsch durch die Wüste zeigen.

Europäer ohne militärische Begleitung nach Kong hineingewagt, eine heute zerfallende geheimnisumwitterte Stadt in der Savanne der Elfenbeinküste. Er zögerte auch nicht, sich in Gefahr zu begeben, als er vergeblich versuchte, sich unmenschlichen Gebräuchen entgegenzustellen, die er miterlebt hatte – wie das Abhacken der Hände von Dieben.

In seinen Erinnerungen erzählt Binger von seiner persönlichen Methode, auf gefährlichem Boden voranzukommen: Man zeigt sich in den Dörfern am besten an einem Markttag, zieht die Aufmerksamkeit der Menge zunächst allein durch das Auftreten als Weißer an, sodann werden kleine Geschenke verteilt. Anschließend versucht man mit der Hilfe kluger Dolmetscher, die Menschen zum Reden zu bringen, um auf diese Weise Informationen über den Charakter und die Gewohnheiten des örtlichen Häuptlings zu sammeln. Anschließend schmeichelt man ihm, indem man alles Wissen über seine doch so berühmte Persönlichkeit vor ihm ausbreitet. Später brauchte Binger nicht einmal mehr Dolmetscher. Während der Monate, die er damit verbrachte, die mögliche Trassenführung für eine Eisenbahnlinie zwischen Kayes und Bamako im französisch kontrollierten Sudan zu erkunden, erlernte er Bambara und anschließend auch Wolof.

Ein »afrikanischer Vercingetorix«
1887, ein Jahr vor seinem Einzug in Kong, hatte Binger im Norden Guineas den »um 1830« geborenen muslimischen Anführer Samory Touré kennen gelernt. Vor allem die Vielweiberei seines Gastgebers verblüffte den Offizier: »Man könnte meinen, er wähle nur ungewöhnlich schöne Frauen aus. Mitnichten. Unter all denen, die ich sah, waren nur wenige hübsch. Um zu zeigen, dass er viele Frauen besitzt – es müssen ungefähr hundert sein – nimmt er überallhin stets einige mit.« Nachdem Binger

etliche der Auserwählten besucht hatte, gab er seine Zurückhaltung doch ein wenig auf und hielt sich an seine Politik der kleinen Geschenke: »Hier im Einzelnen, was ich ihnen übersandte: Zwölf Korallenhalsketten mit Goldverschluss, sechs Korallenarmbänder, eine Spitzenarbeit, einen Ballen Stoff und, auf ihr ausdrückliches Bitten, sechs Rasierklingen, über deren Zweck ich mich lieber nicht auslasse.« Doch diese Aufmerksamkeiten beeindruckten Samory nicht allzu lange. In afrikanischen Lexika wird er heute »unser Vercingetorix« genannt. Damals trug er den Titel eines Almany. In Malinke bedeutet dieses Wort sowohl »politischer Führer« als auch »religiöses Oberhaupt«. Samory herrschte über ein »Reich« am Oberlauf des Niger, und schon kurz nach seiner Begegnung mit Binger gab er das Signal zum Angriff auf die Franzosen. Zwei Jahre lang widerstand er taktierend den Truppen unter General Archinard – mal legte er Hinterhalte, dann führte er wieder Scheinverhandlungen.

Im März 1891 ließen die Franzosen Samory nicht mehr die Zeit, die muslimischen Stämme zu vereinen, die sich der fremden Besetzung am heftigsten widersetzten, und marschierten auf Bissandugu zu, seinen Hauptsitz in Guinea. Die afrikanischen »Schlachten« jener Zeit sollte man nicht zu hoch bewerten. Bissandugu war auch nicht Adua. 800 Mann, darunter 63 Europäer, griffen an, und Samory leistete kaum mehr als symbolischen Widerstand, bevor er sich aus dem Staub machte. Archinard schrieb später: »Alles, was man an Wunderbarem über Samorys Palast erzählt hat, ist reine Erfindung. Diese berühmte Residenz ist nichts als ein Dorf der Schwarzen.« Trotzdem ließ er sämtliche Hütten anzünden. Samory machte den Franzosen im Norden der Elfenbeinküste und in einem Teil Guineas dennoch weitere sieben Jahre zu schaffen. Erst ein Überraschungsangriff setzte dem Treiben des Almany 1898 ein Ende, dem Jahr der Ereignisse von Fachoda. Samory war der Großvater von Sekou Touré, jenes afrikanischen Nationalisten, der eine Partnerschaft mit Frankreich ablehnte, als General de Gaulle die ehemaligen Kolonien Schwarzafrikas in die Unabhängigkeit entließ.

Oben
»Die drei Hände wurden an einem Pfahl festgebunden und drei Tage lang ausgestellt. Dann zogen die drei Verstümmelten ihres Weges, ohne dass man sich weiter um sie kümmerte: Einer von ihnen starb tags darauf, die anderen beiden überlebten diese furchtbare Qual.« Binger, Autor des Berichts, führt den geringen Blutverlust auf »die außergewöhnliche Gerinnungsfähigkeit des Bluts der Neger« zurück.

Im Laufe der Zeit hatten die »Amazonen« ihre Reihen mit jungen Mädchen
verstärkt, die der König zwar noch nicht entjungfert hatte, die ihm jedoch als
Unberührte versprochen waren, sofern er dies wünschte.

Das blutige Begräbnis des Königs Glé-Glé

Einige der animistisch geprägten Stämme setzten
den Franzosen einen ebenso entschiedenen Widerstand entgegen wie die muslimischen Völker. Der
König von Abomey (dem heutigen Dahomey) verfügte über eine Armee, deren am meisten gefürch-
tete Abteilung schon seit dem 18. Jahrhundert aus
einigen der zahlreichen Frauen der jeweiligen
Monarchen bestand. Im Laufe der Zeit hatten die
»Amazonen« ihre Reihen mit jungen Mädchen
verstärkt, die der König zwar noch nicht entjungfert
hatte, die ihm jedoch als Unberührte versprochen
waren, sofern er dies wünschte. Europäische »Exper-
ten« erklärten die Wildheit der »Amazonen« mit
deren erzwungener Keuschheit. Außer für seine
»Amazonen« war das Königreich von Abomey unter
Forschungsreisenden auch für seine Menschenopfer
bekannt. Getreu den Prinzipien der »Protektorats«-

Politik beauftragte die Armee einen ihrer Forscher,
Doktor Jean-Marie Bayol, Verhandlungen mit dem
damaligen Herrscher, König Glé-Glé, aufzunehmen.
Bayol, ein Marinearzt, hatte sich bereits mit verschiedenen Missionen in Westafrika hervorgetan,
unbekannte Gebiete erforscht und Verträge mit örtlichen Häuptlingen und Stammesältesten ausgehan-
delt. Glé-Glé war krank, und so führte sein Sohn,
»Prinz Kondo«, die Verhandlungen mit Bayol.
Kondos Vater hatte einst mit Napoleon III. ein in
den Einzelheiten nicht gerade fest umrissenes Abkommen geschlossen, und nun – man schrieb die
Jahre nach 1880 – war Glé-Glé doch sehr enttäuscht, dass Frankreich kein Kaiserreich mehr war,
sondern nur noch eine gewöhnliche Republik. Also
empfahl er Bayol, er möge doch zunächst die Monarchie in seiner Heimat wieder einführen, bevor er
mit ihm in Verhandlung trete!

Als Glé-Glé starb, bestieg Kondo den Thron, nannte sich fortan Behanzin und schmückte sich als Herrscher eines Küstenkönigreichs mit dem Titel »Hai der Haie«. Höhepunkt der Trauerfeierlichkeiten für Glé-Glé war die traditionell festgeschriebene Opferung von vierzig Jungen und vierzig Mädchen. Behanzin blieb zwar solch grausamen Traditionen verpflichtet, doch war er auch ziemlich intelligent und mutig. Als Frankreich 1892 Oberst Dodds, einen Mischling senegalesischer Abstammung, mit 3000 Mann anrücken ließ, ihn zu unterwerfen, leisteten nicht nur die »Amazonen« des Stammes mit vergifteten Lanzen und Pfeilen Widerstand. Behanzin setzte seine Kanonen so geschickt ein, dass Dodds eine Zeit lang glaubte, die Deutschen – Rivalen der Franzosen in dieser Region – hätten sie für den König ausgerichtet. Doch schließlich wurde der Monarch abgesetzt und zog mit fünf seiner Ehefrauen nach Algerien ins Exil.

Das Gold der Ashanti

Die Eingeborenen der Goldküste, des heutigen Ghana, von Dahomey nur durch das schmale Togo getrennt, leisteten ihrerseits den Engländern lebhaften Widerstand. Dabei hatte 1817 alles so gut begonnen. Schon lange hatten sich die Briten entlang dieser an goldhaltigem Sand so reichen Küste niedergelassen. Um das von den Ashanti bewohnte Hinterland zu erkunden, machte sich der Forschungsreisende Bowdich von der Küste des Kaps aus auf den Weg und erreichte schon nach einem Monat Kumassi, die Hauptstadt jenes Volkes. Begeistert erzählt Bowdich in seinem zwei Jahre später veröffentlichten Bericht *A mission from Cape Coast Castle to Ashantee* von dem Empfang, den ihm der König der Ashanti bereitete. »Alles, was ein Negervolk an Glanzvollem bieten konnte, wurde vorgeführt. Wir saßen unter seidenen Baldachinen, die scharlachrot oder auch in anderen Farben leuchteten. Die Anführer und Würdenträger trugen sorgfältig gearbeitete Halsketten aus massivem Gold. Die Dolmetscher stützten sich auf Stöcke mit goldenen Knäufen. Der König reichte mir auf so würdevolle Art die Hand, dass ich nur Respekt und Bewunderung empfinden konnte.«

Ein kleiner Hinweis jedoch hätte Bowdichs Leser, die sich ein Schlaraffenland vorstellten, eigentlich eine Warnung sein müssen: »Überall standen Trom-

Oben
Amazonen und Krieger im zoologischen Garten. Nachdem sie bezwungen waren, präsentierte man die »Amazonen« in Frankreich gemeinsam mit Kriegern Behanzins. Oft mussten sie vor Stativkameras posieren.

meln, manchmal mit Menschenknochen verziert.«
In den folgenden Jahren besuchten einige protestantische Missionare das Land der Ashanti. Einer
von ihnen, Reverend Freeman, eröffnete 1842 sogar
eine Missionsstation. Doch von diesem Aufenthalt
brachte er grauenerregende Schilderungen von Men-
schenopfern zurück. Die Ashanti widersetzten sich
nicht nur einer dauerhaften Ansiedlung der Europäer auf ihrem Territorium, sondern sie organisierten Überfälle in den Küstenregionen am Golf von
Guinea und nahmen gelegentlich auch Weiße gefangen. So verbrachte der Franzose Joseph Bonnat,
der 1869 gemeinsam mit Schweizer Missionaren
aufgegriffen wurde, zwangsweise fünf Jahre in Ku-

massi. Nachdem Reisende zunächst immer wieder
begeistert vom Gold der Ashanti berichtet hatten,
sprach man jetzt nur noch von der Grausamkeit dieses Volkes. 1874 eroberte ein britisches Kommando
den Ort, brannte ihn teilweise nieder und setzte den
Monarchen ab. Zwei weitere Feldzüge waren noch
nötig, bis das Königreich der Ashanti 1900 in eine
Kolonie verwandelt wurde. Aus dem zerstörten
Kumassi entwickelte sich unter britischer Herr-
schaft ein Zentrum des Kakaohandels. Heute jedoch
betonen Forscher, dass die Berichte über »Menschenopfer« übertrieben waren und es sich dabei in
Wirklichkeit um »gewöhnliche Hinrichtungen von
Übeltätern« handelte.

Glasperlen und andere Munition

Während der Jahre nach 1890 fühlten sich immer mehr Wagemutige berufen, Afrika zu erkunden. Casimir Maistre durchstreifte, ausgestattet mit »den notwendigen Vollmachten, im Namen Frankreichs Verträge abzuschließen«, von 1892 bis 1893 die Region zwischen Tschad-See und Kongo-Strom. Seine Expedition wurde vom Komitee für Kolonialafrika unterstützt. »Zuerst«, erzählt er, »mussten die von allen Seiten eingebrachten Anfragen bearbeitet werden: 400 Freiwillige bewarben sich um die Ehre, mit uns ziehen zu dürfen.« Oberflächlich betrachtet, hatte sich nichts geändert. Noch immer nahm man die gleichen Waren mit auf den Weg, um die Einheimischen zu umwerben: »Stoffe, Glasschmuck, Glöckchen, Kupferdraht, Spiegel, Kaurimuscheln.« Doch in Maistres »400 Paketen, Truhen oder Ballen, fest verschnürt, damit die Träger sie gut auf dem Rücken transportieren können«, waren auch Waffen und Munition für die »senegalesischen Schützen«, die ihn begleiteten. Und der Forschungsreisende erzählt ohne Umschweife, dass man davon auch Gebrauch machte. Vorbei die Zeiten eines auf sich gestellten Caillié, sorgfältig verkleidet, damit

man ihn bloß nicht als Fremden erkenne. Auch von der Bibel oder der christlichen Nächstenliebe eines Livingstone war nicht mehr die Rede. Der Forschungsreisende war zum Eroberer geworden, der jedem, der sich ihm in den Weg stellte, einen Schlag versetzte.

Die Karawane von Foureau und Lamy

Mit der Expedition Foureau-Lamy von 1898 trieben die Franzosen die Praxis der bewaffneten Entdeckungsreisen auf die Spitze. Caillié hatte auf seinem Rückweg von Timbuktu aus die Westsahara durchquert. Clapperton hatte den östlichen Teil der Wüste von Tripolis aus erkundet. Das Zentrum der Sahara wahrte noch immer seine Geheimnisse. Für einen Vorstoß von Algerien über die gefürchteten Regionen des Hoggar-Gebirges und des Air-Massivs bis zum Tschad-See wählte man den zivilen Forschungsreisenden Fernand Foureau aus, einen Kenner der Wüste. Da Oberst Paul Flatters, der 1881 Möglichkeiten für eine Transsahara-Eisenbahn erkunden sollte, von den Tuareg im Hoggar ermordet worden war, entschied man nun, Foureau eine militärische Eskorte unter dem Kommando von Major Francois-Joseph Lamy zur Verfügung zu stellen.

Am 23. Oktober 1898 setzte sich bei der Oase Sedatra im Süden Algeriens ein beeindruckender Zug in Bewegung. Voran gingen Pferde, die Feldgeschütze zogen, dann folgten Esel, beladen mit Truhen voller Granaten, dahinter tausend Kamele, die Zelte, Feldbetten, Reserveuniformen und auch die üblichen, für die Eingeborenen bestimmten Waren transportierten: »Perlen«, Stoffe, Spiegel. Um für die Durchquerung der besonders trockenen Sandgebiete gerüstet zu sein, trugen manche der Tiere mit Datteln gefüllte Kisten und riesige Ballen von Futter. Die Schutztruppe setzte sich aus rund 200 »sene-

Unten
Zeremonialschwert
der Ashanti.

Währenddessen schlagen die Mandjia ihre Kriegstrommeln, tanzen dazu mit Sprüngen und Verrenkungen wild durcheinander, schneiden Grimassen und stoßen Schreie aus. So wollen sie uns ihre Verachtung zeigen und uns einschüchtern. In der Hoffnung, noch mit ihnen Verbindung aufnehmen zu können, geben wir Zeichen, dass wir in friedlicher Absicht und als Freunde kommen. Wir zeigen ihnen Perlen, Stoffe und versprechen Geschenke. Doch die Trommeln schlagen immer lauter. Sie sind übrigens völlig betrunken und machen sich über uns lustig, anscheinend glauben sie, wir hätten Angst und würden deshalb nicht angreifen. Unsere Gewehre halten sie offenbar für reine Verteidigungswaffen, so fühlen sie sich bald stark genug und kommen entlang der Lichtung des Buschwerks immer näher. Fast gleichzeitig geht ein Hagel von Pfeilen fast direkt vor unseren Füßen nieder. Unser Trupp stellt sich in Reih und Glied auf, die Gewehre, Kropatscheks mit neun Patronen, werden geladen. Ein letztes Mal schreie ich den Mandjia zu, dass wir keinen Krieg wollen, doch sie antworten erneut mit einem Hagel von Pfeilen. So gebe ich Feuer frei. Auf unsere Salve hin bricht großes Geschrei und Wehklagen aus, dann laufen sie alle durcheinander davon.

Casimir Maistre, *Durch Zentralafrika, vom Kongo zum Niger*, 1892–1893

Rechts
Expedition Foureau-
Lamy. Sowohl die Zivilis-
ten als auch die Militärs
unter den Teilnehmern
waren beim Aufbruch da-
von überzeugt, dass diese
große Erfahrung einer
Zusammenarbeit von
»Wissenschaft und Waf-
fen« in der wichtigsten
Schlacht gipfeln würde,
die Frankreich je für die
Eroberung Schwarzafrikas
geschlagen hatte.

Unten
Major Lamy fiel im April
1900 in Kusseri.

Rechte Seite
Fernand Foureau.

galesischen Schützen« und algerischen Spahis zusammen. In der Hoffnung so die einheimischen
Stämme friedvoll stimmen zu können, waren ihnen
sechs Marabuts zugeteilt worden, die muslimischen
Bruderschaften der Sahara angehörten. Drei Offiziere und zwei Militärärzte begleiteten Lamy, zu
Foureaus Umgebung gehörten ein Zögling des Na-
turkundemuseums, ein Astronom und ein Fotograf,
und unter den Zivilisten gab es sogar einen aufge-
schlossenen und furchtlosen Abgeordneten, Charles
Dorian.

Sand und Gebeine

Zunächst beobachteten die Tuareg die vorüberzie-
hende Kolonne ohne feindliche Reaktionen. Während der Marschpausen kamen sie näher und fragten
nach Geschenken. Foureau glaubte, manchmal aus
ihren Blicken Ironie herauslesen zu können: Diese
Weißen haben keine Ahnung, worauf sie sich
einlassen. Wie üble Vorzeichen waren im brütend
heißen Sand entlang des Weges immer häufiger Ge-

beine von Kamelen zu entdecken. Auch Tiere des
Konvois verendeten, wenn die zurückgelegte Etappe
zu lang war. Manche der völlig erschöpften und mut-
los gewordenen Schützen nahmen sich das Leben.
Nach einem drei Monate andauernden Marsch erreichte die Karawane Iferuane, einen Ort am Übergang zwischen der Sahara der Tuareg und Schwarzafrika. Die Bewohner hatten noch nie Weiße
gesehen. Einige der Frauen verhielten sich liebens-
wert und sogar interessiert, doch eines Morgens, als
der Horizont in Hitzeschwaden kaum auszumachen
war, überfielen Männer in blauen Gewändern das
Lager. Schützen und Kanoniere schossen blindlings
um sich und schlugen den Angriff zurück. Nun blieb
keine Zeit mehr zu rasten, und sie zogen über die
Wüstenpiste nach Agades weiter. Tagtäglich erlitt
irgendjemand einen Hitzschlag, Luftspiegelungen
machten dem Trupp zu schaffen, und immer wieder
bekamen sie das Gefühl, einen Punkt erreicht zu
haben, von dem aus es nicht mehr zurück, sondern
nur noch vorwärts gehen konnte. Eines Tages spran-

Voran gingen Pferde, die Feldgeschütze zogen, dann folgten
Esel, beladen mit Truhen voller Granaten, dahinter tausend Kamele.
Sie trugen die Zelte, Feldbetten, Reserveuniformen …

gen hinter Felsen versteckte Tuareg hervor und griffen sie mit der blanken Waffe an. Lamy ließ in die Menge schießen: Dreißig Tote zählte man bei den Angreifern.

Am 14. Juli 1899 kam die Kolonne in einem Stroh-hütten-Dorf an: Das Schlagen von Trommeln war zu hören, barbusige Frauen stampften Hirse, sie hatten Schwarzafrika erreicht – endlich! Die »senegalesi-schen Schützen« fühlten sich nun wie zu Hause und tanzten vor Freude.

Zwei Wochen später traf die Karawane in Agades ein. Dieser Ort am Niger war fast genauso sagen-umwoben wie Timbuktu, und seit dem Besuch Heinrich Barths, der schon ein halbes Jahrhundert zurücklag, hatte die Bevölkerung keinen Weißen mehr gesehen. Seither war zwar viel Zeit vergangen, doch die Sklaverei existierte noch immer.

Neugierig auf die tanzenden Schützen, näherten sich schwarze Frauen, Gefangene von Würdenträ-gern der Tuareg, dem Lager. Auf der Stelle wurden sie, »gemäß den Gesetzen der Republik«, zu freien Menschen erklärt. Ähnliche Szenen spielten sich mehrere Abende hintereinander ab. Bald hatten die »geschädigten« Eigentümer nur noch eines im Sinn – mochten die Franzosen doch so schnell wie möglich wieder verschwinden. Eilends besorgten sie genügend Kamele, damit die Expedition ihren Weg fortsetzen konnte.

Während die Kolonne also weiter nach Süden marschierte, folgten die ehemaligen Gefangenen mit Kalebassen auf den Schultern den senegalesi-schen Schützen, ihren Liebhabern und Befreiern. »Diese Frauen«, erzählt Foureau, »sind von ausge-lassener Fröhlichkeit. Tanzend hüpfen sie an der Spitze des Zuges herum.«

Rabah wird ein Ende bereitet

Nach einigen weiteren Etappen ging das an den Füßen plagende dornige Gestrüpp in üppige Vegeta-tion über. Am 2. November 1899, ein Jahr nach ihrer Abreise im Süden Algeriens, erreichten Fou-reau und Lamy Zinder. Der Ort war – vor Niamey – bis 1927 Hauptstadt des französischen Niger. Hier wurden sie schon von anderen Franzosen erwartet. Lamy hatte nämlich nicht nur den Auftrag, Foureau zu schützen. Er sollte sich auch mit zwei weiteren Trupps zusammenschließen. Der eine war im Sene-gal aufgebrochen, der andere kam aus Ubangi-Schari, das heute zur Zentralafrikanischen Republik gehört. Mit dieser Zusammenführung wollte man einem gewissen Rabah den Garaus machen. Dieser Bewunderer des sudanesischen Mahdi war in einem am Nil ansässigen Stamm in der Nähe von Khartum geboren und die rechte Hand eines Aufrührers, den die Ägypter erst nach vielen Kämpfen entmachten konnten. Rabah hatte sich nach Zentralafrika, an die Ufer des Schari geflüchtet, unter den schwarzen Völkern im Süden des Tschad, wie den Sara, Gefan-gene gemacht und sie gegen englische Gewehre an Sklavenhändler verkauft. Durch Plünderungen und zeitweilige Bündnisse mit örtlichen Sultanen hatte er sich im Bornu und im Wadai ein kleines Reich geschaffen. Weil er sich von den immer wieder durchziehenden französischen Expeditionen zuneh-mend belästigt fühlte, verstärkte er seine Überfälle und Entführungen. Der aus Ubangi-Schari zum Tref-fen mit Foureau und Lamy angerückte Trupp hatte einige von diesen Missetaten erlebt. Kommandant dieser Einheit war Émile Gentil, ein Marineoffizier, der nach seiner Zusammenarbeit mit Brazza For-schungsreisender wurde.

»Der Tschad ist reich an Vieh und allerlei Getreidearten.
Die Menschen hier verarbeiten Leder und Straußenfedern.«

feuern. Frankreich hatte den Tschad erobert. Doch der Bürgerkrieg zwischen der schwarzen Bevölkerung des Südens und jenem Teil der Einheimischen im Norden des Landes, aus dem die ehemaligen Sklavenhändler stammten, sollte nach der Unabhängigkeit des Staates wieder aufflammen.

Der Kampf war zu Ende, und so sprach aus dem Offizier Gentil nun der Forschungsreisende: »Der Tschad ist reich an Vieh und allerlei Getreidearten«, notierte er. »Die Menschen hier verarbeiten Leder und Straußenfedern.« Verglichen mit dem, was er aus den zentralafrikanischen Regenwäldern kannte, war dies allerdings kaum der Rede wert, denn dort ritzten die Einheimischen bestimmte Bäume ein, an denen die Weißen sehr interessiert waren. Aus den Spalten der Stämme fließt Latex, das zur Herstellung von Kautschuk genutzt wird. Und Europa brauchte Reifen für die ersten Automobile.

Bevor sie sich wieder trennten, errichteten die drei französischen Trupps nicht weit von Kusseri, jedoch auf der gegenüberliegenden Seite des Schari, ein befestigtes Lager. Sie tauften es zu Ehren ihres toten Gefährten auf den Namen Fort Lamy. Aus dem Lager entwickelte sich eine Stadt, die schließlich Hauptstadt des Tschad wurde. Allerdings nannte man sie in N'Djamena um. Kusseri hieß einige Jahrzehnte lang Fort Foureau und als Stadt in einem ebenfalls unabhängigen Kamerun dann wieder Kousseri. Über den Schari gelangte man mit einer Fähre in fünf Minuten von der Stadt im Tschad in die Stadt in Kamerun. In den Jahren zwischen 1970 und 1980, als in N'Djamena der Bürgerkrieg tobte, setzten Kriegsreporter häufig hier über. Doch diese Männer hatten keine Zeit, dem Hinweis im *Guide bleu* zu folgen und die kleine Gedenktafel aufzusuchen, die an jener Stelle zu finden ist, an der Lamy tödlich getroffen wurde.

Eine furchtbare Metzelei

Nach einigem Hin und Her sammelten Gentil und Lamy ihre Männer in Kusseri, einem Ort in der Nähe des Schari-Flusses, südlich des Tschad-Sees. Am 21. April 1900 griffen sie das fünf Kilometer entfernte Lager Rabahs an. Es wurde verbissen gekämpft, und die senegalesischen Schützen, die den Sklavenhalter abgrundtief hassten, machten keine Gefangenen. »Es war eine furchtbare Metzelei«, sollte Gentil später eingestehen. Rabah wurde verwundet, einer der Afrikaner enthauptete ihn und präsentierte den Franzosen den abgeschlagenen Kopf. Eintausend Tote zählte man im Lager der »Rabisten«, rund fünfzig Mann der eigenen Leute ließen ihr Leben. Unter den Gefallenen war auch Lamy. Einer der »Rabisten« hatte genug Zeit, eine Muskete auf ihn abzu-

VI

Die Entdecker
der Kulturen

*Lange Zeit war Kaspar, einer der Heiligen Drei
Könige aus der Weihnachtsgeschichte, der einzige
Schwarze, den die Europäer kannten. Doch dann
konnten die Bewohner des Alten Kontinents den
Repräsentanten jener Völker, von denen die Berichte
der Forschungsreisenden erzählten, mit einem Mal
selbst begegnen. Rund dreißig Jahre lang, zwischen
1880 und 1910, waren »ethnografische Darbietungen« und Ausstellungen »afrikanischer Dörfer«
in Mode. Diese Mode kam zur gleichen Zeit auf,
in der immer häufiger Weltausstellungen einem
breiten europäischen Publikum die Errungenschaften
der industriellen Revolution präsentierten. Afrikaner waren nicht die einzigen »Sehenswürdigkeiten«,
die den Besuchern geboten wurden. Auch argenti-
nische Gauchos, russische und norwegische Lappen
oder Kosaken erregten damals viel Aufsehen. Doch
die Besonderheit der »ethnografischen« Schauen
zu Afrika bestand darin, dass man dort häufig
auch wilde Tiere ausstellte. Später nahmen einige
Autoren dies zum Anlass von »Menschenzoos« zu
sprechen, wobei sie allerdings meist den kulturellen
Hintergrund jener Epoche außer Acht ließen.*

Der Deutsche Carl Hagenbeck, der in der Nähe von Hamburg einen berühmten Tierpark gründete und europäische Zoos in großem Stil mit afrikanischer Fauna versorgte, hatte als Erster die Idee, einige seiner wilden Tiere zusammen mit Eingeborenen »gleicher Herkunft« zu präsentieren. Sehr bald schon machten es ihm Landsleute nach: Die Gebrüder Möller organisierten afrikanische »Karawanen«

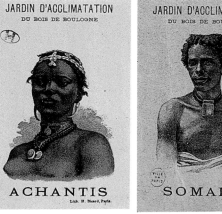

JARDIN D'ACCLIMATATION
DU BOIS DE BOULOGNE

ACHANTIS

JARDIN D'ACCLIMATATION
DU BOIS DE BOULOGNE

SOMALIS

JARDIN D'ACCLIMATATION
DU BOIS DE BOULOGNE

ACHANTIS

Oben und rechte Seite
Werbeplakate für den Jardin d'Acclimatation, den Pariser Zoo. Sie zeigen die »Amazonen« aus Dahomey, die Ashanti, die den Briten Widerstand leisteten. Sie waren die »Stars«, die gefragtesten Akteure der »ethnografischen« Schauen. Ihre Auftritte sollten keine Demütigung der Besiegten sein, sondern eine indirekte Würdigung ihrer Tapferkeit.

in Deutschland und in benachbarten Ländern. Willy Möller gelang es, zwischen Hamburg und Kopenhagen Hunderttausende von Schaulustigen anzulocken, die herbeiströmten, um die »Artisten« zu bewundern, die er aus Afrika importierte und durchaus angemessen bezahlte. Man betrachtete ihn beileibe nicht als Scharlatan, im Gegenteil: Lokale Größen der Anthropologie bekundeten ihr Interesse und betonten den »wissenschaftlichen Wert« dieser

Veranstaltungen. Zu Möllers großen Erfolgen zählte die Präsentation der »Krieger des Mahdi« (eigentlich waren es Kenianer, die er für diese Rolle engagiert hatte). Das war 1898, im gleichen Jahr, als Kitchener die echten sudanesischen »Derwische« besiegte. Bereits einige Jahre zuvor waren zuerst in London und danach in Paris echte Ashanti aufgetreten. Tatsächlich hatten große britische Zeitschriften wie *The Graphic* oder die *Illustrated London News* ausführlich über die Eroberung der Ashanti-Hauptstadt Kumassi berichtet, und so war das Thema sehr populär.

Mitten im Zentrum der belgischen Stadt Antwerpen wurde 1894 ein »kongolesisches Dorf« aufgebaut. Vier weitere »kongolesische Dörfer« weihte man drei Jahre später bei der internationalen Ausstellung in Brüssel in Anwesenheit von Stanley ein. Im Park von Tervuren intonierte eine afrikanische Kapelle die Brabanconne, die belgische Nationalhymne. Bis die Hütten der »Dörfer« wieder abgebaut wurden, waren 430 000 Eintrittskarten verkauft worden. Die Dorfbewohner machten sich mit Koffern voller Geschenke per Schiff auf die Heimreise. Die Herren hatten Uhren und Melonenhüte im Gepäck, die Damen Strümpfe und »Gliederpuppen«.

Amazonen in den Folies-Bergère

Frankreich spielte keinesfalls eine Nebenrolle. Der Makoko persönlich, Verhandlungspartner Brazzas im Kongo, wurde an Regierungsvertreter »ausgeliehen«, als er sich anlässlich einer 1887 in Roubaix organisierten »Kongo-Schau« zum »Staatsbesuch« in Paris aufhielt. Zehn Jahre zuvor hatten im Jardin d'Accli-

Vorhergehende Doppelseite
Georges-Marie Haardt, Leiter der ersten Autotour durch Afrika, mit der eine neue Ära der Erkundung Afrikas begann. Über das Sammeln von Informationen hinaus wurden hier fortan sportliche Höchstleistungen vollbracht und Werbekampagnen inspiriert. Der zuvor von bedeutenden Zeitungen seiner Zeit unterstützte Forschungsreisende Stanley hatte nicht mehr erreichen können als Haardt, dem Großindustrie und Filmbranche zur Seite standen, um Expeditionen zu organisieren, die sich nicht mehr vorrangig der Geografie widmeten, sondern der Völkerkunde.

Oben
Carl Hagenbeck, hier mit Äthiopiern abgebildet, gehörte einer Familie an, die den Zirkus revolutionierte. Sie führte Raubtiernummern ein, um neben Clown- und Trapeznummern mehr Abwechslung zu bieten. Zwar gab es schon Mitte des 19. Jahrhunderts Dompteure, doch sie führten ihre Kunst in viel zu kleinen Käfigen vor. Erst die Hagenbecks erfanden den großen Raubtierkäfig, der Dompteur und Tieren ausreichend Platz und den Zuschauern trotz der Gitterstäbe gute Sicht bot.

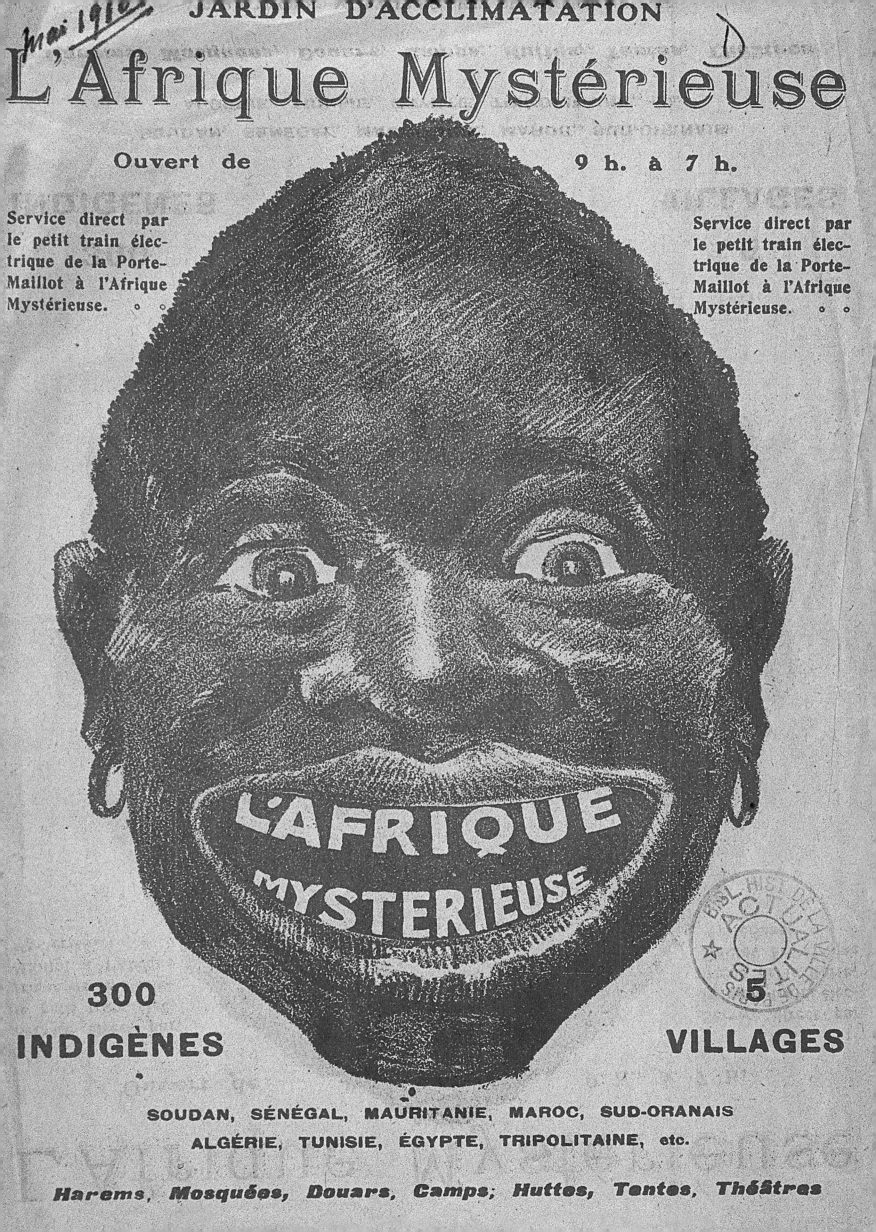

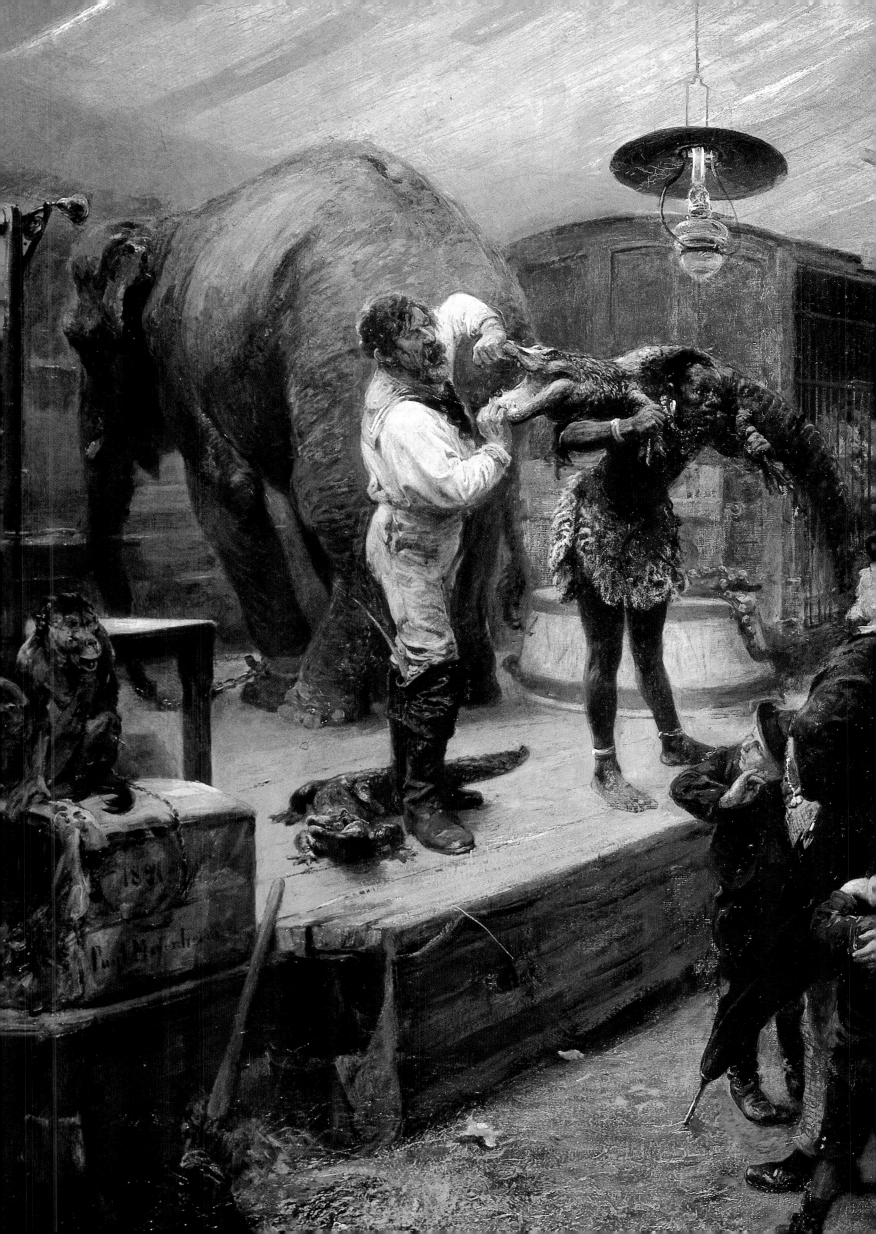

Es gab sogar »Kurse zur Psychologie wilder Tiere«. Die Teilnehmer wurden im Zoo von Vincennes darin geschult, sich Löwen gegenüber geschickt zu verhalten.

Vorhergehende Doppelseite
Die Vorführung afrikanischer Fauna in Europa hatte etwas von der Öffnung der Arche Noah vor den Blicken eines erstaunten Publikums. (Gemälde von Meyerheim).

Unten
Den Missionarsschulen folgten Militärschulen. Die Kolonialverwaltung im frankophonen Afrika ging sehr bald dazu über, die ehemaligen »Schützen« in untergeordneten Dienststellen einzusetzen. Da der Militärdienst für Eingeborene auf 15 Jahre begrenzt war, mangelte es nicht an Bewerbern.

matation, dem Zoo von Paris, die ersten »ethnografischen Ausstellungen« stattgefunden. Dabei unterschied sich der 1860 im Bois de Boulogne, nahe am Stadtrand von Neuilly-sur-Seine eröffnete Jardin d'Acclimatation von dem 1640 mitten in der Hauptstadt angelegten Jardin des Plantes und dem zur Kolonialausstellung 1931 eröffneten Zoo von Vincennes. Der Zoologe Isidore Geoffroy Saint-Hilaire, Sohn des Naturwissenschaftlers Étienne Geoffroy Saint-Hilaire und Präsident des Verwaltungsrats dieser Einrichtung, bürgte für den wissenschaftlichen Anspruch der Darbietungen, bei denen Tiere und Menschen gemeinsam vorgeführt wurden. Im Oktober 1878 dankte die Zeitschrift *Natur* Geoffroy Saint-Hilaire ausdrücklich, dass er »auf diese Weise jenen, die sich vor allem mit den Menschenrassen beschäftigen, Studienobjekte darbiete, die wir als Stubenhocker nur sehr selten vor Ort

aufsuchen können.« Vom Chirurgen Paul Broca bis zum Prinzen Roland Bonaparte (der später von 1910 bis 1924 Präsident der Gesellschaft für Geografie war) über Mediziner und Anthropologen bis hin zu Forschern der unterschiedlichsten Fachrichtungen gaben sich im Jardin d'Acclimatation zahlreiche Besucher ein Stelldichein, um die verschiedenen »Arten« zu begutachten.

Auch Veranstalter von Ausstellungen in der Provinz sowie Theater und Pariser Kabaretts warben, allerdings ohne wissenschaftliche Ansprüche vorzugeben, Afrikaner für ihre Darbietungen an. Darsteller aus Dahomey, vor allem die berühmten »Amazonen«, von deren Mut schon so mancher Kolonialoffizier voller Bewunderung berichtet hatte, waren die unbestrittenen Stars dieser Schauen. 1893 rekrutierte die sehr seriöse Gesellschaft für Ethnografie mehr als einhundert Männer, Frauen und Kinder aus Dahomey vor Ort für eine Tournee durch Frankreich. Im gleichen Jahr zeigten die Folies-Bergère eine Revue, bei der auch »Amazonen« auftraten. Man sollte jedoch nicht meinen, die Schwarzen seien stets nur mit paternalistischer Geste präsentiert worden. Neugierige Zeitgenossen bemühten sich aufrichtig, die Vertreter dieser Völker besser kennen zu lernen. Das ging sogar so weit, dass im Oktober 1893, anlässlich der feierlichen Wiedereröffnung des Berufungsgerichts von Angers nach den Ferien, ein Vortrag zum Thema »Zivile Einrichtungen der Kriegerstämme in Dahomey« gehalten wurde! In einer ausführlich dokumentierten Studie über die »Dörfer der Afrikaner« aus dem Jahr 2001 bemühten sich die drei Forscher Bergougniou, Clignet und David nachzuweisen, dass es zu einseitig sei, die Aktivitäten »jener Jahre der Fühlungnahme nur ins Lächerliche zu ziehen und nach dem verzerrenden Schema ›Weißer Mann wirft Neger Erdnüsse in den Käfig‹ zu beurteilen.«

Afrique Occidentale - SOUDAN
104. Ecole des enfants de troupe des Tirailleurs indigènes

Collection générale FORTIER, Dakar

Die »senegalesischen Schützen«

Was auch immer man über die »ethnografischen Dörfer« denken mag, nur einer sehr kleinen Zahl von Afrikanern bot sich so die Gelegenheit, Europa kennen zu lernen. Der Erste Weltkrieg von 1914 bis 1918 änderte alles. Oberstleutnant Charles Mangin, ein alter Gefährte Marchands in Faschoda, hatte 1910 einen Aufsatz mit dem Titel *Die schwarze Streitmacht* veröffentlicht. Darin rühmte er die kämpferischen Tugenden der »senegalesischen Schützen«. Dieser »professionellen« Wertschätzung ihrer französischen Offiziere verdanken es die afrikanischen Rekruten, dass sie schon zu Beginn der Kampfhandlungen mit Deutschland zu Zehntausenden an die Front geschickt wurden. So machten die »Schützen« während der wenigen Urlaubstage zwischen den Kämpfen Bekanntschaft mit der Welt der Weißen. Manche von ihnen gelangten sogar bis nach Deutschland, denn nach der Kapitulation schickte der französische Generalstab, dem es nun an Soldaten mangelte, Afrikaner als Mitglieder der Besatzungstruppen nach Baden-Württemberg. Dazu schreibt der Historiker Gilbert Comte: »Viele Deutsche betrachteten das Auftauchen dieser schwarzen Soldaten in ihrem Land als eine offensichtliche und geradezu ungeheuerliche Aufkündigung jeglicher natürlicher Solidarität zwischen Europäern!«

Die tatsächliche Aufteilung des Kontinents

Nach dem Vertrag von Versailles von 1919 musste Deutschland, das bei der Entdeckung Afrikas eine so bedeutende Rolle gespielt hatte, alle Kolonien abtreten. Frankreich fielen Togo und der größte Teil Kameruns zu. Großbritannien übernahm die übrigen Gebiete Kameruns und Tanganjika – das künftige Tansania. Ruanda und Burundi gingen an Belgien. Südafrika – damals die Südafrikanische Union –, war mit den Alliierten verbündet und verleibte sich Südwest-Afrika – das künftige Namibia – ein. Wehe den Besiegten! Die Deutschen sind als die übelsten von allen Kolonialherren beschrieben worden. Tatsächlich unterschied sich ihr Verhalten aber nicht von dem der anderen europäischen Kolonisatoren. Ihre protestantischen Missionare, vor allem von der Norddeutschen Mission, auch Bremer Mission genannt, deren Stammhaus bis heute in Bremen beheimatet ist, handelten genau so wie die französischen »Weißen Pater«.

Tatsächlich wurde Afrika nicht auf der Berliner Konferenz von 1885 aufgeteilt, sondern in Versailles. Abgesehen von einigen kleinen Korrekturen waren seither die Konturen der noch heute existierenden politischen Landkarte des Kontinents abgesteckt. Die den Kolonien zugewiesenen Grenzlinien entsprechen denen der unabhängigen Staaten, die aus

Oben
Zu einer Zeit, als Heranwachsende noch Briefmarken sammelten, nährten die Briefmarken aus Afrika viele Jugendträume. Ethnologen, Kolonialärzte, Soldaten oder Verwaltungsbeamte bestätigten, ihr Berufswunsch sei durch diese Sammelleidenschaft entstanden.

Die »Mückenmeister« entdeckten die Schattenseiten des Schwarzen Kontinents:
die Schlafkrankheit, das Gelbfieber, die Pest und die Lepra.

ihnen in den Jahren nach 1960 entstanden sind. Das Afrika der Ära der ersten Entdecker setzte sich mit all seinen »Königreichen«, »Sultanaten« und »Stammesgebieten« aus mehr als 10 000 verschiedenen politischen Einheiten zusammen. Die Kolonisierung hatte sie auf ein paar Dutzend reduziert.

Um die Verwaltung zu vereinfachen, fasste Frankreich seine südlich der Sahara gelegenen Gebiete zu Französisch-Westafrika (AOF) und Französisch-Äquatorialafrika (AEF) zusammen – zwei großen Föderationen, deren Briefmarken die Herzen der Philatelisten höher schlagen ließen. Nach dem Vertrag von Versailles verfügten Frankreich und Großbritannien über fast gleich große afrikanische Besitzungen. Doch für die Briten war »Indien« das Juwel ihres Empire, alles andere erschien ihnen nebensächlich. Die Franzosen hingegen hielten Schwarzafrika für die Kernregion ihrer abenteuerlichen Unternehmungen zur Kolonisierung. Als die Europäer sich im 20. Jahrhundert dann nicht mehr auf rein geografische Expeditionen beschränkten, sondern begannen, Völker und Kulturen zu erforschen, blieb Schwarzafrika in den unterschiedlichsten Fachgebieten eine französische »Spezialität«.

Kurse zur Psychologie wilder Tiere
Brazza musste einen Teil seiner Verwaltungsbeamten für den französischen Kongo über kleine Anzeigen rekrutieren, die alle möglichen Individuen anzogen. Die III. Republik gründete 1895 eine Kolonialschule, an der Beamte für den Einsatz in Schwarzafrika und den anderen Kolonien ausgebildet wurden. Die zahlreichen Kandidaten, die sich an dieser neuen Pariser Schule bewarben, mussten sich einer strengen Aufnahmeprüfung unterziehen. Die Schule bestand bis 1959, kurz danach setzte die Welle der Unabhängigkeitserklärungen ehemaliger Kolonien ein. Das im neo-maurischen Stil errichtete Gebäude, dessen Fassade mit den typischen

Haussmann-Fronten der benachbarten Häuser kontrastiert, ist in der Avenue de l'Observatoire, Nummer 2, in der Nähe des Jardin du Luxembourg. Hunderte künftiger Beamter der Kolonialverwaltung folgten hier, ganz im Geiste einer gewissen Aufgeschlossenheit für andere Kulturen, erstaunlich abwechslungsreichen Vorlesungen. Zum umfassenden Lehrplan gehörten Ethnologie, Landwirtschaftskunde und Gewohnheitsrecht. Dialekte unterrichteten u. a. zwei künftige afrikanische Staatschefs, der Senegalese Léopold Sédar Senghor und der Nigerianer Hamani Diori. Es gab sogar »Kurse zur Psychologie wilder Tiere«. Die Teilnehmer wurden im Zoo von Vincennes darin geschult, sich Löwen gegenüber geschickt zu verhalten.

Mehrere Direktoren der 1934 in »Nationale Schule für die überseeischen Gebiete Frankreichs« umbenannten Kolonialschule waren herausragende Afrikanisten, die in ihrem Unterricht auch ethische Fragen diskutierten. Georges Hardy, von 1927 bis 1932 auch Direktor für öffentliche Bildung in Französisch-Westafrika, versicherte: »Wir entwickeln immer mehr Formen der Zusammenarbeit, die beiden Seiten ihre jeweilige Eigenart, ihre Institutionen und ihre Gebräuche belassen.« Seine Schüler waren gehalten, jeglichen Ethnozentrismus abzulegen.

Die »Mückenmeister«
Eine weitere renommierte Institution war die 1890 in Bordeaux gegründete Marineschule für Medizin, an der künftige Schiffsärzte und später das gesamte Personal der neuen, in Übersee errichteten Zivil- und Militärhospitäler in der Behandlung von Tropenkrankheiten unterrichtet wurden. »Wir waren die ersten ›Ärzte ohne Grenzen‹ «, sagen heutzutage die Ehemaligen der Marineschule von Bordeaux, nicht zu verwechseln mit den Marineoffizieren. Die Eingeborenen nannten sie »Mückenmeister«, weil sie ohne Unterlass DDT versprühten, um die Mala-

Rechte Seite
Eine Abbildung in der illustrierten Beilage des *Petit Journal* vom November 1913 zeigt, wie ein neuer Grenzverlauf zwischen dem französischen und dem deutschen Teil des Kongo festgelegt wurde. Das *Petit Journal* mit seiner Auflage von einer Million Exemplaren trug viel dazu bei, die französische Bevölkerung mit der Kolonisierung vertraut zu machen. Auch das Konkurrenzblatt *Le Petit Parisien* verfügte über eine illustrierte Beilage und berichtete ebenfalls ausführlich über die Unternehmungen in Afrika.

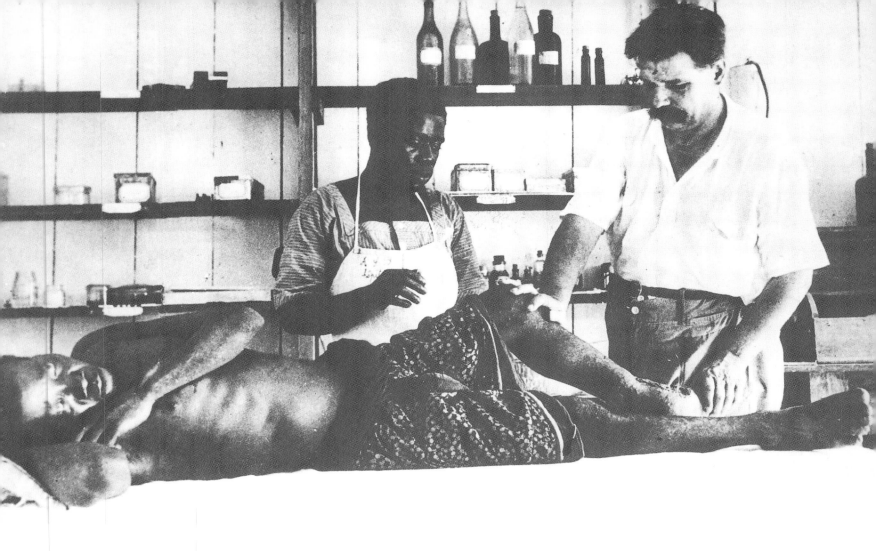

Oben

Albert Schweitzer, hier
am Operationstisch,
gründete sein berühmtes
Urwaldkrankenhaus in der
Kleinstadt Lambaréné,
jenem Ort, von dem
aus Brazza zu seiner For-
schungsreise über den
Oguee aufgebrochen war.
Schweitzer, protestanti-
scher Theologe, Arzt und
Musiker, sammelte die
für sein Projekt notwendigen Mittel bei Orgelkon-
zerten ein, die er selbst
in Europa und in den Ver-
einigten Staaten gab. Für
sein humanitäres Werk
in Afrika erhielt er 1952
den Friedensnobelpreis.
Das Hospital existiert noch
immer und wird heute
von einer internationalen
Stiftung getragen.

ria übertragende Anopheles-Mücke zu bekämpfen.
Die »Mückenmeister«, die oft mit den Pasteur-Insti-
tuten zusammenarbeiteten, trugen zur Erforschung
der Schattenseite des afrikanischen Kontinents bei:
der Schlafkrankheit, des Gelbfiebers, der Pest und
der Lepra. Die Schule in Bordeaux wurde 1972 nach
Eugène Jamot (1879–1937) benannt, obwohl er
selbst nur das Pharo absolviert hatte, das Lehr-
hospital der Schule, das zum Ausgleich in Marseille,
der anderen großen französischen Hafenstadt, eingerichtet worden war. Als er im Institut Pasteur in
Brazzaville arbeitete, wurde Jamot vom Ausbruch
des Ersten Weltkriegs überrascht. Er verbrachte die
Kriegszeit in Kamerun und musste dort feststellen,
dass die Franzosen den Deutschen in der Erforschung der Schlafkrankheit hinterherhinkten. An
dieser Krankheit litten viele Afrikaner, und deshalb
hatte Albert Schweitzer 1913 sein berühmtes Hospital in Lambaréné gegründet. »Ich werde die schwarze Rasse wieder aufwecken«, versprach Jamot. Mit
Spritzen zur Injektion von Atoxyl und Zentrifugen
zur Untersuchung von Blutproben reiste er nach
dem Krieg durch Kamerun, Ubangi-Schari und den
Tschad. Er arbeitete so gründlich, dass Frankreich
während der Kolonialausstellung von 1931 den Sieg
über die Schlafkrankheit in Französisch-Äquatorial-

afrika verkünden konnte. In Yaoundé erinnert ein
Denkmal an Jamot. Die Regierung in Paris widmete
ihm lediglich eine Briefmarke zum 75. Geburtstag.
Jean Bablet (1886–1952), Absolvent der Marineschule, wurde während einer Reise, die der medizi-
nischen Versorgung Französisch-Äquatorialafrikas
diente, von einem Panther angefallen und schwer
verletzt. Zwar konnte er seinen linken Arm nur
noch teilweise benutzen, doch hinderte ihn dies
nicht daran, sich während seines gesamten Lebens
in allen französischen Kolonien aktiv für die Einrichtung von Laboratorien für Histo-Pathologie
einzusetzen. Ihm hat Afrika den ersten Schritt zur
Entwicklung eines Impfstoffs gegen Gelbfieber zu
verdanken, denn er brachte als Erster die symptoma-
tischen Leberschäden mit dieser Erkrankung in Verbindung. In jenen heroischen Zeiten arbeiteten die
Forscher noch in gutwillig so bezeichneten »Labor-
hütten«. Sie wurden bald durch solide Betonbauten
ersetzt, – die heutigen Pasteur-Institute Yaoundé,
Bagui und Abidjan.

Wissenschaften und Kolonialmoden

1923 fand in Paris die Eröffnungssitzung der damaligen Akademie der Kolonialwissenschaften statt,
die heute Akademie der Übersee-Wissenschaften

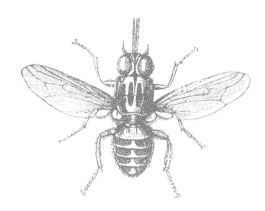
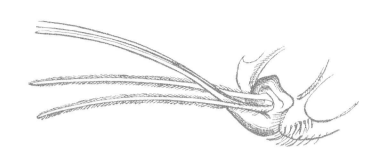

»*Bouet und Roubaud hatten ihr Mikroskop in der Küche, und in Einbäumen durchstreiften sie die Lagunen von Nieder-Dahomey. Bouffard machte Jagd auf Kaimane und Flusspferde, um zu prüfen, ob das Blut der Tiere Trypanosomen enthielt ... Doch dann fing er sich selbst die Schlafkrankheit ein.*«

heißt. Das Motto »Wissen, verstehen, respektieren« veranschaulichte das Selbstverständnis dieser Institution. Zu ihren Gründern zählten »Parlamentsmitglieder, Armeeangehörige, Verwaltungsbeamte und Forschungsreisende«, darunter Albert Lebrun, Gaston Doumergue und Paul Doumer, drei spätere Präsidenten der französischen Republik, sowie Marschall Lyautey und General Mangin, »ehemaliges Mitglied der Kongo-Nil-Mission«, Auguste Pavie, »Forschungsreisender und bevollmächtigter Minister« und Henri Maurice, »Heilig-Geist-Pater und Forschungsreisender«. Auch mehrere Schriftsteller gehörten der Vereinigung an. Afrika war nun nicht mehr den Spezialisten vorbehalten.

Aus den Vereinigten Staaten sprang ein Funke der Begeisterung für die »Neger« auf all jene über, deren Väter dem transatlantischen Sklavenhandel entkommen waren. Was machte es schon, dass Josephine Baker in Missouri geboren wurde! Sie triumphierte als »schwarze Venus« im Theater der Champs-Élysées, das 1925 eine »Neger-Revue« präsentierte. Und Paul Morand bemerkte anlässlich des »Kolonialballs«: »Unsere gesamte literarische Schickeria war anwesend«. Schriftsteller und Künstler vergnügten sich beim »Musette-Tanz der Neger von Paris« in der Rue Blomet. Morand hatte 1929 gro-

Oben
Jamot ließ seine Visiten zu Vorsorguntersuchungen mit Tamtam-Trommeln ankündigen. Nach dem Vorbild der Leprastationen richtete er spezielle Behandlungszentren für die schwierigsten Fälle der Schlafkrankheit ein. Da er sehr eigensinnig war und lange nicht so umgänglich wie Schweitzer, geriet er häufig mit den Behörden in Konflikt. Als sein Name 1931 unter den Kandidaten für den Nobelpreis für Medizin kursierte, verweigerte ihm das ärztliche *establishment* die Unterstützung. Zur gleichen Zeit aber verkündete Frankreich auf der Kolonialausstellung, die Seuche der Schlafkrankheit sei in Französisch-Äquatorialafrika besiegt.

Ganz oben
Die Tse-tse-Fliege ist Hauptüberträger der für den Ausbruch der Trypanosomiasis – so die wissenschaftliche Bezeichnung der Schlafkrankheit – verantwortlichen Erreger.

Was machte es schon, dass Josephine Baker in Missouri geboren wurde!
Als »schwarze Venus« trimphierte sie im Theater der Champs-Élysées,
das 1925 eine »Neger-Revue« präsentierte.

ßen Erfolg mit seiner Erzählung *Paris-Timbuktu*, die er nach einer Rundreise durch den Senegal, Guinea, Obervolta und die Elfenbeinküste veröffentlicht hatte. In dieser großen Hommage an die Schwarzen, die »ihren Instinkten vertrauen«, schreibt er: »An Lebendigkeit übertreffen sie uns weit.«

Morand schreibt weiter: »Heute wünschen wir, Afrika möge uns seine Welt jener Epochen erklären, da es noch unberührt war.« Selbst André Gide, Ästhet im Haus Gallimard, der nichts von einem »Reiseschriftsteller« hatte, fühlte sich vom Schwarzen Kontinent angezogen. Mit 56 Jahren verließ er sein bequemes Pariser Appartement und brach zu einer Expedition durch Äquatorialafrika auf. Zum ersten Mal in seinem Leben ging er auf die Jagd und statt die Sänfte in Anspruch zu nehmen, marschierte er lieber zu Fuß mit den sechzig Trägern, die ihm die Kolonialverwaltung zur Verfügung gestellt hatte. In seiner *Reise in den Kongo* gelangt er zu dem Schluss: »Je dümmer der Weiße, desto einfältiger kommt ihm der Schwarze vor.«

Auf dem Weg nach Timbuktu legte Paul Morand einen Teil der Strecke gemeinsam mit einem anderen berühmten Reisenden zurück: Der Reporter Albert Londres war unterwegs, um sein Buch *Terre d'Ébène* vorzubereiten, mit dem er Schwarzafrika einem breiten Publikum vorstellte. Darin prangerte der Journalist die Ungerechtigkeiten der Kolonisierung an, vor allem die Arbeitsbedingungen der Eingeborenen, die für den Bau einer Eisenbahnstrecke zwischen Brazzaville und Pointe-Noire schuften mussten. Auch gewisse örtliche Machthaber schloss er aus seiner Kritik nicht aus: »Gibt es, da die europäischen Nationen den Sklavenhandel (offiziell) verboten haben, nun keine Sklaven mehr? Die Sklaven sind geblieben, wo sie waren – bei ihren Käufern. Nur ihre Bezeichnung hat sich geändert: Aus Gefangenen für den Sklavenmarkt sind ge-

fangene Haussklaven geworden. Sie sind die Neger der Neger.« Insgesamt aber zeichnet Albert Londres ein positives Bild der Afrikaner, unter denen sich ein Weißer stets ein wenig »wie der liebe Gott auf einem Spaziergang fühlt«.

Autotour durch Afrika

Auch die Werbung, damals noch »Reklame« genannt, instrumentalisierte die »Afrikamode«. Manchmal indirekt, zum Beispiel über die von André Citroen organisierten »Autotouren«. Citroen, der später den Vorderradantrieb erfand, war offenbar der Ansicht, das mit ausgebauten Straßen nicht gerade gesegnete Afrika sei das geeignete Terrain, die Qua-

Linke Seite und unten
Paul Colin, der dieses neokubistische Plakat entwarf, war der von Josephine Baker persönlich beauftragte Grafiker des Bühnenstars. Die Hauptdarstellerin der *Neger-Revue* trat auch in Filmen wie *Prinzessin Tam-Tam* (1935) auf. Er erzählt die Geschichte einer schönen Afrikanerin, die mit einem Schriftsteller nach Paris geht, es letztendlich aber vorzieht, in ihre Heimat zurückzukehren.

Oben, links
Die Teilnehmer der
Autotour durch Schwarz-
afrika (Gemälde von
Alexander Iakowleff).

Oben, rechts
Iakowleff zeichnet einen
erlegten Löwen.

Rechte Seite
Deutsches Werbeplakat.

litäten seiner Automobile unter Beweis zu stellen.
Der Produktionschef Georges-Marie Haardt persönlich leitete eine erste Tour von Tuggurt nach Timbuktu – die Stadt Cailliés faszinierte noch immer!
Schließlich fand von November 1924 bis Juni 1925
die berühmte Schwarzafrika-Tour statt: Acht Geländewagen durchquerten den Kontinent von Co-
lomb Béchar bis Madagaskar und legten dabei eine
Strecke von 26 000 Kilometern zurück. Dies war
eine werbewirksame sportliche Leistung und zugleich eine vom Kolonialministerium geförderte wissenschaftliche Mission. Zwei »Laborwagen« und
zwei »Kamerawagen« ermöglichten die Dokumenta-
tion des Ereignisses auf insgesamt 27 000 Metern
Filmmaterial und 6000 Fotografien.

Mit dabei waren der Filmemacher Léon Poirier, der
mit *La Croisière noire* einen der ersten großen Kino-
erfolge produzierte, und der russische Künstler
Alexander Iakowleff als offizieller Maler der Tour.
Er war ein Meister der damals sehr beliebten »Ko-
lonialkunst«, einer naturalistisch-exotischen Stil-
richtung der Landschafts- und Porträtmalerei. Die
Geländewagen durchquerten nicht nur das »französische Afrika«, sondern auch Territorien der anderen Kolonialmächte. In seinem ebenfalls unter dem
Titel *La Croisière noire* veröffentlichten Bestseller
berichtet Haardt von »herzlicher Hilfestellung der

Belgier, loyaler Unterstützung durch die Engländer
und einem freundlichen Empfang seitens der Portugiesen.«

Sammler afrikanischer Kunst

Um 1910 besuchte der ungarische Kunsthändler
Joseph Brummer Paris. In einem Laden für Auto-
ersatzteile entdeckte er eine sonderbare afrikanische
Maske. Ein solches Objekt ausgerechnet an diesem
Ort überraschte ihn. Ein junger Angestellter erklärte ihm, er erhalte ab und an solche »Mitbringsel aus
Afrika« von den Kautschuklieferanten der Reifen-
hersteller. Brummer kaufte ihm die Maske ab und
bat um Nachricht, sobald neue Objekte eingetroffen
seien. Paul Guillaume, sein Pariser Verhandlungspartner, witterte viel versprechende Geschäfte, als
er davon erfuhr, und veröffentlichte daraufhin Anzeigen und empfahl sich darin Afrikareisenden, die
Kunstobjekte besaßen, als Käufer von »Negerplasti-
ken«. Angebote ließen nicht lange auf sich warten,
und so konnte Guillaume in der Rue Miromesnil
schon bald die erste Pariser Galerie für afrikanische
Kunst eröffnen.

Eines Tages, ebenfalls in jenen Jahren, gab der Maler
Maurice de Vlaminck den Gästen eines Pariser Vor-
stadtcafés eine Runde aus. Zwei Unbekannte, allem
Anschein nach Matrosen, bedankten sich dafür,

Das schwarze Geschlecht

Die Citroën Expedition durch Central Afrika
unter Leitung von G. W. Haardt u. L. Audouin-Dubreuil
VERLEIH FÜR DEUTSCHLAND: PHOEBUS FILM A.G. BERLIN S.W.48. FRIEDRICHSTR 225.

indem sie dem Künstler zwei kleine Figuren aus Dahomey schenkten. Vlamincks Malerkollegen teilten seine Begeisterung für diese »Objekte« – von Kunst sprach man im Zusammenhang mit afrikanischen Skulpturen noch nicht. Ein anderes Mal schenkte ihm ein Freund der Familie eine Fang-Maske. Er überließ sie Derain, mit dem er sich das Atelier teilte, um an einem Monatsende in finanziell angespannter Situation über die Runden zu kommen. Sowohl Picasso als auch Matisse, die beide Derain besuchten, waren hellauf begeistert als sie die Maske sahen. Ein neuer Stil war geboren: Kaum ein Maler der Fauvisten oder Kubisten ließ sich künftig nicht von Werken anonymer afrikanischer Künstler inspirieren. Eine Meinung teilten die Künstler mit den »bürgerlichen« Kunden von Paul Guillaume: Die afrikanische Skulptur, so formulierte es der Galerist, »ist die Keimzelle der Kunst im 20. Jahrhundert.« Die einen sprachen von »primitiver Kunst«, manche von »Stammeskunst«, während die meisten anderen sie »Negerkunst« nannten. Picasso habe damals seine »Neger-Periode« gehabt, heißt es später. Was machte es schon, dass keiner dieser Künstler je in Afrika war und die meisten unter ihnen auch nie einem Schwarzen begegnet sind. Unabhängig von jeglicher soziologischer oder ethnologischer Betrachtung erklärten sie die Skulptur zum »autonomen Kunstwerk«, das »für sich alleine wirken kann«. Gewisse Autoritäten der »Humanwissenschaften« beklagten daraufhin eine »widerrechtliche Aneignung« und wandten ein, afrikanische Kunst dürfe nicht aus dem soziokulturellen Zusammenhang gelöst werden, in dem sie entstanden sei.

Ein Sammelsurium primitiver Kunst

Damals gab es in Europa bereits mehrere Museen für Völkerkunde. Das Pariser Haus, seit der Weltausstellung 1878 im Palais du Trocadéro auf der An-höhe von Chaillot eingerichtet, hatte die Aufgabe, Forschern »Objekte der in Europa unbekannten Völker« zur Verfügung zu stellen. Da jedoch nicht genügend Mittel vorhanden waren, hatten sich die Bestände zu einem ungeordneten Sammelsurium aufgetürmt.

Als Picasso zu jener Zeit sein leidenschaftliches Interesse für »Negerkunst« entdeckte, stattete er dem Museum einen Besuch ab. »Es war ekelerregend«, erzählte er später André Malraux, der Picassos Äußerung in seinem Buch *Das Haupt aus Obsidian* zitierte: »ein Durcheinander wie auf einem Flohmarkt, und es stank!« Trotz dieser Umstände war Picasso fasziniert: »Ich wollte nicht mehr gehen. Ich spürte, dass mir diese Dinge sehr wichtig waren: Irgendetwas geschah mit mir. Diese Masken waren nicht einfach nur beliebige Skulpturen. (…) Das ist so ähnlich wie mit Geistern, dem Unbewussten oder mit Gefühlen. Ich begriff, warum ich Maler war.«

Der alte Streit zwischen »Ästheten« und »Ethnologen« dauert bis heute an, obwohl das Völkerkundemuseum nur noch eine Abteilung des Musée de l'Homme ist. Einige der Verantwortlichen des Musée de l'Homme standen den Plänen, ihre Sammlungen sowie die Bestände des Musée des Arts d'Afrique et d'Océanie (zusammen mit einigen Exponaten »primitiver Kunst« aus dem Louvre) im künftigen Musée des Arts premiers zu vereinen, noch zu Beginn des Jahres 2002 mehr als skeptisch gegenüber. Dieses Museum ist ein Großprojekt des Staatspräsidenten und soll 2004 am Quai Branly eröffnen. Ästhetik und Ethnologie nicht fein säuberlich zu trennen, grenzt für sie an Ketzerei. Sie befürchten, dass mit diesem Projekt die Spekulation auf dem Kunstmarkt angeheizt wird und die Afrikaner dadurch verleitet werden könnten, auch noch die letzten seltenen Stücke aus ihrem Besitz abzugeben.

Reiche Beute, reges Sammeln

Die weißen Ethnologen haben, natürlich nur mit den besten Absichten, nicht darauf verzichtet, umfangreiche Objektsammlungen aus Afrika zusammenzutragen. Seit dem 19. Jahrhundert brachten manche der Forschungsreisenden, vor allem aber Militärs, »Andenken« mit nach Hause. Dies nahm noch viel größere Ausmaße an, nachdem Josephine Baker, eigens zu diesem Anlass engagiert, 1931 vor dem Trocadéro das Startsignal für die »Mission Dakar – Djibouti« gegeben hatte. Unter der Leitung von Marcel Griaule, einem jungen Ethnologen und Linguisten, der sich vor allem mit Studien zu den in Mali lebenden Dogon hervorgetan hatte, startete eine Mannschaft von Wissenschaftlern verschiedener Fachrichtungen mit Autos eine Entdeckungsreise durch Afrika. Der Kontinent sollte von Senegal über den französischen Sudan (Mali), Niger, Ober-Volta, Dahomey, Nigeria, Kamerun, Ubangi-Schari, bis zum englisch-ägyptischen Sudan und Äthiopien von West nach Ost durchquert werden. Einstimmig hatte das französische Parlament der Mission einen offiziellen Status zugebilligt, was die Verwaltungsbeamten der Kolonien dazu verpflichtete, mit den Teilnehmern zusammenzuarbeiten. Der Schriftsteller Michel Leiris, damals »Archivar und Sekretär« der Mission, hatte für die Kolonialbehörden eine Broschüre mit dem Titel *Allgemeine Hinweise für die Sammler ethnografischer Objekte* verfasst. Darin stand zu lesen: »Die gewöhnlichsten Objekte geben die meisten Auskünfte über eine Zivilisation. Eine Sammlung ethnografischer Objekte ist keine Sammlung von Kunstwerken.«

Das Abenteuer dauerte bis Januar 1933. Die »Ausbeute«, wie Paul Rivet, Gründer des Musée de l'Homme, das Sammelergebnis ohne jede Arglist nannte, war beachtlich: 3500 Gegenstände, von der Haarnadel aus Knochen bis hin zu Orakelstäben – Bambusstöckchen, die von Wahrsagern geworfen wurden, um aus ihrer Anordnung zu »lesen« –, 6000 Fotos, 3600 Meter Film, 200 Tonaufnahmen. In seinem Bericht *Phantom Afrika* erzählt Leiris, der mit gemischten Gefühlen an die Unternehmung zurückdachte, er habe jede Nacht etwas von einem

Ein neues Zeitalter begann, als Josephine Baker,
eigens zu diesem Anlass engagiert, 1931 vor dem Trocadéro das
Startsignal für die »Mission Dakar – Djibouti« gab.

Fetisch gekostet, »einer Art Schwein aus braunem Nugat, das heißt, aus geronnenem Blut und mindestens 15 Kilo schwer«. Und Griaules Arbeit über afrikanische Bräuche klingt wie eine polizeiliche Untersuchung. Er spricht von »Gegenüberstellungen« (mit Dolmetschern) und »Beweisstücken«.

Bei den Menschen vor Ort

Im Großen und Ganzen setzten die Anfänge der Geisteswissenschaften zur gleichen Zeit wie die Kolonisierung ein. Auch wenn die Wissenschaft später vor allem die negativen Aspekte jener Politik

hervorhob, verdankte sie ihr einiges. Den Ethnologen folgten in den Jahren nach 1950 der Franzose Georges Balandier und andere Soziologen. Sie reisten nach Afrika, um die von den weißen Eindringlingen verursachten sozialen Umwälzungen in den traditionellen Gesellschaften zu untersuchen. Nach dem Studium der Ureinwohner in ihren ursprünglichen Gesellschaften war es nun an der Zeit, die durch die Außenkontakte bewirkten Veränderungen zu analysieren. Ganz im Gegensatz zu den Kurzbesuchen von einst konnten diese Feldforschungen mehrere Jahre in Anspruch nehmen. Dazu war es notwendig, mit den Menschen vor Ort eng zusammenzuleben, außerdem musste der Forscher bereit sein, immer wieder auch seine eigene Position zu überdenken.

Die Unabhängigkeitserklärungen der afrikanischen Staaten hatten nicht etwa ein Ende der wissenschaftlichen Feldforschungen zur Folge, ganz im Gegenteil: Nigel Barley vom *British Museum* ist hier ein extremes, aber keinesfalls humorloses Beispiel – sein Studienobjekt waren die in Kamerun arbeitenden europäischen Anthropologen!

Die Pariser tragen Kolonialhelme

Im Mai 1931 begab sich Gaston Doumergue, Präsident der Republik Frankreich, zur Grande-Avenue-des-Colonies-Françaises in der Nähe des Bois de Vincennes, um die internationale Kolonialausstellung zu eröffnen. Auf dieser Schau waren die meisten jener europäischen Länder vertreten, aus denen auch Forschungsreisende stammten. Deutschland war nicht eingeladen, und Großbritannien, das gerade den Commonwealth gründete, sonderte sich ein wenig ab und hatte seine Teilnahme eingeschränkt. Stattdessen rühmte sich das Italien Mussolinis in einem Pavillon seiner Leistungen in Eritrea und Somalia. Belgien informierte über sein Engagement im Kongo, die größte aller europäischen Kolonien in

Afrika. Der Pavillon Portugals, im Stil des Palastes von Heinrich dem Seefahrer erbaut, erinnerte an seine große Ära, dabei waren von seinen Kolonien auf dem afrikanischen Kontinent nur noch Angola und Mosambik übrig geblieben. Innerhalb von vier Monaten kauften vier Millionen Pariser und Vorstädter, drei Millionen Franzosen aus der Provinz und eine Millionen ausländische Besucher eine Eintrittskarte. Abgebildet war darauf ein Weißer mit Kolonialhelm. Um sich bei gutem Wetter in die rechte Stimmung zu bringen, konnten die Besucher bei Verkäufern auf den Bürgersteigen vor den Toren der Ausstellung selbst einen solchen Helm erwerben. Die Menge drängte sich vor den Löwen und Elefanten des zoologischen Gartens, der anlässlich der Ausstellung eingerichtet worden war. Auf dem Daumesnil-See wurden Kurse im Einbaum-Paddeln angeboten. Vor dem Pavillon Französisch-Westafrikas hatte man das größte »afrikanische Dorf« aufgebaut, das jemals nachgestellt wurde: Dutzende von Schwarzen, »die Schönsten des ganzen Universums«, so

hieß es in der Ausstellungsbroschüre, sangen, tanzten, webten, kochten und »jagten«. Auch die mächtige Liga für Seefahrt und die Kolonien beteiligte sich, eine Organisation mit 550 000 Mitgliedern, darunter vor allem Lehrer. Seit 1925 stand »die Entstehung des französischen Kolonialreichs« auf dem Lehrplan des Geschichtsunterrichts. Handbücher würdigten die Leistungen der Forschungsreisenden, insbesondere die Brazzas. Schüler und Gymnasiasten beschlossen ihren Besuch der Ausstellung in einem ultramodernen Informationszentrum. Dort wurden die von der Agentur Havas übermittelten jüngsten Nachrichten aus dem Kolonialreich verkündet, während auf Weltkarten unablässig Leuchtzeichen blitzten und blinkten und so die Produktionsorte wichtiger afrikanischer Exportgüter markierten.

Papaya, Maniok und Kaffee
In Diderots *Enzyklopädie* schrieb der Autor des Artikels über die Maniguette, deren »Paradieskörner« genannte Samen schon sehr lange als Gewürz ver-

wendet wurden: »Bis zum heutigen Tag hat sich
noch niemand die Mühe gemacht, uns diese Pflanze
zu beschreiben. Alle Welt ist begierig, Geld zu verdienen, aber niemand bemüht sich darum, botanische Kenntnisse zu fördern.« Das Studium der Pflanzen, die Reisende mitgebracht hatten, wurde in der
Tat lange Zeit vernachlässigt. Der Umstand, dass für
ein und dieselbe Pflanze verschiedene umgangs-
sprachliche Bezeichnungen üblich waren, verkom-
plizierte die Angelegenheit und sorgte häufig für
Verwirrung. Gelegentlich sprachen Autoren gar von
»Kartoffeln« oder »Pflaumen« und beschrieben die
Pflanzen aus Verlegenheit mit in Europa geläufigen
Begriffen. Die aus Amerika stammende Papaya war
an der Goldküste schon Ende des 17. Jahrhunderts
bekannt. Ein Reisender jener Epoche bezeichnete
sie als »eine Frucht, rund wie eine kleine Melone,
die ein wenig nach Blumenkohl schmeckt«! Ohne
Unterschied war von »Saubohnen«, »Erbsen« oder

»Körnern« die Rede. Die Beschreibung ein und derselben Pflanze und ihrer Zubereitung konnte in verschiedenen Veröffentlichungen erheblich voneinander abweichen. Erst im 20. Jahrhundert, als über
Erdnuss, Jamswurzel, Maniok, Hirse, Süßkartoffel
oder Sorghum ernst zu nehmende wissenschaftliche
Studien erschienen, wurde mehr Wert auf Genauigkeit gelegt. Man stellte fest, dass ein großer Teil der
afrikanischen Nahrungsmittel aus Amerika stammten. Erdnüsse wurden auf den Sklavenschiffen als
Proviant mitgeführt. Über Maniok schreibt ein hol-
ländischer Reisender, der 1623 im Kongo war, die
Wurzel dieser Pflanze werde, zerkleinert und in
der Sonne getrocknet, »so weiß wie bestes Mehl«.
Maniok-Ableger waren ursprünglich aus Brasilien
in Afrika eingeführt worden. Während die Küstenvölker sich selbst um den Anbau von Maniok
bemühten und die Pflanze zu einem ihrer Grund-
nahrungsmittel machten, kultivierten die Stämme

im Landesinneren erst, als die Kolonialverwaltung, die die Pflanze als ein Wundermittel gegen Hungersnöte betrachtete, sie dazu anhielt. Kaffee, vor allem die Sorte Robusta, wurde 1880 von den Briten in Ostafrika als Plantagenpflanze eingeführt, weil die Anbaugebiete in Indien den Bedarf auf dem Weltmarkt allein nicht mehr decken konnten. Die ersten Kaffeeplantagen ließen vermutlich protestantische Missionare in Kenia anlegen. In Tanganjika schlossen sich die Deutschen dann diesem Vorbild an.

1929 richtete der Forschungsreisende und Botaniker Auguste Chevalier am Pariser Naturkundemuseum einen Lehrstuhl und ein Laboratorium für koloniale Agrarwissenschaft ein. Nach zahlreichen Aufenthalten im Senegal und im Sudan, im Tschad und in Ubangi-Schari, hatte Chevalier mit der Zeit bedeutende Sammlungen tropischer Gewächse und Samenkörner angelegt. Die von ihm herausgegebene *Zeitschrift für koloniale Agrarwissenschaft und Pflan-* *zengeografie* genoss weltweit hohes Ansehen. 1962 spielte das Museum für die Erforschung und den Schutz der Natur in den Äquatorialregionen erneut eine wichtige Rolle, als der Botaniker und Pilzkundler Roger Heim in der Zentralafrikanischen Republik die Versuchsstation von Maboké begründete.

Die Wirksamkeit der Heilpflanzen

Auch wenn die Tropenmedizin viel für Afrika geleistet hat, so hat sie doch die Kenntnisse der Einheimischen über die Wirkung ihrer Heilpflanzen oft genug nicht ernst genommen. Heilpflanzen sind das einzige therapeutische Mittel, das traditionellen Medizinmännern zur Verfügung steht. Da es an Krankenhäusern und Arztpraxen im europäischen Sinne bis heute mangelt, sind sie oft die Einzigen, die Bedürftige versorgen können. Richtig dosiert wirken viele Heilpflanzen genauso gut wie chemische Arzneimittel. Missionare und später auch die

Folgende Doppelseite
Kaffeeernte in Madagaskar. Die 1500 von dem Portugiesen Diego Dias entdeckte Insel vor der Küste des Schwarzen Kontinents, auf der sich kleine Königreiche gegenseitig den Rang streitig machten, hatte eine bewegte Geschichte. Im 19. Jahrhundert verbündeten sich die Dynastien mal mit den Franzosen, mal mit den Briten. Die Franzosen, die 1643 im Süden der Insel das Fort-Dauphin gegründet hatten, waren auch Nutznießer eines 1885 unterzeichneten Protektoratsvertrags. Das daraufhin in eine Kolonie verwandelte Madagaskar wurde bald für seine Vanille, für Gewürznelken, Kaffee und grünen Pfeffer berühmt.

PLANTES MÉDICINALES. (Aloë socrotina).
Aloès.

Récolte de la sève.

Floraison.

VÉRITABLE EXTRAIT DE VIANDE LIEBIG.

Kaffee wurde 1880 von den Briten in Ostafrika eingeführt, weil die Anbaugebiete in Indien den Bedarf auf dem Weltmarkt allein nicht mehr decken konnten.

Ärzte der Entwicklungshilfe haben dies wiederholt festgestellt. Und so nennt sich eine Gruppe von Pariser Medizinern, die heute im Senegal unentgeltlich Dienst tun, nicht zufällig »Kinkeliba« – nach dem dort gebräuchlichen Namen einer Pflanze, die in den Gebieten südlich der Sahara gedeiht und als Kräutertrank gegen erhöhten Blutdruck und Malaria Verwendung findet.

In unseren Tagen beschäftigen sich verschiedene Einrichtungen, zum Beispiel das Nationale Forschungsinstitut für Pharmakopöe und traditionelle Medizin Malis, unter Beteiligung europäischer Wissenschaftler mit afrikanischen Cholagogen (gallentreibenden Stoffen), fiebersenkenden Mitteln und Wundkräutern. Und die von Abayomi Sofowora, Professor an der nigerianischen Universität von Ife, geleistete Arbeit über traditionelle Medizin, wird von der Hochschule für Pharmazie in Lausanne, der Schweizer Akademie für Naturwissenschaften, der Universität von Illinois und sogar von der Hochschule für Pharmazie in Tokio unterstützt.

Im Visier der Fotografen

»Künftig wird nichts mehr gelten, was nicht zuvor fotografiert worden ist«, schrieb Émile Zola 1900. Schon Zeitschriften, die über die Forschungsreisen berichteten, illustrierten die Reportagen mit einer Fülle von Fotos oder nach Fotos angefertigten Stichen. Um die Jahrhundertwende gehörte eine Zeiss oder eine Reflex in den Koffer jedes Reisenden. Henri Gouraud, jener französische Offizier, der 1898 Samory gefangen nahm, widmete sich mit Leiden-

schaft der Geografie und veröffentlichte mehrere Bücher, in denen er von seinen Abenteuern berichtete. Auch als Fotograf war er so emsig, dass er immerhin 20 000 Negative hinterließ, die seit dem Jahr 2000 in den Archiven des französischen Außenministeriums aufbewahrt werden. Ob Papierabzüge, stereoskopische Ansichten oder Autochrome – er nutzte abwechselnd alle ihm zur Verfügung stehenden Möglichkeiten und hielt seine Untergebenen zur Mitarbeit an. So erstellte er ein nahezu vollständiges Bildverzeichnis jener fernen Regionen, die er befriedete und erforschte.

Das Auge am Sucher begannen nun die unterschiedlichsten Persönlichkeiten, die nicht nur aus Ländern mit Kolonien stammten, Afrika aus ganz anderen Blickwinkeln zu erkunden – auf der Jagd nach Bildern. Als erster professioneller Fotograf reiste der Pole Kazimir Ostoja Zagorski (1880–1941) zum Beispiel ins Landesinnere des Kongo und wurde selbst in den abgelegensten Dörfern respektiert. Die von dieser Reise erhaltenen einigen Tausend Negative stellen eine gründliche ethnografische Studie Afrikas in den Jahren von 1920 bis 1930 dar. Zeremonien und afrikanische Objekte fotografierte er stets in ihrem kulturellen Zusammenhang und dokumentierte so in vielfältiger Weise Initiations- und Beschneidungsriten, Maskentänze, Musikinstrumente und Jagdwaffen. Eine andere bemerkenswerte Persönlichkeit war Vivienne de Watteville (1900–1957), Tochter einer Engländerin und eines Schweizer Naturforschers. Als sie ihren Vater 1923 auf einer Reise durch Ostafrika begleitete,

Linke Seite
Der bittere Saft der ost- und südafrikanischen Aloe war für seine abführende Wirkung bekannt. Werbeplakat der Firma Liebig.

Oben
Das Frankreich der 1930er Jahre kochte, dank der Kolonie Senegal, mit Erdnussöl. Während der Besatzung musste man jedoch wieder auf Rübenöl zurückgreifen.

Folgende Doppelseite
Auf diesem Plakat, das für die Vorzüge von Kreuzfahrten im Winter wirbt, sieht es so aus, als hätten auch die Eingeborenen ihr Vergnügen am Tourismus …

Je mehr man sich wilden Tieren nähert, desto größer wird die Enttäuschung. Man hat es geschafft, heranzukommen, die Beute ist greifbar. Aber ob man das Tier nun als Jäger tötet oder als Fotograf ein Bild von ihm schießt, letztendlich ist es doch entkommen. Als Trophäe ist es tot. Und was ist schon ein Foto? Ich glaube, dass all jene, die Stunde um Stunde zwischen Hoffnung und Verzagen auf der Lauer lagen, auch wenn sie keine leidenschaftlichen Jäger sind, jenes Gefühl kennen, das ich empfand, als ich eine Herde Antilopen beobachtete: Wie unvergleichlich wäre es, könnte man sich unter diese Tiere mischen, ohne dass sie es bemerkten!

Vivienne de Watteville, *Zum Tee bei Elefanten*, 2001

wurde der Unglückliche von einem wilden Tier getötet. Vivienne hätte allen Grund gehabt, Afrika und seine Fauna zu hassen. Doch das Gegenteil war der Fall – sie entwickelte eine besondere Liebe für jene Tiere, deren »stumme und erschreckend duldsame Blicke« in Zoos und Zirkussen »unvorstellbare Abgründe von Hoffnungslosigkeit« erkennen lassen. Ausgerüstet mit Fotoapparaten, Grammophon und einem Vorrat an Tee, reiste sie nach Kenia. Auch die Jagdleidenschaft wurde ihr dort verständlicher: »Man jagt, um das, was man liebt, besitzen zu können. Möglicherweise ist dies keine menschenwürdige Regung, doch sie ist menschlich.« Sie selbst allerdings lag lieber auf der Lauer nach Schnappschüssen. Löwen, Giraffen, Zebras und Antilopen wollte sie in »natürlichem Posen« einfangen. Niemand hat so kenntnisreich wie sie über die technischen Schwierigkeiten der Tierfotografie gesprochen. So schildert sie zum Beispiel die Kunst, sich gegen den Wind anzuschleichen, um nicht sofort gewittert zu werden, die aber auch ohne jegliche Beleuchtungshilfe auskomme und ohne die Suche nach Perfektion, zu der das Fotografieren so leicht verleite.

Diane Fossey bei den Gorillas

Die Amerikanerin Diane Fossey (1932–1985) begnügte sich nicht damit, die Gorillas zu fotografieren. Indem sie ihre Schreie nachahmte, den »Sprachcode« dieser Tiere, gelang es ihr, sich mit ihnen zu »verständigen«. Ihr Abenteuer stellt nur eine Episode einer langen Geschichte zwischen dem Menschen und jenen Primaten dar, die ihm am ähnlichsten sind. Während einer Mission 1902, bei der es um die Grenzen zwischen Belgisch-Kongo und den entferntesten Winkeln der deutschen Kolonie entlang der Bergkette der Virungavulkane ging, tötete Oskar von Beringe, Hauptmann der deutschen Truppen in Ruanda, zwei riesenhafte Tiere

Oben
Die von Afrika »Besessenen« gehörten den unterschiedlichsten sozialen Schichten an. Dieses Foto zum Beispiel machte Prinz Henri d'Orléans (1867–1901). Der Enkel des Königs Louis-Philippe war Forschungsreisender.

Folgende Doppelseite
Während weiße Herren die Eingeborenen zum Bau von Straßen und Eisenbahnlinien zwangen, entdeckten die Fotografen die langsamen und friedlichen Wasserwege der Einheimischen.

Im 19. Jahrhundert spielten die Frauen bei der Erforschung Afrikas aus gesellschaftlichen Gründen kaum eine Rolle. Dafür haben sie sich im folgenden Jahrhundert, allerdings auf besondere Weise, umso mehr hervorgetan.

einer unbekannten Affenart. Die Neugier der Deutschen auf diese Anthropoiden mit silbernen Haaren am Rücken war geweckt. Zunächst begannen sie mit ersten Beobachtungen, die sie jedoch abbrachen, nachdem Ruanda an Belgien abgetreten werden musste. Doch wegen der Berggorillas, denn um sie handelte es sich, waren damals auch viele Jäger im Virunga-Massiv unterwegs. Dies änderte sich erst, als es Carl Akeley vom amerikanischen Museum für Naturgeschichte 1925 gelang, König Albert von Belgien davon zu überzeugen, ein Schutzgebiet zur Erhaltung dieser Art einzurichten. Akeley blieb

einer jungen Amerikanerin, die er in Ostafrika kennen gelernt hatte, von diesen Tieren. Damals war Diane Fossey nur eine unbekannte Ergotherapeutin, die Ferien machte. Da sie sich kaum mit Tieren auskannte und darüber hinaus unter einer schwachen Lunge litt, schien sie nicht gerade geeignet, tiefe Schluchten und Vulkanhänge, die ständig im Nebel lagen, auf 4000 Meter Höhe nach Gorillas zu durchstreifen. Doch aus der Begegnung mit Leakey entwickelte sich ihre Bestimmung: Bald galt sie weltweit als beste Kennerin der Berggorillas. Ganz allein ließ sie sich 1966 in Zaire nieder. Bald

nicht viel Zeit, unser Wissen um seine Schützlinge zu mehren, denn er starb unerwartet an einer Krankheit, die er sich im feucht-kalten Klima der Virunga-Berge zugezogen hatte.

Doch immer wieder interessierten sich Wissenschaftler für die Gorillas. 1963 erzählte der englische Anthropologe Louis Leakey, der sich mit Forschungen über die Abstammung des Menschen befasste,

schon schlich sie sich an die männlichen Tiere heran, die bis zu 160 Kilo schwer werden können. »Wenn ich mich jetzt bewege, bin ich verloren«, sagte sie sich manchmal. Doch dann begann ein »Dialog«. Eines Tages, nach einem langen »Tête-à-tête« mit einem Gorilla, kam das Tier zurück und präsentierte ihr sein Weibchen und die Jungen. *Gorillas im Nebel*, das Buch, mit dem sie 1983

berühmt wurde, sowie der 1987 posthum gedrehte Film erzählen von diesen Begebenheiten.

Der Bürgerkrieg in Zaire zwang Diane Fossey, das Land zu verlassen und sich zunächst im damals noch friedlichen Ruanda niederzulassen. Sie hielt Vorträge, schrieb Artikel für die Zeitschrift *National Geographic* und organisierte Patrouillen von Waldhütern, um die Wilderei zu bekämpfen, die die letzten frei lebenden Exemplare einer der faszinierendsten Tierarten bedrohte.

Sie führte das Forschungszentrum im ruandischen Karisoke, bis sie eines Abends, am 27. Dezember 1987, in ihrem Bungalow von einem Unbekannten ermordet wurde. Gewissen Leuten war sie in die Quere gekommen. Heute setzt sich die Stiftung Diane Fossey auch über eine Internetseite für die Erhaltung der 650 in Ruanda und Uganda gezählten Tiere ein.

Leni Riefenstahl bei den Nuba

Im 19. Jahrhundert spielten die Frauen bei der Erforschung Afrikas aus gesellschaftlichen Gründen kaum eine Rolle. Dafür haben sie sich im folgenden Jahrhundert, allerdings auf besondere Weise, umso

mehr hervorgetan. Geografie interessierte sie weniger, aber die Völker Afrikas sowie die Flora und Fauna des Kontinents dafür umso mehr. Die 1902 geborene Deutsche Leni Riefenstahl gehört, mit Vivienne de Watteville und Diane Fossey, zu jenen Persönlichkeiten, deren Abenteuer mit den Unternehmungen eines Caillié oder Livingstone verglichen werden können. Als sie 1960 damit begann, sich mit Afrika zu beschäftigen, war Leni Riefenstahl schon als Filmschauspielerin und Regisseurin umstrittener, in ihrer Qualität jedoch atemraubender Filme für das nationalsozialistische Deutschland (*Triumph des Willens* über den NS-Parteitag von Nürnberg und *Olympia* über die Spiele von Berlin 1936) berühmt geworden.

Nach dem Krieg musste sie sich zunächst mit schweren Vorwürfen auseinander setzen – es hieß, sie sei Hitlers Geliebte gewesen. Als sie eines Tages Ernest Hemingways *Die grünen Hügel Afrikas* las, begeisterte sie sich für den Schwarzen Kontinent. Sie reiste nach Kenia, um einen Film zu produzieren, dessen Drehbuch sie selbst verfasste. Sie erlitt einen schweren Autounfall und musste ins Krankenhaus. Während sie ihre Verletzungen auskurier-

*Aus Pfaden, die sich Brazza und Serpa Pinto noch mit dem
Buschmesser freischlugen, entstanden geteerte Landstraßen, die sich mitten durch
die äquatorialen Urwälder ziehen.*

te, entdeckte sie in einer Ausgabe des Magazins *Stern* eine Reportage über die Nuba, einen fremdartigen Stamm, der in kaum zugänglichen Gebieten im Süden des Sudan lebt. Nachdem ihre Vorfahren aus der Savanne fliehen mussten, um den Sklavenjägern zu entkommen, hatten sich die hoch gewachsenen und körperlich wohlgestalteten Nuba in eine Bergregion zurückgezogen. Im Alter von sechzig Jahren begann Leni Riefenstahl eine neue Karriere. Sie besorgte sich alle notwendigen Genehmigungen bei den Behörden in Khartum, erwarb Grundkenntnisse der Nuba-Sprache und ließ sich ganz allein auf diesen am Rande der »Zivilisation« lebenden Stamm ein. Sie wurde akzeptiert. Zwischen 1963 und 1975 betrieb sie regelrecht ethnologische Grundlagenforschung und fotografierte die Nuba sogar bei intimsten Initiationsriten. Die Aufnahmen, zuerst in *Time Life* veröffentlicht, gingen um die ganze Welt.

Neue *terrae incognitae*

Zu Beginn unseres Jahrhunderts hätte Leni Riefenstahl die Nuba nicht mehr fotografieren können. Der Bürgerkrieg zwischen den Arabern im Norden und den animistischen Völkern im Süden des Sudan hat sie mehr denn je vom Rest der Welt isoliert. Einige Jahre zuvor spielte sich in Ruanda, in jenem Land, in das sich Diane Fossey geflüchtet hatte, einer der fürchterlichsten Völkermorde der afrikanischen Geschichte ab. Die Fluten der Ströme, auf denen sich Livingstone und Stanley so sehr abmühen mussten, werden längst von mächtigen Staudämmen gebändigt, wie bei Cabora Bassa in Mosambik oder Inga in Zaire. Aus Pfaden, die sich Brazza und Pinto mit dem Buschmesser freischlugen, sind geteerte Landstraßen geworden, die sich mitten durch die äquatorialen Urwälder ziehen. Doch die Bürgerkriege zwischen den Volksgruppen und die Spannungen zwischen den unabhängigen Staaten erweisen sich als viel schwerwiegendere Probleme als die Streitigkeiten zwischen den kleinen »Königreichen«, deren launenhafte Herrscher einst Park und Barth mehr oder weniger freundlich empfingen. Aus den *Terrae incognitae* der alten Landkarten sind im Sudan, in Somalia, im Kongo, in Angola und anderswo »Gefahrenzonen« geworden. »Krisenstäbe« in den Außenministerien der europäischen Staaten empfehlen ihren Bürgern dringend, sie zu meiden. Afrika ist zwar besser bekannt – mit dem Flugzeug sind die Entfernungen leicht zu überwinden – doch paradoxerweise ist dieser Kontinent heute auf andere Weise unbekannt. Die unermesslichen Weiten, die furchtlose Weiße einst mit einem Gefühl von Freiheit durchmaßen, das dem unbefangenen Herumtollen der wilden Tiere glich, die sie dort erblickten, gibt es nicht mehr.

Bibliografie

Berichte von Forschern und Reisenden

Originalausgaben

Baines, Thomas, *Voyage dans le sud-ouest de l'Afrique, récit d'explorations faites en 1861 et 1862* (übersetzt aus dem Englischen), Hachette, erschienen in der Reihe »Bibliothèque rose illustrée«, 1868.

Baker, Samuel, *Découvertes de l'Albert N'yanza. Nouvelles explorations des sources du Nil* (übersetzt aus dem Englischen), Hachette, 1868.

Barth, Heinrich, *Reisen und Entdeckungen in Nord- und Central-Afrika in den Jahren 1849 bis 1855*, 5 Bände, Justus Perthes, Gotha 1857.

Binger, Louis, *Du Niger au golfe de Guinée, à travers le pays de Kong et le Mossi*, Hachette, 2 Bände, 1862.

Caillié, René, *Journal d'un voyage à Tombouctou et à Jenné dans l'Afrique centrale, précédée d'observations faites chez les Maures Braknas, les Nalous et autres peuples, pendant les années 1824, 1825, 1826, 1827, 1828*, Imprimerie Royale, (3 Bände und ein Atlas), 1830.

Dubois, Félix, *La Vie au continent noir. Scènes de la vie d'exploration. Récit d'un voyage en Guinée française et dans le pays du Haut-Niger, accompli par Félix Dubois et le peintre Adrien Maire sous la direction du capitaine Brosselard-Faidherbe*, J. Hetzel, 1893.

Ders., *Tombouctou la Mystérieuse*, Flammarion, 1897.

Gallieni, Joseph, *Voyage au Soudan français*, Hachette, 1885.

Lander, Richard und John, *Journal d'une expédition entreprise en 1830 dans le but d'explorer le cours et l'embouchure du Niger* (übersetzt aus dem Englischen), Paulin, (3 Bände), 1832.

Lenz, Oskar, *Timbuktu, Reise durch Marokko, die Sahara und den Sudan*, (2 Bände), 1886.

Livingstone, David, *Explorations dans l'intérieur de l'Afrique australe et voyages à travers le continent, de Saint-Paul de Loanda à l'embouchure du Zambèse, de 1840 à 1856*, Hachette, 1859.

Livingstone, David und Charles, *Explorations du Zambèse et de ses affluents, 1858–1864* (übersetzt aus dem Englischen), Hachette, 1866.

Livingstone, David, *Dernier journal* (übersetzt aus dem Englischen), Hachette, 1876.

Maistre, Casimir, *À travers l'Afrique centrale, du Congo au Niger*, Hachette, 1895.

Mollien, Gaspard-Théodore, *Voyage dans l'intérieur de l'Afrique, aux sources du Sénégal, fait en 1818, par ordre du gouvernement français*, Imprimerie Veuve Courlier, (2 Bände), 1820.

Park, Mungo, *Voyage dans l'intérieur de l'Afrique, fait en 1795, 1796 et 1797, par M. Mungo Park, envoyé par la Société d'Afrique établie à Londres* (übersetzt aus dem Englischen), bei Tavernier, Dente et Carteret, AN VIII (2 Bände).

Speke, John Hanning, *Les Sources du Nil, Journal de voyage du capitaine J. H. Speke* (übersetzt aus dem Englischen), Hachette, 1865.

Schweinfurth, Georg, *Im Herzen von Afrika. Reisen und Entdeckungen im zentralen Äquatorial-Afrika während der Jahre 1868–1871*, F. A. Brockhaus, Leipzig.

Serpa, Pinto Alexander, *Comment j'ai traversé l'Afrique depuis l'Atlantique jusqu'à l'océan Indien à travers des régions inconnues* (übersetzt aus dem Englischen und dem Portugiesischen), Hachette, 1881.

Stanley (Morton), Henry, *Comment j'ai retrouvé Livingstone* (übersetzt aus dem Englischen), Hachette, 1874.

Ders., *À travers le continent mystérieux*, Hachette, 1879.

Ders., *Dans les ténèbres de l'Afrique. Recherche, découverte et retraite d'Emin Pacha*, Hachette, 1890.

Neuere Ausgaben

Battuta, Ibn, *Voyages*, Band 3: *Inde, Extrême-Orient, Espagne et Soudan*, La Découverte, 1990.

Brazza, Pierre Savorgnan de, *Au cœur de l'Afrique, vers la source des grands fleuves*, Phébus, 1992, und Payot, in der Reihe »Petite Bibliothèque Payot/Voyageurs« (Auswahl seiner 1887 und 1888 unter dem Titel *Voyages dans l'Ouest africain* von *Le Tour du monde* veröffentlichten Berichte).

Burton, Richard und Speke, John, *Aux sources du Nil. La Découverte des Grands Lacs africains 1857–1863*, Phébus, 1988 (Anthologie, illustriert mit den Stichen, die zusammen mit verschiedenen Berichten der beiden Männer in *Le Tour du monde* veröffentlicht wurden.

Caillié, René, *Voyage à Tombouctou* (2 Bände), La Découverte, 1989.

Douville, Jean-Baptiste, *Un Voyage au Congo, 1827–1828*, La Table Ronde, 1991.

L'Africain, Jean-Léon, *Description de l'Afrique*, Adrien Maisonneuve, 1981.

Livingstone, David, *Explorations dans l'Afrique australe 1840–1864*, Karthala, 1981.

Mollien, Gaspard-Théodore, *L'Afrique occidentale en 1818 vue par un explorateur français*, Calmann-Lévy, 1967.

Park, Mungo, *Voyage dans l'intérieur de l'Afrique*, La Découverte/Taschenbuch, 1996.

Berichte aus dem 20. Jahrhundert

Balandier, Georges, *Afrique ambiguë*, Plon, 1957, erschienen in der Reihe »Pocket«.

Barley, Nigel, *Le Retour de l'anthropologue* (übersetzt aus dem Englischen), Payot, in der Reihe »Petite bibliothèque«, 1998.

Fossey, Diane, *Gorillas im Nebel – Mein Leben mit den sanften Riesen*, München 1991.

Gide, André, *Voyage au Congo*, Éditions de la NRF, 1927, in der Reihe »Folio« erschienen.

Haardt, Georges-Marie und Audouin-Dubreuil, Louis, *Le Raid Citroën. La première Traversée du Sahara en automobile, de Touggourt à Tombouctou par l'Atlantique*, Plon, 1924.

Ders., *La Croisière noire. Expédition Citroën Centre-Afrique*, Plon, 1927.

Leiris, Michel, *L'Afrique fantôme*, Gallimard, 1934, erschienen in der Reihe »Tel«.

Londres, Albert, *Terre d'ébène*, Albin Michel, 1929, erschienen bei Arléa-poche.

Watteville, Vivienne de, *Un thé chez les éléphants* (übersetzt aus dem Englischen), Payot, in der Reihe »Petite bibliothèque«, 2001 (die Neuauflage des ersten Teils von *L'Appel de l'Afrique* erschien im gleichen Verlag 1936).

Bücher über Entdecker und Forschungsreisende

Arnaut, Robert, *Sur les traces de Stanley et Brazza*, Mercure de France, 1989.

Broc, Numa, *Dictionnaire illustré des explorateurs français du XIXe siècle (Afrique)*, Éditions du Comité des travaux historiques et scientifiques, 1988.

Chevallier, Auguste, *Michel Adanson, voyageur, naturaliste et philosophe*, in der Reihe »Médaillons coloniaux«, Larose, 1934.

Deschamps, Hubert, *Histoire des explorations*, in der Reihe »Que sais-je?« PUF, 1969.

Hugon, Anne, *L'Afrique des explorateurs*, in der Reihe »Découvertes«, Gallimard, 1991.

Ders., *Vers Tombouctou*, in der Reihe »Découvertes«, Gallimard, 1994.

Quella-Villéger, Alain, *René Caillié, une vie pour Tombouctou*, Atlantique (in Poitier), 1999.

Ricard, Alain, *Voyages de découvertes en Afrique* (Anthologie mit Anmerkungen zu den For-

schungreisenden), in der Reihe »Bouquins«, Robert Laffont, 2000.

Allgemeine Literatur

Comte, Gilbert, *L'Empire triomphant 1871–1936*, Denoël, 1988.

Cornevin, Robert (Hrsg.), *Hommes et destins. Dictionnaire biographique d'outre-mer*, Académie des sciences d'outre-mer, 1975.

Dapper, Olfert, *Description de l'Afrique*, mit einem Vorwort versehener Nachdruck der französischen Originalausgabe in *Objets interdits*, Fondation Dapper, 1990.

Deschamps, Hubert (Hrsg.), *Histoire générale de l'Afrique noire*, PUF, Band 1, *Des origines à 1800*, 1970 und Band 2, *De 1800 à nos jours*, 1971.

Ki-Zerbo, Joseph, *Histoire de l'Afrique noire*, Hatier, 1972.

Lugan, Bernard, *Atlas historique de l'Afrique des origines à nos jours*, Éditions du Rocher, 2001.

Mauny, Raymond, *Les Siècles obscurs de l'Afrique noire*, Fayard, 1970.

Péroncel-Hugoz, Jean-Pierre, *Le Fils rouge portugais*, Bartillat, 2002.

Wesseling, Henri, *Le Partage de l'Afrique, 1880 bis 1914*, Denoël, 1996.

Monografien

Bergougniou, Jean-Michel, Clignet, Rémi und David, Philippe, *Villages Noirs en France et en Europe (1870–1940)*, Karthala, 2001.

Chastanet, Monique (Hrsg.), *Plantes et paysages d'Afrique*, Karthala, 1998.

Hodeir, Cathérine und Pierre, Michel, *L'Exposition coloniale*, Complexe (Brüssel), 1991.

Laissus, Yves und Petter, Jean-Jacques, *Les Animaux du Muséum*, Imprimerie Nationale, 1993.

Laissus, Yves, *Le Muséum nationale d'histoire naturelle*, in der Reihe »Découvertes«, Gallimard, 1995.

Lejeune, Dominique, *Les Sociétés de géographie en France et l'expansion coloniale au XIXe siècle*, Albin Michel, 1993.

Renault, François und Daget, Serge, *Les Traites négrière en Afrique*, Karthala, 1985.

Sofowora, Abayomi, *Plantes médicinales et médecine traditionnelle d'Afrique* (übersetzt aus dem Englischen), Karthala, 1996.

Webster, Paul, *Fachoda, la bataille pour le Nil*, Éditions du Félin, 2001.

Bildnachweis

Abkürzungen: *o = oben, u = unten, l = links, r = rechts, M = Mitte*

S. 4: © Bianchetti/Leemage
S. 6: Cabinet des estampes, Bibliothèque Nationale, Paris © Photothek Hachette
S. 8: Louvre, Paris © RMN-Hervé Lewandowski
S. 9 o: in *Monuments de l'Égypte de la Nubie*, Bibliothèque Nationale, Paris © Bridgeman/Charmet Archive
S. 9 u: Glyptothek, München © AKG
S. 10–11: Nationales archäologisches Museum, Neapel © G. dagli Orti
S. 13: Bristol City Museum and Art Gallery © Bridgeman Art Library
S. 14: Museo da Arte antiga, Lissabon © Arthphoto/ H. Stierlin
S. 15 l: aus *Livre des Armada*, Akademie der Wissenschaften, Lissabon © Photothek Hachette
S. 15 r: British Library, London © Photothek Hachette
S. 16 von l nach r und von u nach o: Cabinet des estampes, Bibliothèque Nationale, Paris © Photothek Hachette
S. 17 o: © AKG
S. 17 M: British Museum, London © Photothek Hachette,
S. 18: British Museum, London © AKG
S. 19 l: British Museum, London © Bridgeman Art Library
S. 19 r: Victoria & Albert Museum, London © Bridgeman Art Library
S. 20 u: Société de géographie, Bibliothèque Nationale, Paris © Photothek Hachette
S. 20 o: British Museum, London © Bridgeman Art Library
S. 21: Bibliothèque Nationale, Paris © Bridgeman/Charmet Archive
S. 22 o: Schloss von Versailles © RMN-Franck Raux
S. 22 u: aus *Plantes de la Martinique et de la Guadeloupe*, 1688, Bibliothèque Nationale, Paris © AKG
S. 23: Sammlung der Botany Library, Natural History Museum, London © Bridgeman Art Library
S. 24 und 25: Stich aus der Sammlung vierbeiniger Tiere von Buffon, die aus 362 kolorierten Bildern besteht und nach dem zoologischen Ordnungssystem von Linné angeordnet ist. Cabinet des estampes, Bibliothèque Nationale, Paris © Photothek Hachette
S. 26: Musée des Arts d'Afrique et d'Océanie, Paris © Bridgeman/Charmet Archive
S. 27 o: aus *Le Tour du monde* © Photothek Hachette
S. 27 u: Sammlung Bareiss © AKG
S. 28: Stich aus *Voyages de M. le Vaillant dans l'intérieur de L'Afrique par le Cap de Bonne-Espérance 1780–1785*, Bibliothèque Nationale, Paris © Bridgeman/Charmet Archive
S. 29: Stich aus *Voyage aux Indes orientales et en Chine*, Bibliothèque Nationale, Paris © Photothek Hachette
S. 30: Karten und Pläne, Bibliothèque Nationale, Paris © Photothek Hachette
S. 31 o: Musée des Arts d'Afrique et d'Océanie, Paris © RMN-J. G. Berizzi
S. 31 u: Stich aus *Voyage en Afrique de Vaillant 1795*, Bibliothek Marciana, Venedig © G. dagli Orti
S. 32: Musée de la Marine, Paris © Roger Viollet
S. 33: Musée des Arts d'Afrique et d'Océanie, Paris © G. dagli Orti
S. 35: Bibliothèque des Arts Décoratifs, Paris © Bridgeman/Charmet Archive

S. 36 o: Musée des Arts d'Afrique et d'Océanie, Paris © G. dagli Orti
S. 36 u: © AKG
S. 37 l: Bibliothèque Nationale, Paris © Photothek Hachette
S. 37 r: © Photothek Hachette
S. 38–39: Cabinet des estampes, Bibliothèque Nationale, Paris © Photothek Hachette
S. 40: Louvre, Paris © RMN-Arnaudet
S. 43: aus *Le tour du monde 1880 (2e semestre)* © Photothek Hachette
S. 44: Musée des Arts d'Afrique et d'Océanie, Paris © G. dagli Orti
S. 45 o: in *Voyages dans le Soudan occidental par Eugène Mage*, Hachette 1868 © Photothek Hachette
S. 45 u: © AKG
S. 46–47: © Jean-Luc Manaud/Rapho
S. 49: Musée des Arts d'Afrique et d'Océanie, Paris © G. dagli Orti
S. 50: © AKG
S. 51: Royal Geographic Society, London © Bridgeman Art Library
S. 52 l: © Photothek Hachette
S. 52 r: in *Voyage autour du monde de la Favorite*, Arthus-Bertrand, Paris, 1835, Bibliothèque municipale, Versailles © Jean Vigne
S. 53: Bibliothèque Nationale, Paris © Photothek Hachette
S. 54 o: Musée des Arts d'Afrique et d'Océanie, Paris © G. dagli Orti
S. 54 M: aus *Narrative of travels in Central Africa*, London, 1826, Bibliothek des Musée de l'Homme, Paris © Photothek Hachette
S. 55 l: © Bibliothèque Nationale de France
S. 55 r: © Bibliothèque Nationale de France
S. 56: aus *Note de Voyage à Tombouctou et à Jennes dans l'Afrique centrale, par René Caillié avec des remarques géographiques de Jomard*, Paris 1830, © Bibliothèque Nationale © Photothek Hachette
S. 57: © Selva/Leemage
S. 58: © Photothek Hachette
S. 59: Bib. Institut, Leipzig © AKG
S. 60: aus *Note de Voyage à Tombouctou et à Jennes dans l'Afrique centrale, par René Caillié avec des remarques géographiques de Jomard*, Paris 1830, © Bibliothèque Nationale © Photothek Hachette
S. 61: Zeichnung von Riou aus *Cinq semaines en ballon*, Jules Verne © Photothek Hachette
S. 62: © AKG
S. 63: British Library, London © Bridgeman Art Library
S. 64 l: aus *Le Tour du monde, 1860 (2e semestre)*, Librairie Hachette © Photothek Hachette
S. 64 r: aus *Le Tour du monde, 1860 (2e semestre)*, Librairie Hachette © Photothek Hachette
S. 65: aus *Voyage au Soudan et dans l'Afrique septentrionale*, Bibliothèque des Arts Décoratifs, Paris © Bridgeman/Charmet Archive
S. 66: aus *Nouvel atlas de géographie par E. Cortambert*, Librairie Hachette, Paris © Photothek Hachette
S. 67: aus *Le Petit Journal*, Januar 1894, Bibliothèque Nationale © Photothek Hachette

S. 68: Royal Geographic Society, London © Bridgeman Art Library
S. 70: Privatsammlung © Bridgeman Art Library
S. 71: © Hulton-Deutsch-Sammlung/Corbis
S. 72–73 © Christian Sappa/Rapho
S. 74: aus *Le Tour du monde, 1864 (1er semestre)*, Librairie Hachette © Photothek Hachette
S. 75: © G. dagli Orti
S. 76 o: © Rue des Archives
S. 76 u: aus *Le Tour du monde, 1864 (1er semestre)*, Librairie Hachette © Photothek Hachette
S. 77 l und r: © Roger Viollet
S. 78 und 79 o: Société de géographie, Paris © G. dagli Orti
S. 79 u: Yann Arthus-Bertrand/Corbis
S. 80–81: © Royal Geographic Society
S. 82: © Abecasis/Leemage
S. 83: aus *Le Tour du monde, 1864 (1er semestre)*, Librairie Hachette © Photothek Hachette
S. 84–85: Société de géographie, Paris © G. dagli Orti
S. 86-87: Christie's Images, London © Bridgeman Art Library
S. 88: Royal Geographic Society, London © Bridgeman Art Library
S. 89: Musée des Arts d'Afrique et d'Océanie, Paris © G. dagli Orti
S. 90 o r: © Rue des Archives/ Granger Sammlung
S. 90 o l und u r: Royal Geographic Society, London © Bridgeman Art Library
S. 90 u: British Library, London © Bridgeman Art Library
S. 91: aus *Voyage dans le sud-ouest de l'Afrique*, Thomas Baines, 1869, Librairie Hachette © Photothek Hachette
S. 92: in *Le Tour du monde, sous la dir. d'Édouard Charton, 1873 (1er semestre)*, Librairie Hachette © Photothek Hachette
S. 93 o: © Selva/Leemage
S. 93 u: S. 92: aus *Le Tour du monde, sous la dir. d'Édouard Charton, 1873 (1er semestre)*, Librairie Hachette © Photothek Hachette
S. 94–95: Privatsammlung © Bridgeman Art Library
S. 95 u: aus *Le Tour du monde, sous la dir. d'Édouard Charton, 1875 (2e semestre)*, Librairie Hachette © Photothek Hachette
S. 96: Galerie für ungarische Kunst, Budapest © G. dagli Orti
S. 97: © G. Sioen/Rapho
S. 98 © Bridgeman Art Gallery/Michael Graham-Stewart
S. 100: aus *Au coeur de l'Afrique 1868–1871*, Band I, 1875, Librairie Hachette, Paris © Photothek Hachette
S. 101: © Bridgeman/ The Stapleton Collection
S. 102–103: © Pascal Maitre/Cosmos
S. 104 o: aus *Au coeur de l'Afrique 1868–1871*, Band I, 1875, Librairie Hachette, Paris © Photothek Hachette
S. 104 u: Bibliothèque Mazarine, Paris © Bridgeman/Charmet Archive
S. 105: © Roger Viollet
S. 106: aus *Au coeur de l'Afrique 1868–1871*, Band I, 1875, Librairie Hachette, Paris © Photothek Hachette
S. 107 o und u: aus *Au coeur de l'Afrique 1868–1871*, Band I, 1875, Librairie Hachette, Paris © Photothek Hachette
S. 107 M: aus *Au coeur de l'Afrique 1868–1871*, Band II, 1875, Librairie Hachette, Paris © Photothek Hachette

S. 108: aus *Le Tour du monde, sous la dir. d'Édouard Charton, 1878 (2e semestre)*, Librairie Hachette © Photothek Hachette
S. 109 o: Bridgeman/Giraudon-Lauros
S. 109 u: © Selva/Leemage
S. 110 o l: aus *À travers le continent mystérieux de Henri M. Stanley*, Band II, 1879, Librairie Hachette © Photothek Hachette
S. 110 o r: aus *Le Tour du monde, sous la dir. d'Édouard Charton, 1878 (2e semestre)*, Librairie Hachette © Photothek Hachette
S. 110 M: aus *Le Tour du monde, sous la dir. d'Édouard Charton, 1878 (2e semestre)*, Librairie Hachette © Photothek Hachette
S. 110 u l und u r: aus *Le Tour du monde, sous la dir. d'Édouard Charton, 1878 (2e semestre)*, Librairie Hachette © Photothek Hachette
S. 111 o l: in *Le Tour du monde, sous la dir. d'Édouard Charton, 1878 (2e semestre)*, Librairie Hachette © Photothek Hachette
S. 111 o r: aus *Le Tour du monde, sous la dir. d'Édouard Charton, 1878 (2e semestre)*, Librairie Hachette © Photothek Hachette
S. 111 u: aus *Le Tour du monde, sous la dir. d'Édouard Charton, 1878 (2e semestre)*, Librairie Hachette © Photothek Hachette
S. 112 o: aus *Le Petit Journal*, März 1905 © G. dagli Orti
S. 112 u: © Bridgeman/Charmet Archive
S. 113: Bibliothèque Nationale, Paris © Bridgeman/Giraudon-Lauros
S. 114–115: © Pascal Maitre/Cosmos
S. 116: aus *Le Tour du monde, sous la dir. d'Édouard Charton, 1878 (2e semestre)*, Librairie Hachette © Photothek Hachette
S. 117: © Roger Viollet
S. 118: © Photothek Hachette/Vérascope Richard
S. 119: aus *Le Tour du monde, sous la dir. d'Édouard Charton, 1878 (2e semestre)*, Librairie Hachette © Photothek Hachette
S. 120 u: © AKG
S. 120 o: Royal Geographic Society © Bridgeman Art Library
S. 121: Département des Imprimés, Bibliothèque Nationale, Paris © Photothek Hachette
S. 122 und 123: aus *Le Tour du monde, sous la dir. d'Édouard Charton, 1878 (2e semestre)*, Librairie Hachette © Photothek Hachette
S. 124–125: © Bridgeman/Charmet Archive
S. 126 o und u: aus *À travers le continent mystérieux de Henri M. Stanley*, Band II, 1879, Librairie Hachette © Photothek Hachette
S. 127: aus *Sahara et Soudan*, Band I, 1881, Librairie Hachette, Paris © Photothek Hachette
S. 128: Privatsammlung © Bridgeman Art Library
S. 128–129: Bibliothèque des Arts Décoratifs, Paris © Bridgeman/CharmetArchive
S. 130: © AKG
S. 131: aus *Au cœur de l'Afrique 1868–1871*, Band 2, 1875, Librairie Hachette, Paris © Photothek Hachette
S. 132: Royal Geographic Society © Bridgeman Art Library
S. 133: © AKG

S. 134: Musée des Arts d'Afrique et d'Océanie © RMN
S. 136 M: Musée des Arts d'Afrique et d'Océanie © RMN
S. 136 o: © Leemage
S. 137: © Roger Viollet
S. 138–139: © Picture Library, National Portrait Gallery, London
S. 140 o und M: aus *Voyage au Soudan français (Haut Niger et Pays de Ségou) 1879–1881, par le commandant Galliéni, 1885*, Librairie Hachette © Photothek Hachette
S. 141 o: © Roger Viollet
S. 141 u: Museum von Versailles und des Trianon © RMN/ Arnaudet/G. B.
S. 142 o: © Roger Viollet
S. 142 u: aus *Voyage au Soudan français (Haut Niger et Pays de Ségou) 1879–1881, par le commandant Galliéni, 1885*, Librairie Hachette © Photothek Hachette
S. 143: © Roger Viollet
S. 144 o: Royal Geographic Society © Bridgeman Art Library
S. 144 u: aus *Journal des voyages et des aventures de terre et de mer*, September 1882 © Roger Viollet
S. 145: Cabinet des Estampes, Bibliothèque Nationale, Paris © Photothek Hachette
S. 146 o und M: © AKG
S. 147: © Bridgeman Art Library/Michael Graham-Stewart
S. 148–149: aus *Voyage pittoresque à travers l'Isthme de Suez de Marius Fontane*, Bibliothèque des Arts Décoratifs, Paris © Bridgeman Art Library
S. 150 © Costa/Leemage
S. 151, 152, 153: © Roger Viollet
S. 154: © AKG
S. 155: Leeds Museums and Galleries (City Art Gallery) © Bridgeman Art Library
S. 156: Museum von Versailles und des Trianon © RMN/ Arnaudet
S. 157: © Selva/Leemage
S. 158: © G. dagli Orti
S. 159–160: aus *Du Niger au Golfe de Guinée (par le pays de Kong et le Mossi) par le capitaine Binger*, Band 1, 1892, Librairie Hachette © Photothek Hachette
S. 161: © Bianchetti/Leemage
S. 162 o: aus *Le Journal illustré*, Oktober 1892 © Roger Viollet
S. 162 u: aus *Le Petit Journal*, 1894, Bibliothèque Nationale, Paris © Photothek Hachette
S. 163: Musée des Arts d'Afrique et d'Océanie © RMN/ P. Bernard
S. 164: Museum of Mankind, London © Bridgeman Art Library
S. 165: aus *À travers l'Afrique Centrale. Du Congo au Niger. 1892–1893, par Camille Maistre*, 1895, Librairie Hachette © Photothek Hachette
S. 166 o, 170 M und 171: © Roger Viollet
S. 168: Association française des collectionneurs de titres © Jean Vigne
S. 169: Musée des Arts d'Afrique et d'Océanie © RMN/ J. G. Berizzi
S. 170: Musée des Arts d'Afrique et d'Océanie © RMN/ C. Jean
S. 172 M und 173: © BHVP, Patrick Leger
S. 172 o: © AKG

S. 174–175: Gemäldegalerie, Dresden © AKG
S. 176: © Rue des Archives
S. 177: © Jean Vigne
S. 179: aus *Le Petit Journal*, November 1913 © G. dagli Orti
S. 180: © AKG
S. 181 o: aus *Explorations dans l'intérieur de l'Afrique australe*, David Livingstone, 1859, Librairie Hachette © Photothek Hachette
S. 181 M: © Jean Vigne
S. 182 und 183: © Rue des Archives
S. 184 l und 185: Musée des Arts d'Afrique et d'Océanie © RMN/J. G. Berizzi
S. 184 r: Musée des Arts d'Afrique et d'Océanie, Sammlung Haardt © RMN/J. G. Berizzi
S. 187: National Gallery of Victoria, Melbourne © Bridgeman Art Library; © Man Ray Trust/Adagp, Paris 2002
S. 188–189: © Jean-Luc Manaud/Rapho
S. 190: © Sammlung Musée de l'Homme, Paris, Dia von Marcel Griaule
S. 191: © Sammlung Musée de l'Homme, Paris
S. 192: © Keystone
S. 193: © Photothek Hachette/Vérascope Richard
S. 194–195: Musée des Arts d'Afrique et d'Océanie © RMN/Hervé Lewandowski
S. 196 und 197: © Sammlung Kharbine Tapabor
S. 198–199: © Sammlung Kharbine Tapabor
S. 200: Bibliothèque Municipale, Versailles © Jean Vigne
S. 201: © Jean Vigne
S. 202–203: © Royal Geographic Society, London
S. 204 l: © Photothek Hachette/Vérascope Richard
S. 204 r: Bibliothèque Municipale, Versailles © Jean Vigne
S. 205: © Yann Arthus-Bertrand/Corbis
S. 206: © Keystone
S. 207: © Keystone
S. 208–209: © Sammlung des Musée de l'Homme, Paris, Dia von Marcel Griaule

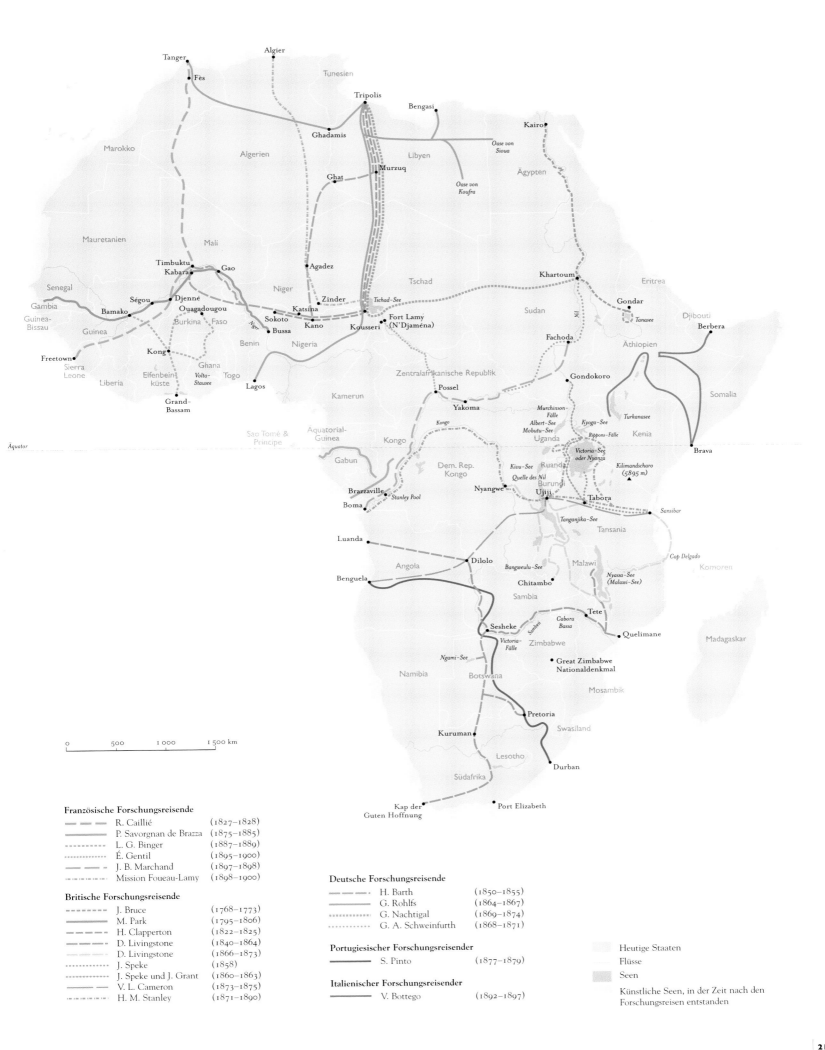

Karte der wichtigsten Forschungsreisen

Tanger

Algier

Fes

Tunesien

Tripolis

Bengasi

Kairo

Ghadamis

Marokko

Algerien

Libyen

Oase von Sioua

Ghat

Murzuq

Oase von Koufra

Ägypten

Mauretanien

Mali

Timbuktu

Kabara

Gao

Agadez

Tschad

Khartoum

Eritrea

Senegal

Niger

Zinder

Tschad-See

Sudan

Gondar

Tanasee

Djibouti

Berbera

Gambia

Ségou

Djenné

Katsina

Fort Lamy (N'Djaména)

Nil

Guinea-Bissau

Bamako

Ouagadougou

Sokoto

Kano

Kousseri

Fachoda

Äthiopien

Somalia

Guinea

Burkina Faso

Bussa

Benin

Nigeria

Gondokoro

Freetown

Kong

Ghana

Volta-Stausee

Togo

Possel

Murchinson-Fälle

Sierra Leone

Liberia

Elfenbein-küste

Lagos

Yakoma

Albert-See

Mobutu-See

Kyoga-See

Turkanasee

Kenia

Grand-Bassam

Sao Tomé & Príncipe

Äquatorial-Guinea

Kongo

Kongo

Uganda

Rippons-Fälle

Brava

Äquator

Gabun

Dem. Rep. Kongo

Kivu-See

Ruanda

Victoria-See oder Nyanza

Kilimandscharo (5895 m)

Quelle des Nil

Burundi

Brazzaville

Stanley Pool

Nyangwe

Ujiji

Tabora

Sansibar

Boma

Tanganjika-See

Tansania

Luanda

Cap Delgado

Komoren

Angola

Dilolo

Bangweulu-See

Malawi

Nyassa-See (Malawi-See)

Benguela

Chitambo

Sambia

Madagaskar

Tete

Cabora Bassa

Sesheke

Sambesi

Quelimane

Victoria-Fälle

Zimbabwe

Mosambik

Ngami-See

Great Zimbabwe Nationaldenkmal

Namibia

Botswana

Mosambik

Pretoria

Swasiland

Kuruman

Lesotho

Durban

Südafrika

Kap der Guten Hoffnung

Port Elizabeth

0   500   1 000   1 500 km

Heutige Staaten

Flüsse

Seen

Künstliche Seen, in der Zeit nach den Forschungsreisen entstanden

Titel der Originalausgabe: *Exploration de l'Afrique noire*
Erschienen bei Les Éditions du Chêne – Hachette Livre, 2002
Copyright © 2002 Éditions du Chêne – Hachette Livre

Bibliografische Information Der Deutschen Bibliothek
Die Deutsche Bibliothek verzeichnet diese Publikation in der Deutschen Nationalbibliografie;
detaillierte bibliografische Daten sind im Internet über http://dnb.ddb.de abrufbar.

Deutsche Erstausgabe
Copyright © 2004 von dem Knesebeck GmbH & Co. Verlags KG, München
Ein Unternehmen der La Martinière Groupe

Satz: satz & repro Grieb, München
Lithografie: Chromostyle, Tour
Druck: MAME, Tours
Printed in Singapore

ISBN 3-89660-206-3

www.knesebeck-verlag.de

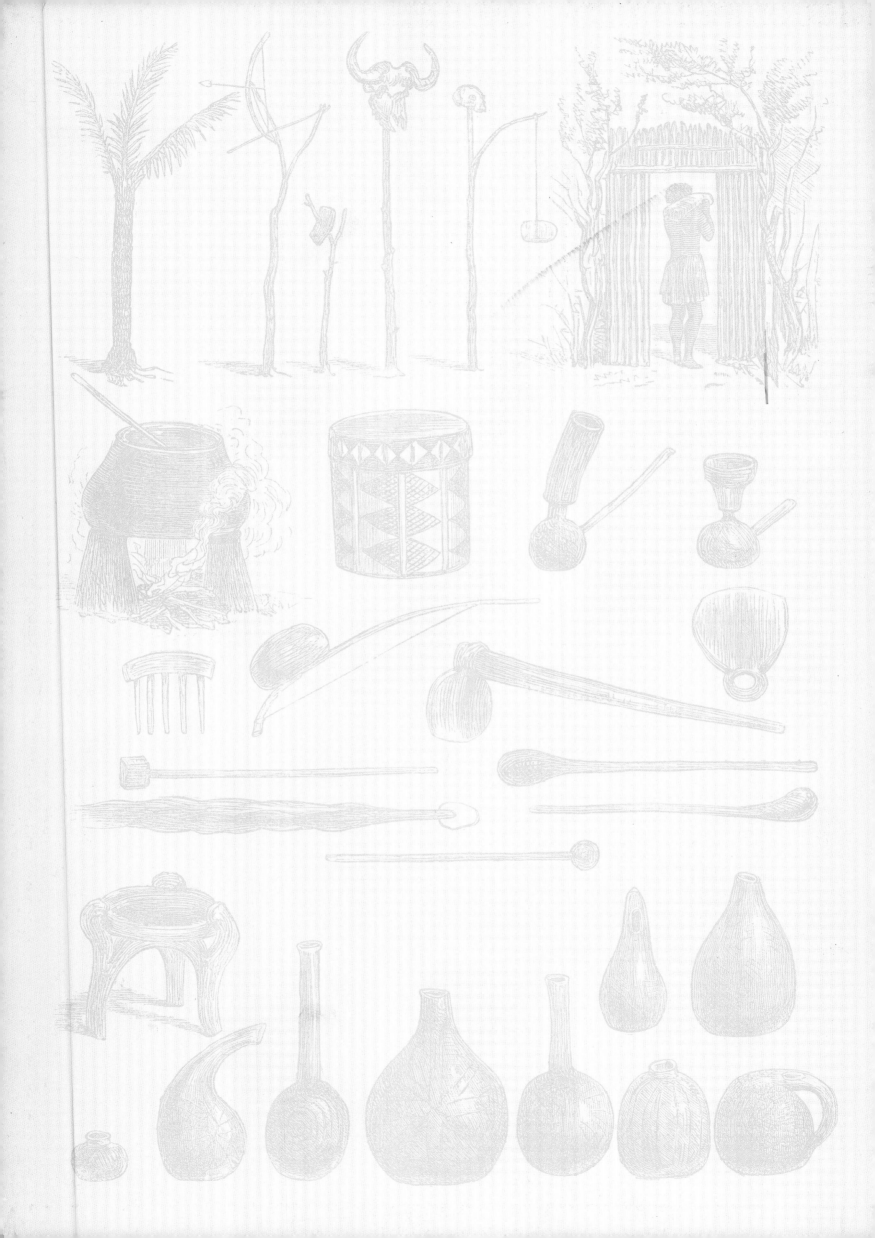